民國文化與文學研究文叢

六　編

李　怡　主編

第 **13** 冊

被照亮的世界：
《故事新編》詩學研究（上）

鄭家建 著

國家圖書館出版品預行編目資料

被照亮的世界：《故事新編》詩學研究（上）／鄭家建 著 ──
初版 ── 新北市：花木蘭文化出版社，2016〔民105〕
序 8+ 目 2+194 面；19×26 公分
（民國文化與文學研究文叢 六編：第 13 冊）
ISBN 978-986-404-687-4（精裝）
1. 周樹人 2. 中國小説 3. 文學評論
541.26208   105012791

ISBN-978-986-404-687-4

9 789864 046874

特邀編委（以姓氏筆畫為序）：

丁　帆	王德威	宋如珊
岩佐昌暲	奚　密	張中良
張堂錡	張福貴	須文蔚
馮　鐵	劉秀美	

民國文化與文學研究文叢
六　編　第十三冊　　　　　ISBN：978-986-404-687-4

被照亮的世界：
《故事新編》詩學研究（上）

作　　者	鄭家建
主　　編	李　怡
企　　劃	四川大學現代中國文化與文學研究中心
	北京師範大學民國歷史文化與文學研究中心
總 編 輯	杜潔祥
副總編輯	楊嘉樂
編　　輯	許郁翎、王　筑　美術編輯　陳逸婷
出　　版	花木蘭文化出版社
社　　長	高小娟
聯絡地址	235 新北市中和區中安街七二號十三樓
	電話：02-2923-1455／傳眞：02-2923-1452
網　　址	http://www.huamulan.tw 信箱 hml810518@gmail.com
印　　刷	普羅文化出版廣告事業
初　　版	2016 年 9 月
全書字數	361233 字
定　　價	六編 24 冊（精裝）新台幣 44,000 元

被照亮的世界：
《故事新編》詩學研究（上）

鄭家建　著

作者簡介

鄭家建，男，1969 年 2 月生，福建省福鼎市人。現爲福建師範大學文學院院長，教授、博士生導師。學術專長：魯迅研究

提　要

　　《故事新編》以其晦澀難解而被視爲魯迅研究的一個難點。這部小說集自問世以來，學術界圍繞小說的思想主題、風格特徵、創作方法等方面的探析，新見迭出但又各執一說。本書借鑒現代詩學理論和詩學批評方法，從語言特徵、創作思維、文體風格等層面，對《故事新編》的內在審美結構進行細緻的解讀。同時，站在比較詩學的視野，對《故事新編》與現代藝術形式、中國傳統文學精神等歷史聯繫，進行闡釋和分析。這種溝通內外古今的研究過程，就使得《故事新編》的豐富性、複雜性和獨創性，以及隱藏在文本背後屬於魯迅的內心世界，得以再一次別開生面的敞開和呈現。

作爲方法的「民國」
——第六輯引言

李　怡

　　「作爲方法」的命題首先來自日本著名漢學家竹內好，從竹內好 1961 年「作爲方法的亞洲」到溝口雄三 1989 年「作爲方法的中國」，其中展示的當然不僅僅是有關學術「方法」的技術性問題，重要的是學術思想的主體性追求。日本學人通過中國這樣一個「他者」的參照進行自我的反省和批判，實現從「西方」話語突圍，重新確立自己的主體性，這對同樣深陷「西方」話語圍困的中國學界而言也無疑具有特殊的刺激和啓發。1990 年代中期以後，中國（華人）學人如孫歌、李冬木、汪暉、陳光興、葛兆光等陸續介紹和評述了他們的學說，〔註1〕特別是最近 10 年的中國思想文化與文學批評界，可以說出現了一股竹內——溝口的「作爲方法」熱，「作爲方法的日本」、「作爲方法的竹內好」、「亞洲」作爲方法，〔註2〕以及「作爲方法的 80 年代」等等

〔註1〕 如 Kuang-ming Wu and Chun-chieh Huang （吳光明、黃俊傑）：〈關於《方法としての中國》的英文書評〉（《清華學報》新 20 卷第 2 期，1990 年），溝口雄三、汪暉：〈沒有中國的中國學〉（《讀書》第 4 期，1994 年），孫歌：〈作爲方法的日本〉（《讀書》第 3 期，1995 年），李長莉：〈溝口雄三的中國思想史研究〉（《國外社會科學》第 1 期，1998 年），葛兆光：〈重評九十年代日本中國學的新觀念——讀溝口雄三《方法としての中國》〉（《二十一世紀》12 月號，2002 年），吳震：〈十六世紀中國儒學思想的近代意涵——以日本學者島田虔次、溝口雄三的相關討論爲中心〉（《東亞文明研究學刊》第 1 卷第 2 期，2004 年）等。

〔註2〕 刊發於《臺灣社會研究季刊》12 月號，總第 56 期，2004 年。2005 年 6 月，陳光興參加了在華東師範大學舉行的「全球化與東亞現代性——中國現代文學的視角」暑期高級研討班，將論文〈「亞洲」作爲方法〉提交會議，引起了與會者的濃厚興趣。

在我們學術話語中流行開來，體現了一種難能可貴的自我反思、重建學術主體性的努力。竹內好借鏡中國的重要對象是文學家魯迅，近年來，對這一反思投入最多的也是從事中國現當代文學研究的學者，因此，對這一反思本身做出反思，進而探索真正作為中國現代文學的「方法」的可能，便顯得必不可少。

在「亞洲」、「中國」先後成為確立中國學術主體性的話語選擇之後，我覺得，更能夠反映中國現代文學立場和問題意識的話語是「民國」。作為方法的民國，具體貼切地揭示了中國現代文學的生存發展語境，較之於抽象的「亞洲」或者籠統的「中國」，更能體現我們返回中國文學歷史情境，探尋學術主體性的努力。

一

日本戰敗，促成了一批日本知識分子的自我反省，竹內好（1908～1977）就是其中之一。在他看來，「脫亞入歐」的日本「什麼也不是」，反倒是曾經不斷失敗的中國在抵抗中產生了非西方的、超越近代的「東洋」。通常我們是說魯迅等現代中國知識分子從「東洋」日本發現了現代文明的啟示，竹內好卻反過來從中國這個「東洋」發現了一條區別於西歐現代化的獨特之路：借助日本所沒有的社會革命完成了自我更新，如果說日本文化是「轉向型」的，那麼中國文化則可以被稱作是「迴心型」，而魯迅的姿態和精神氣質就是這一「迴心型」的極具創造價值的體現。「他不退讓，也不追從。首先讓自己和新時代對陣，以『掙扎』來滌蕩自己，滌蕩之後，再把自己從裏邊拉將出來。這種態度，給人留下一個強韌的生活者的印象。像魯迅那樣強韌的生活者，在日本恐怕是找不到的。」「在他身上沒有思想進步這種東西。他當初是作為進化論宇宙觀的信奉者登場的，後來卻告白頓悟到了進化論的謬誤；他晚年反悔早期作品中的虛無傾向。這些都被人解釋為魯迅的思想進步。但相對於他頑強地恪守自我來說，思想進步實在僅僅是第二義的。」〔註3〕就此，他認為自己發現了與西方視角相區別的「作為方法的亞洲」，這裡的「亞洲」主要指中國。溝口雄三（1932～2010）是當代中國思想史學家，他並不同意竹內好將日本的近代描述為「什麼也不是」，試圖在一種更加平等而平和的文化觀

〔註3〕 （日）竹內好：《近代的超克》，11、12 頁，李冬木、趙京華、孫歌譯，三聯書店，2005 年。

念中讀解中國近代的獨特性：「事實上，中國的近代既沒有超越歐洲，也沒有落後於歐洲，中國的近代從一開始走的就是一條和歐洲、日本不同的獨自的歷史道路，一直到今天。」〔註4〕作爲方法的中國，意味著對「中國學」現狀的深入的反省，這就是要根本改變那種「沒有中國的中國學」，「把世界作爲方法來研究中國，這是試圖向世界主張中國的地位所帶來的必然結果……這樣的『世界』歸根結底就是歐洲」。「以中國爲方法的世界，就是把中國作爲構成要素之一，把歐洲也作爲構成要素之一的多元的世界」。〔註5〕

海外漢學（中國學）長期生存於強勢的歐美文明的邊緣地帶，因而難以改變作爲歐美文化思想附庸的地位，這一局面在海外華人的中國研究中更加明顯。而日本知識分子的反省卻將近現代中國作爲了反觀自身的「他者」，第一次將中國問題與自我的重建、主體性的尋找緊密聯繫，強調一種與歐美文明相平等的文化意識，這無疑是「中國學」研究的重要破局，具有重要的學術啓示意義，同時，對中國自己的學術研究也產生了極大的衝擊效應。

在逐步走出傳統的感悟式文學批評，建立現代知識的理性框架的過程中，中國的學術研究顯然從西方獲益甚多，當然也受制甚多，甚至被後者裹挾了我們的基本思維與立場，於是質疑之聲繼之而起，對所謂「中國化」和保留「傳統」的訴求一直連綿不絕，至最近20餘年，更在國內清算「西化」的主流意識形態及西方後現代主義、西方馬克思主義的自我批判的雙重鼓勵下，進一步明確提出了諸如中國立場、中國問題、中國話語等系統性的要求。來自日本學者的這一類概括——在中國發現「亞洲」近代化的獨特性，回歸中國自己的方法——顯然對我們當下的學術訴求有明晰準確的描繪，予我們的「中國道路」莫大的鼓勵，我們難以確定這樣的判斷究竟會對海外的「中國學」研究產生多大的改變，但是它對中國學術界本身的啓示和作用卻早已經一目了然。

我高度評價中國學界「回歸中國」的努力與亞洲——中國「作爲方法」的啓示意義。但是，與此同時，我也想提醒大家注意一個重要的現實，所謂的「作爲方法」如果不經過嚴格的勘定和區分，其實並不容易明瞭其中的含義，而無論是「亞洲」還是「中國」，作爲一個區域的指稱原本也有不少的遊

〔註4〕　（日）溝口雄三：《作爲方法的中國》，12頁，孫軍悦譯，三聯書店，2011年。
〔註5〕　（日）溝口雄三：《作爲方法的中國》，130、131頁，孫軍悦譯，三聯書店，2011年。

移性與隨意性。比如竹內好將「亞洲」簡化爲「中國」，將「東洋」轉稱爲「中國」，臺灣學人陳光興也在這樣的「亞洲」論述中加入了印度與臺灣地區，這都與論述人自己的關注、興趣和理解相互聯繫，換句話說，僅僅有「作爲方法」的「亞洲」概念與「中國」概念遠遠不夠，甚至，有了竹內與溝口的充滿智慧的「以中國爲方法」的種種判斷也還不夠，因爲這究竟還是「中國之外」的「他者」從他們自己的需要出發提出的觀察，這裡的「中國」不過是「日本內部的中國」，而非「中國人的中國」，正如溝口雄三對竹內好評述的那樣：「這種憧憬的對象並不是客觀的中國，而是在自身內部主觀成像的『我們內部的中國』。」〔註6〕那麼，溝口雄三本人的「中國方法」又如何呢？另一位深受竹內好影響的日本學者子安宣邦認爲，溝口雄三「以中國爲方法，以世界爲目的」的「超越中國的中國學」與日本戰前「沒有中國的中國學」依然具有親近性，難以眞正展示自己的「作爲方法」的中國視點。〔註7〕所以葛兆光就提醒我們，對於這樣「超越中國的中國學」，我們也不能直接平移到中國自己的中國學之中，一切都應當三思而行。〔註8〕

　　問題是，中國學界在尋找「中國獨特性」的時候格外需要那麼一些支撐性的論述與證據，而來自域外的論述與證據就更顯珍貴了。在這個時候，域外學說的「方法」本身也就無暇追問和反思了。例如竹內好與溝口雄三都將近現代中國的獨特性描述爲社會革命：「中國的近代化走的是自下而上的反帝反封建社會革命、即人民共和主義的道路。」〔註9〕在他們看來，太平天國至社會主義中國的「革命史」呈現的就是中國自力更生的道路。這的確道出了現代中國的重要事實，因而得到許多中國現代文學研究者的認同，當然，一些中國學者對現代中國革命的重新認同還深刻地聯繫著西方後現代主義對西方文化的自我批判，聯繫著西方馬克思主義及其它左派對資本主義的嚴厲批判，在這裡，「西洋」的自我批判和「東洋」的自我尋找共同加強了中國學者對「中國現代史 = 革命史」的認識，如下話語所表述的學術理念以及這一理念的形成過程無疑具有某種典型意義：

〔註6〕（日）溝口雄三：《作爲方法的中國》，6頁，孫軍悅譯，三聯書店，2011年。

〔註7〕參看張崑將：〈關於東亞的思考「方法」：以竹內好、溝口雄三、子安宣邦爲中心〉，《臺灣東亞文明研究學刊》第1卷第2期，2004年。

〔註8〕葛兆光：〈重評九十年代日本中國學的新觀念——讀溝口雄三《方法としての中國》〉，《二十一世紀》12月號，2002年。

〔註9〕（日）溝口雄三：《作爲方法的中國》，11頁，孫軍悅譯，三聯書店，2011年。

　　從 1993 年起，我逐步地對以往的研究做了兩點調整：第一是將自己的歷史研究放置在「反思現代性」的理論框架中進行綜合的分析和思考；第二是力圖將社會史的視野與思想史研究結合起來。在中國 1980 年代的文化運動和 1990 年代的思想潮流之中，對於近代革命和社會主義歷史的批判和拒絕經常被放置在對資本主義的全面的肯定之上；我試圖將近代革命和社會主義歷史的悲劇放置在對現代性的批判性反思的視野中，動機之一是爲了將這一過程與當代的現實進程一道納入批判性反思的範圍。……而溝口雄三教授對日本中國研究的批判性的看法和對明清思想的解釋都給我以啓發。也是在上述閱讀、交往和研究的過程中，我逐漸地形成了自己的一個研究視野，即將思想的內在視野與歷史社會學的方法有機地結合起來。〔註10〕

東洋與西洋的有機結合，鼓勵我們對現代性的西方傳統展開質疑和批判，同時對我們自身的現代價值加以發掘和肯定，在中國現代文學研究領域中，這些「我們的現代價值」常常也指向革命文學、左翼文學、延安文學與新中國建立至新時期以前的文學，有學者將之概括爲新左派的現代文學史觀。姑且不論「新左派」之說是否準確，但是其描述出來的學術事實卻是有目共睹的：「以現代性反思的名義將左翼文學納入現代性範疇，並稱之爲『反現代的現代主義文學』、『反現代的現代先鋒派文學』，高度肯定其歷史合理性，並認爲改革前的毛澤東時代可以定位爲『反現代的現代性』，其合法性來自於對西方資本主義現代性的批判。」〔註11〕爲了肯定這些中國現代文化追求的合理性，人們有意忽略其中的種種失誤，包括眾所周知的極左政治對現代文學發展的傷害和扭曲，甚至「文革」的思維也一再被美化。

　　理性而論，前述的「反思現代性」論述顯然問題重重：「那種忽略了具體歷史語境中強大的以封建專制主義文化意識爲主體的特殊性，忽略了那時文學作品巨大的政治社會屬性與人文精神被顛覆、現代化追求被阻斷的歷史內涵，而只把文本當作一個脫離了社會時空的、僅僅只有自然意義的單細胞來

〔註10〕汪暉、張曦：〈在歷史中思考——汪暉教授訪談〉，《學術月刊》第 7 期，2005 年。

〔註11〕鄭潤良：〈「反現代的現代性」：新左派文學史觀萌發的語境及其問題〉，《福建論壇》第 4 期，2010 年。

進行所謂審美解剖。這顯然不是歷史主義的客觀審美態度。」〔註12〕

　　值得注意的現實是，爲了急於標示中國也可以有自己的「現代性」，我們學界急切尋找著能夠支持自己的他人的結論和觀點，至於對方究竟把什麼「作爲方法」倒不是特別重要了。

　　「悖論」是中國學者對竹內好等學者處境與思維的理解，有意思的是，當我們不再追問「作爲方法」的緣由和形式之時，自己也可能最終陷入某種「悖論」。比如，在肯定我們自己的現代價值之際，誕生了一個影響甚大的觀點：反現代的現代性。中國革命史被稱作是「反現代的現代性」，中國的左翼文學史也被描述爲「反現代性的現代性」，姑且不問這種表述來源於西方現代性話語的繁複關係，使用者至少沒有推敲：「反」的思維其實還是以西方現代性爲「正方」的，也就是說，是以它的「現代」爲基本內容來決定我們「反」的目標和形式，這是眞正的多元世界觀呢？還是繼續延續了我們所熟悉的「二元對立」的格局呢？這樣一種正／反模式與他們所要克服的思維中國／西方的二元模式如出一轍：把世界認定爲某兩種力量對立鬥爭的結果，肯定不是對眞正的多元文化的認可，依舊屬於對歷史事實的簡化式的理解。

二

　　「中國作爲方法」不是學術研究大功告成之際的自得的總結，甚至也還不是理所當然的研究的開始，更準確地說，它可能還是學術思想調整的準備活動。在這個意義上，眞正的「中國」問題在哪裏，「中國」視角是什麼，「中國」的方法有哪些，都亟待中國自己的學人在自己的歷史文化語境中開展新的探討。對於中國現代文學研究而言，我覺得，與其追隨「他者」的眼界，取法籠統的「中國」，還不如眞正返回歷史的現場加以勘察，進入「民國」的視野。「作爲方法的中國」是來自他者的啓示，它提醒我們尋找學術主體性的必要，「作爲方法的民國」，則是我們重拾自我體驗的開始，是我們自我認識、自我表達的眞正的需要。

　　海外中國學研究，在進入「作爲方法的中國」之後，無疑產生了不少啓發性的成果，即便如此，其結論也有別於自「民國」歷史走來的中國人，只有我們自己的「民國」感受能夠校正他者的異見，完成自我的表述。包括竹

〔註12〕董健、丁帆、王彬彬：〈我們應該怎樣重寫當代文學史〉，《江蘇行政學院學報》第1期，2003年。

內好與溝口雄三這樣的智慧之論也是如此。對此，溝口雄三自己就有過真誠的反思，他說包括竹內好在內他們對中國的觀察都充滿了憧憬式的誤讀，包括對「文革」的禮讚等等。〔註13〕因為研究「所使用的基本範疇完全來自中國思想內部」，而且「對思想的研究不是純粹的觀念史的研究，而是考慮整個中國社會歷史」，溝口雄三的中國研究曾經為中國學者所認同，〔註14〕例如他借助中國思想傳統的內部資源解釋孫中山開始的現代革命，的確就令人耳目一新，跳出了西方現代性東移的固有解說：

> 實際上大同思想不僅影響了孫文，而且還構成了中國共和思想的核心。

> 就民權來看，中國的這種大同式近代的特徵也體現在民權所主張的與其說是個人權利，不如說國民、人民的全體權利這一點上。

> 大同式的近代不是通過「個」而是通過「共」把民生和民權聯結在一起，構成一個同心圓，所以從一開始便是中國獨特的、帶有社會主義性質的近代。〔註15〕

雖然這道出了中國現代歷史的重要事實，但卻只是一部分事實，很明顯，「民國」的共和與憲政理想本身是一個豐富而複雜的思想系統，而且還可以說是一個動態的有許多政治家、思想家和知識分子共同參與共同推進的系統。例如在五四新文化運動前夕，出於對民初政治的失望，《甲寅》的知識分子群體就展開了「國權」與「民權」的討論辨析，並且關注「民權」也從「公權」轉向「私權」，至《新青年》更是大張個人自由，個人情感與欲望，這才有了五四新文學運動，有了郁達夫的切身感受：「五四運動的最大成功，第一要算『個人』的發現。從前的人是為君而存在，為道而存在，為父母而存在的，現在的人才曉得為自我而存在了。」〔註16〕不僅是五四新文學思潮，後來的自由主義者也一直以「個人權利」、「個人自由」與左右兩種政治主張相抗衡，雖然這些「個人」與「自由」的內涵嚴格說來與西方文化有所區別，但也不

〔註13〕（日）溝口雄三：《作為方法的中國》，12頁，孫軍悅譯，三聯書店，2011年。

〔註14〕（日）溝口雄三、汪暉：〈沒有中國的中國學〉，《讀書》第4期，1994年。

〔註15〕（日）溝口雄三：《作為方法的中國》，12、16、18頁，孫軍悅譯，三聯書店，2011年。

〔註16〕郁達夫：《〈中國新文學大系·散文二集〉導言》，上海良友圖書印刷公司，1935年。

是「大同」理想與「社會主義性質」能夠涵蓋的，它們的發展在不同的歷史時期各有限制，但依然一路坎坷向前，並在 20 世紀 80 年代的海峽兩岸各有成效，成為現代中國文化建設所不能忽略的一種重要元素，不回到民國重新梳理、重新談論，我們歷史的獨特性如何能夠呈現呢？

治中國社會歷史研究多年的秦暉曾經提出了一個耐人尋味的觀點：當前中國學術一方面在反對西方的所謂「文化殖民」，另外一方面卻又常常陷入到外來的「問題」圈套之中，形成有趣的「問題殖民」現象。〔註 17〕我理解，這裡的「問題殖民」就是脫離開我們自己的歷史文化環境，將他者研討中國提出來的問題（包括某些讚賞中國「特殊價值」的問題）當作我們自己的問題，從而在竭力掙脫西方話語的過程中再一次落入到他者思維的窠臼。如何才能打破這種反反覆復、層層疊疊的他者的圈套呢？我以為唯一的出路便是敢於拋開一些令人眼花繚亂的解釋框架，面對我們自己的歷史處境，感受我們自己的問題，對中國現代文學的研究而言，就是要在「民國」的社會歷史框架中醞釀和提煉我們的學術感覺，這當然不是說從此固步自封，拒絕外來的思想和方法，而是說所有的思想和方法都必須在民國歷史的事實中接受檢驗，只有最豐富地對應於民國歷史事實的理論和方法才足以成為我們研究的路徑，才能最後為我所用。在中國現代文學研究領域，並沒有異域學者所總結完成的「中國方法」，而只有在民國「作為方法」取得成效之後的具體的認知，也就是說，是「作為方法的民國」真正保證了「作為方法的中國」。下述幾個中國現代文學研究中影響較大、也爭論較大的理論框架，莫不如此。

例如，在描述中國歷史從封建帝國轉入現代國家的時候，人們常常使用「民族國家」這一概念，中國現代文學也因此被視作「現代民族國家文學」，不斷放大「民族國家」主題之於中國現代文學的意義：「在抗戰文學中，由於抗日民族統一戰線的建立，民族國家成為了一個集中表達的核心的、甚至唯一的主題。」〔註 18〕甚至稱：「『五四』以來被稱之為『現代文學』的東西其實是一種民族國家文學。」〔註 19〕這顯然都不符合中國現代文學在「民國」

〔註 17〕http：//www.360doc.com/content/10/0626/01/875791_35273755.shtml

〔註 18〕曠新年：〈民族國家想像與中國現代文學〉，《文學評論》第 1 期，2003 年。

〔註 19〕劉禾：《文本、批評與民族國家文學——〈生死場〉的啟示》，1 頁，北京大學出版社，2007 年。對中國現代文學研究中民族國家理論的檢討，已有學者提出過重要的論述，如張中良《中國現代文學的「民族國家」問題》，臺灣花木蘭文化出版社，2012 年。

的歷史事實，不必說五四新文學運動恰恰質疑了無條件的「國家認同」，民國時期文學前十年「國家主題」並不占主導地位，出現了所謂「民族國家意識的延宕與缺席」現象，〔註20〕第二個十年間的「民族主義」觀念也一再受到左翼文學陣營的抨擊，就是抗日戰爭時期的文學，也不像過去文學史所描繪的那麼主題單一，相反，多主題的出現，文學在豐富中走向成熟才是基本的事實。不充分重視「民國」的豐富意義就會用外來概念直接「認定」歷史的性質，從而形成對我們自身歷史的誤讀。

　　文學的「民國」不僅含義豐富，也不適合於被稱作是「想像的共同體」。近年來，美國著名學者本尼狄克特・安德森關於民族國家的概括——「想像的共同體」廣獲運用，借助於這一思路，我們描繪出了這樣一個國家認同的圖景：中國知識分子從晚清開始，利用報紙、雜誌、小說等媒體空間展開政治的文化的批判，通過這一空間，中國人展開了對「民族國家」的建構，使國民獲得了最初的民族國家認同。誠然，這道出了「帝國」式微，「民國」塑形過程之中，民眾與國家觀念形成的某些狀況，但卻既不是中華民族歷史演變的眞相，〔註21〕也不是現實意義的民國的主要的實情，當然更不是「文學民國」的重要事實。現實意義的民國，在一個相當長的時間裏，依然處於殘留的「帝國」意識與新生的「民國」意識的矛盾鬥爭之中，專制集權與民主自由此漲彼消，黨國觀念與公民社會相互博弈，也就是說，「國家與民族」經常成爲統治者鞏固自身權利的重要的意識形態選擇，與知識分子所要展開的公眾想像既相關又矛盾。在現實世界上，我們的國家民族觀念常常來自於政治強權的強勢推行，這也造成了

〔註20〕李道新在剖析民國電影文化時指出：「南京國民政府成立以前，亦即從電影傳入中國至 1927 年之間，中國電影傳播主要訴諸道德與風化，基本無關民族與國家。民族國家意識的延宕與缺席，與落後保守的價值導向及混亂無序的官方介入結合在一起，使這一時期的中國電影幾乎處在一種特殊的無政府狀態，並導致中國電影從一開始就陷入目標／效果的錯位與傳者／受眾的分裂之境。」（李道新：〈民族國家意識的延宕與缺席：南京國民政府成立前中國電影的傳播制度及其空間拓展〉，《上海大學學報》第 3 期，2011 年。）這樣的觀察其實同樣可以啓發我們的文學研究。

〔註21〕關於中華民族及統一國家的形成如何超越「想像」，進入「實踐」等情形，近來已有多位學者加以論證，如楊義、邵寧寧：〈描繪中國文學地圖——楊義訪談錄〉《甘肅社會科學》第 5 期，2004 年）、郝慶軍：〈反思兩個熱門話題：「公共領域」與「想像的共同體」〉（《中國現代文學研究叢刊》第 5 期，2005 年）、吳曉東：〈「想像的共同體」理論與中國理論創新問題〉（《學術月刊》第 2 期，2007 年）等。

知識分子國家民族認同的諸多矛盾與尷尬，他們不時陷落於個人理想與政治強權的對立之中，既不能接受強權的思想干預，又無法完全另立門戶，總之，「想像」並不足以獨立自主，「共同體」的形成步履艱難，「文學的民國」對此表述生動。這裡既有胡適「只指望快快亡國」的情緒性決絕，〔註22〕有魯迅對於民族國家自我壓迫的理性認識：「用筆和舌，將淪為異族的奴隸之苦告訴大家，自然是不錯的，但要十分小心，不可使大家得著這樣的結論：『那麼，到底還不如我們似的做自己人的奴隸好。』」〔註23〕也有聞一多輾轉反側，難以抉擇的苦痛：「我來了，我喊一聲，迸著血淚， ／『這不是我的中華，不對，不對！』」「我來了，不知道是一場空喜。 ／我會見的是噩夢，那裡是你？ ／那是恐怖，是噩夢掛著懸崖， ／那不是你，那不是我的心愛！」〔註24〕

　　總之，進入文學的民國，概念的迷信就土崩瓦解了。

　　也有學者試圖對外來概念進行改造式的使用，這顯然有別於那種不加選擇的盲目，不過，作為「民國」實際的深入的檢驗工作也並沒有完成，例如近年來同樣在現代文學研究界流行的「公共空間」（「公共領域」）理論。在西歐歷史的近現代發展中，先後出現了貴族文藝沙龍、咖啡館、俱樂部一類公共聚落，然後推延至整個社會，最終形成了不隸屬於國家官僚機構的民間的新型公共社區，這對理解西方近代社會歷史與精神生產環境都是重要的視角。不過，真正「公共空間」的形成必須有賴於比較堅實的市民社會的基礎，尚未形成真正的市民社會的民國，當然也就沒有真正的公共空間。〔註25〕可能正是考慮到了民國歷史的特殊性，李歐梵先生試圖對這一概念加以改造，他以「批判空間」替換之，試圖說明中國近現代知識分子也正在形成自己的「公共性」的輿論環境，他以《申報・自由談》為例，說明：「這個半公開的園地更屬開創的新空間，它

〔註22〕胡適〈你莫忘記〉有云：「你莫忘記： ／你老子臨死時只指望快快亡國： ／亡給『哥薩克』， ／亡給『普魯士』 ／都可以」。

〔註23〕魯迅：《且介亭雜文末編・半夏小集》，《魯迅全集》6 卷，617 頁，人民文學出版社，2005 年。

〔註24〕聞一多詩歌：〈發現〉。

〔註25〕對此，哈貝馬斯具有清醒的認識，他認為，不能把「公共領域」這個概念與歐洲中世紀市民社會的特殊性隔離開，也不能隨意將其運用到其它具有相似形態的歷史語境中。（參見哈貝馬斯：《公共領域的結構轉型》初版序言，曹衛東譯，學林出版社，1999 年。）中國學者關於「公共領域」理論在中國運用的反思可以參見張鴻聲：〈中國的「公共領域」及其它——兼論現代城市文學研究的本土化〉，《首都師範大學學報》第 6 期，2006 年。

至少爲社會提供了一塊可以用滑稽的形式發表言論的地方。」魯迅爲《自由談》欄目所撰文稿也成爲李歐梵先生考辨的對象，並有精彩的分析，然而，論者突然話鋒一轉：「因爲當年的上海文壇上個人恩怨太多，而魯迅花在這方面的筆墨也太重，罵人有時也太過刻薄。問題是：罵完國民黨文人之後，是否能在其壓制下爭取到多一點言論的空間？就《僞自由書》中的文章而言，我覺得魯迅在這方面反而沒有太大的貢獻。如果從負面的角度而論，這些雜文顯得有些『小氣』。我從文中所見到的魯迅形象是一個心眼狹窄的老文人，他拿了一把剪刀，在報紙上找尋『作論』的材料，然後『以小窺大』，把拼湊以後的材料作爲他立論的根據。事實上他並不珍惜──也不注意──報紙本身的社會文化功用和價值，而且對於言論自由這個問題，他認爲根本不存在。」「《僞自由書》中沒有仔細論到自由的問題，對於國民黨政府的對日本妥協政策雖諸多非議，但又和新聞報導的失實連在一起。也許，他覺得眞實也是道德上的眞理，但是他從報屁股看到的眞實，是否能夠足以負荷道德眞理的眞相？」〔註26〕其實，魯迅對「自由」的一些理論和他是否參與了現代中國「批判空間」的言論自由的開拓完全是兩碼事。實際的情況是，在民國時代的專制統治下，任何自由空間的開拓都不可能完全是「輿論」本身的功效，輿論的背後，是民國政治的高壓力量，魯迅的敏感，魯迅的多疑，魯迅雜文的曲筆和隱晦，乃至與現實人事的種種糾纏，莫不與對這高壓環境的見縫插針般的戳擊有關。當生存的不自由已經轉化成爲「日常生活」的一部分（所謂「報屁股看到的眞實」），成爲各色人等的「無意識」，點滴行爲的反抗可能比長篇大論的自由討論更具有「自由」的意味。這就是現代中國的基本現實，這就是民國輿論環境與文學空間所具有的歷史特徵。對比晚清和北洋軍閥時代，李歐梵先生認爲，1930 年代雖然「在物質上較晚清民初發達，都市中的中產階級讀者可能也更多，咖啡館、戲院等公共場所也都具備」，但公共空間的言論自由卻反而更小了。原因何在呢？他認爲在於像魯迅這樣的左翼「把語言不作爲『中介』性的媒體而作爲政治宣傳或個人攻擊的武器和工具，逐漸導致政治上的偏激文化（radicalization），而偏激之後也只有革命一途」〔註27〕這裡涉及對左翼文化的反思，自有其準確深刻之處，但是，

〔註26〕李歐梵：〈「批評空間」的開創──從《申報》「自由談」談起〉，見《現代性的追求》，19、20 頁，三聯書店，2000 年。

〔註27〕李歐梵：〈「批評空間」的開創──從《申報》「自由談」談起〉，見《現代性的追求》，21 頁，三聯書店，2000 年。

就像現代中國社會的諸多「公共」從來都不是完全的民間力量所打造一樣，言論空間的存廢也與政府的強力介入直接關聯，左翼文化的鋒芒所指首先是專制政府，而對政府專制的攻擊，本身不也是一種擴大言論自由的有效方式？

作爲方法的民國，意味著持續不斷地返回中國歷史的過程，意味著對我們自身問題和思維方式的永遠的反省和批判，只有這樣，我們的中國現代文學研究才是眞正屬於自己的。

三

「民國作爲方法」既然是在自覺尋找中國現代文學研究「自己的方法」的意義上提出來的，那麼，它究竟如何才能成爲一種與眾不同的「方法」呢？或者說，它對中國現代文學研究具體有哪些著力點與可能開拓之處呢？我認爲至少有這樣幾個方面的工作可以開展：

首先是爲「中國」的學術研究設立具體的「時間軸」。也就是說，所謂學術研究的「中國問題」不應該是籠統的，它必須置放在具體的時間維度中加以追問，是「民國」時期的中國問題還是「人民共和國」時期的中國問題？當然，我們曾經試圖以「現代化」、「現代性」這樣的概念來統一描述，但事實是，兩個不同的歷史階段有著相當多的差異性，特別是作爲精神現象的文學，在生產方式、傳播接受方式及作家的生存環境、寫作環境、文學制度等等方面都更適合分段討論。新時期文學曾經被類比爲五四新文學，這雖然一度喚起了人們的「新啓蒙」的熱情，但是新時期究竟不是「五四」，新時期的中國知識分子也不是「五四」一代的陳獨秀、胡適與周氏兄弟，到後來，人們質疑 1980 年代，質疑「新啓蒙」，連帶五四新文化運動一起質疑，問題是經過一系列風起雲湧的體制變革和社會演變，「五四」怎麼能夠爲新時期背書？就像民國不可能與人民共和國相提並論一樣；也有將「文革」追溯到「五四」的，這同樣是完全混淆了兩個根本不同的歷史文化情境。在我看來，今天的中國現當代文學研究，尚需要在已有的「新文學一體化」格局中（包括影響巨大的「20 世紀中國文學」）重新區隔，讓所謂的「現代」和「當代」各自歸位，回到自己的歷史情境中去，這不是要否認它們的歷史聯繫，而是要重新釐清究竟什麼才是它們眞正的歷史聯繫。研究中國現代文學，就必須首先回到民國歷史，將中國現代文學作爲民國時期的精神現象。晚清盡頭是民國，民國盡頭是人民共和國，各自的歷史場景講述著不同的文學故事。

　　其次是「中國」的學術研究也必須落實到具體的「空間場景」。「空間和時間是一切實在與之相關聯的架構。我們只有在空間和時間的條件下才能設想任何眞實的事物。」〔註28〕民國及其複雜的空間分佈恰恰爲我們重新認識中國問題的複雜性提供了基礎。在過去一個相當長的時期內，我們習慣將中國的問題置放在種種巨大的背景之上，諸如「文藝復興」、「啓蒙與救亡」、「中外文化衝撞與融合」、「中國傳統文化」、「現代化」、「走向世界文學」、「全球化」、「現代民族國家進程」等等，這固然確有其事，但來自同樣背景的衝擊，卻在不同的區域產生了並不相同的效果，甚至有些區域性的文學現象未必就與這些宏大主題相關。詩人何其芳在四川萬縣的偏遠山區成長，直到1930年代「還不知道五四運動，還不知道新文化，新文學，連白話文也還被視爲異端」。〔註29〕這對我們文學史上的五四敘述無疑是一大挑戰：中國的現代文化進程是不是同一個知識系統的不斷演繹？另外一個例證也可謂典型：我們一般都把白話新文學的產生歸結到外來文化深深的衝擊，歸結到一批留美留日學生的新式教育與人生體驗，所以「走異路，逃異地」的魯迅於1918年完成了〈狂人日記〉，留下了中國現代文學史上第一篇白話小說，但跳出這樣的中／西大敘事，我們卻可以發現，遠在內部腹地的成都作家李劼人早在尚未跨出國門的1915年就完成了多篇新式白話小說，這裡的文化資源又是什麼？

　　中國的學術問題並不產生自抽象籠統的大中國，它本身就來自各個具體的生活場景，具體的生存地域。有學者對民國文學研究不無疑慮，因爲民國不同於「一體化」的人民共和國，各個不同的政治派別、各個不同的區域差異比較明顯，更不要說如抗戰時期的巨大的政權分割（國統區、解放區及淪陷區）了，這樣一個「破碎的國家」能否方便於我們的研究呢？在我看來，破碎正是民國的特點，是這一歷史時期生存其間的中國人（包括中國知識分子）的體驗空間，只要我們不預設一些先驗的結論，那麼針對不同地域、不同生存環境的文學敘述加以考察，恰恰可以豐富我們的歷史認識。一個生存共同體，它的魅力並不是它對外來衝擊的傳播速度，而是內部範式的多樣性和豐富性，這就是我們所謂的「地方性知識」。民國時期的「山河破碎」，正好爲各種地方性知識的生長創造了條件，如果能夠充分尊重和發掘這些地方性知識視野中的精神活動與文學創造，那麼中國的現代文學研究也將再添不少新的話題、新的意趣。

〔註28〕（德）恩斯特‧卡西爾：《人論》，73頁，甘陽譯，西苑出版社，2003年。
〔註29〕方敬、何頻伽：《何其芳散記》，22頁，四川教育出版社，1990年。

　　「破碎」的民國給我們的進一步的啓發可能還在於：區域的破碎同時也表現爲個人體驗的分離與精神趣味的多樣化。當代中國的大眾文化曾經出現了所謂的「民國熱」，在我看來，這種以時尚爲誘導、以大眾消費爲旨歸，充滿誇張和想像的「熱」需要我們深加警惕，絕不能與嚴肅的歷史探詢相混淆。其中唯一值得肯定的便是某種不滿於頹靡現狀，試圖在過去發掘精神資源的願望。今天的人們也或多或少地感佩於民國時代知識分子精神狀態的多樣性，如魯迅、陳獨秀、胡適一代新文化創造者般的不完全受縛於某種體制的壓力或公眾的流俗的精神風貌。〔註 30〕的確，中國現代作家精神風貌的多姿多彩與文學作品意義的多樣化迄今堪稱典範，還包括新／舊、雅／俗文學的多元並存。對應於這樣的文學形態，我們也需要調整我們固有的思維模式，未來，如果可能完成一部新的文學發展史的話，其內容、關注點和敘述方式都可能與當今的文學史大爲不同。

　　第三，「作爲方法的民國」的研究並不同於過去一般的歷史文化與文學關係的研究，有著自己獨立的歷史觀與文學觀。中國現代文學研究不乏從歷史背景入手的學術傳統，包括傳統文學批評中所謂的「知人論世」，包括中國式馬克思主義的社會歷史批評，也包括新時期以後的文化視角的文學研究。應該說，這三種批評都是有前提的，也就是說，都有比較明確、清晰的對歷史性質的認定，而文學現象在某種意義上都必須經過這一歷史認識的篩選。「知人論世」往往轉化爲某種形式的道德批評，倫理道德觀是它篩選歷史現象的工具；中國式馬克思主義的社會歷史批評在新中國建立後相當長的時間中表現爲馬克思主義普遍原理的運用，有時難免以論帶史的弊端；文化視角的文學研究曾經爲我們的研究打開了許多扇門與窗，但是這樣的文化研究常常是用文學現象來證明「文化」的特點，有時候是「犧牲」了文學的獨特性來遷就文化的整體屬性，有時候是忽略了作家的主觀複雜性來遷就社會文化的歷史客觀性——總之，在這個時候，作爲歷史現象的文學本身往往並不是我們呈現的對象，我們的工作不過是借助文學說明其它「文化」理念，如通過不同地域的文學創作證明中國區域文化的特點，從現代作家的宗教情趣中展示各大宗教文化在中國的傳播，利用文學作品的政治傾向挖掘現代政治文化在文學中的深刻印記等等。

〔註30〕丁帆先生另有「民國文學風範」一說可以參考，他說：「我所指的『民國文學風範』就是五四新文學傳統，特指五四前後包括俗文學在內的『人的文學』內涵。」見丁帆：〈「民國文學風範」的再思考〉，《文藝爭鳴》第 7 期，2011 年。

　　「作爲方法的民國」就是要尊重民國歷史現象自身的完整性、豐富性、複雜性，提倡文學研究的歷史化態度。既往的中國現代文學研究充斥了一系列的預設性判斷，從最早的「中國新文學是反帝反封建的文學」、「五四新文學運動實施了對舊文學摧枯拉朽般的打擊」、「中國現代文學的發展與歷史的進步方向相一致」，到新時期以後「中國現代文學是走向世界的文學」、「中國現代文學是現代性的文學」、「20 世紀中國文學的總主題是改造民族靈魂，審美風格的核心是悲涼」等等。在特定的時代，這些判斷都實現過它們的學術價值，但是，對歷史細節的進一步追問卻讓我們的研究不能再停留於此，比如回到民國語境，我們就會發現，所謂「封建」一說根本就存在「名實不符」的巨大尷尬，文學批評界對「封建」的界定與歷史學界的「封建」含義大相徑庭，「反封建」在不同階段的眞實意義可能各各不同；已經習用多年的「進步作家」、「進步文學」究竟指的是什麼，越來越不清楚，在包括抗戰這樣的時期，左右作家是否涇渭分明？所謂「右翼文學」包括接近國民黨的知識分子的寫作是不是一切都以左翼爲敵，它有沒有自己獨立的文學理想？國民黨專制文化是否鐵板一塊，其內部（例如對文學的控制與管理）有無矛盾與裂痕？共產黨的革命文學是否就是爲反對國民黨和「舊社會」而存在，它和國民黨的文學觀念有無某些聯通之處？被新文學「橫掃」之後的舊派文學是不是一蹶不振，漸趨消歇？因爲，事實恰恰相反，它們在民國時代獲得了長足的發展，並演化出更爲豐富的形態，這是不是都告訴我們，我們先前設定的文學格局與文學道路都充滿了太多的主觀性，不回到民國歷史的語境，心平氣和地重新觀察，文學中國（文學民國）的實際狀況依然混沌。

　　這就是我們主張文學研究「歷史化」，反對觀念「預設」的意義。當然，反對「預設」理念並不等於我們自己不需要任何理論視角，而是強調新的研究應該比以往任何時候都尊重民國社會歷史本身的實際情形，研究必須以充分的歷史材料爲基礎，而不應當讓後來的歷史判斷（特別是極左年代的民國批判概念）先入爲主，同時，時刻保持一種自我反思、自我警醒的姿態。回到民國，我們的研究將繼續在歷史中關注文學，政治、經濟、法律、教育等等議題都應當再次提出，但是與既往的研究相比，新的研究不是對過去的拾遺補缺，不是如先前那樣將文學當作種種社會文化現象的例證，相反，是爲了呈現文學與文化的複雜糾葛，不再執著於概念轉而注重細節的挖掘與展示。例如「經濟」不是一般的政治經濟學原理，而是具體的經濟政策、經濟

模式與影響文學文化活動的經濟行為，如出版業的運作、經濟結算方式；「政治」也不僅僅是整體的政治氛圍概括，而是民國時期具體的政治形態與政治行為，憲政、政黨組織形式，官方的社會控制政策等等；在文學一方面，也不是抽取其中的例證附著於相應的文化現象，而是新的創作細節、文本細節的全新發現。回到文學民國的現場，不僅是重新理解了民國的文化現象，也是深入把握了文學的細節，這是一種「雙向互犁」的研究，而非比附性的論證說明。例如茅盾創作《子夜》，就絕非一個簡單的「中國道路」的文學說明，它是 1930 年代中國經濟危機、社會思想衝突與茅盾個人的複雜情懷的綜合結果。解析《子夜》決不能單憑小說中的理性表述與茅盾後來的自我說明，也不能套用新民主主義論的現成歷史判斷，而必須回到「民國歷史情境」。在這裡，國家的基本經濟狀況究竟如何，世界經濟危機與民國政府的應對措施，各種經濟形態（外資經濟、民營經濟、買辦經濟等）的真實運行情況是什麼，社會階層的生存狀況與關係究竟怎樣，中國現實與知識界思想討論的關係是什麼，文學家茅盾與思想界、政治界的交往，茅盾的深層心理有哪些，他的創作經歷了怎樣的複雜過程，接受了什麼外來信息和干預，而這些干預又在多大程度上改變了茅盾，茅盾是否完全接受這些干預，或者說在哪一個層次上接受了、又在哪一個層次上抵制了轉化了，作家的意識與無意識在文本中構成怎樣的關係等等，這樣的「矛盾綜合體」才是《子夜》，「回到民國歷史」才能完整呈現《子夜》的複雜意義。

民國作為方法，當然不會拒絕外來的其它文學理論與批評視角，但是，正如前文所說，這些新的理論與批評不能理所當然就進入中國現代文學研究之中，它必須能夠與文學中國——民國時期的文學狀況相適應，並不斷接受研究者的質疑和調整。例如，就我們闡述的歷史與文學互通、互證的方法而言，似乎與歐美的近半個世紀以來的「文化研究」頗多相近，因此不妨從中有所借鑒，但是，在另外一方面，我們必須認識到，歐美的「文化研究」的具體問題——如階級研究、亞文化研究、種族研究、性別研究、大眾傳媒研究等——都來自與中國不同的環境，自然不能簡單移用。對於我們而言，更重要的可能就是一種態度的啟示：打破了文學與各種社會文化之間的間隔，在社會文化關係版圖中把握文學的意義，文學的審美個性與其中的「文化意義」交相輝映。

作為方法的民國，昭示的是中國現代文學研究「學術自主」的新可能，

它不是漂亮的口號，而是迫切的學術願望，不是招搖的旗幟，而是治學的態度，不是排斥性的宣示，而是自我反思的眞誠邀請，一句話，還期待更多的研究者投入其中，以自己尊重歷史的精神。

序

嚴家炎

　　大約是三年半前，鄭家建先生到北大來做博士後研究，曾將他的博士論文《〈故事新編〉詩學研究》打印稿送給我看。當時，這部十六七萬字的論著，雖不完整（實際上只打印了已寫出的論文的大部分章節），卻無論在學術視野的開闊、藝術感覺的精微、作者文筆的活潑靈動方面，都給我留下了較深刻的印象。我曾向家建提議，可將論文做些補充加工修改後，爭取正式出版。不料，家建並不滿足於小修小補。他以高標準要求自己，繼續刻苦讀書和鑽研，付出巨大的心血來完成此項工程。他不但夜以繼日地讀和寫，往往連飯後都不肯休息片刻，以致胃部常感不適，疾病有所加重。過了兩年，當家建再次將書稿交給我時，已是眼前這部厚厚的字數達三十萬以上的著作了。

　　我帶著很大的驚喜，又讀了這部修改後的書稿。此稿不但在篇幅上有較大擴充，框架結構上也有不少增補和調整，更加突出了「多重文化視野中的小說文本」這一主旨。作者從戲擬、隱喻、文體、古代傳統、現代技巧諸方面對《故事新編》作了橫向與縱向、內部與外部的綜合考察，既有視野寬廣的宏觀論述，又在行文中有機地對各篇小說作了相當細緻而富有獨創性的闡釋。以《起死》為例，家建擺脫了歷來學者（包括我自己）對這篇作品幾乎是雷同的解讀法，提出了令人耳目一新的見解：認為小說中哲學家／漢子「這個對立結構是知識者／民眾這一意義結構的隱喻性表達」。請看第二章中的這段論析：

　　　　事實上，《起死》是《故事新編》文本中時間形式最複雜，也最具有隱喻性的一篇。在最表層的解讀上，可以把《起死》看作是魯迅對莊子哲學中的「齊物論」思想的一次絕妙的反諷。但是，在深

層上，文本中卻隱藏著一個對立的意義結構：哲學家／漢子。我以
爲，這個對立結構是知識者／民眾這一意義結構的隱喻性表達。對
這一意義結構的思考是貫穿魯迅一生的思想批判和精神追求。《起
死》講述的是莊子復活了一個已經死去五百年的漢子。但是，當漢
子復活過來之後，他唯一做的事就是向莊子要衣服穿。而莊子最後
只好狼狽逃走。

家建在引用《〈吶喊〉自序》中要不要喚醒熟睡的人們共同毀壞鐵屋子的一段
對話之後，指出：「實際上，吶喊／彷徨，希望／絕望，確信／質疑的矛盾是
一直貫穿著魯迅一生的精神歷程。即使在他成爲左翼陣營的精神領袖之後，
這些矛盾依然盤踞在他的心靈深處。所以，可以說，寫在其晚年的《起死》
既是魯迅對其一生從事啓蒙的思想追求的一種隱秘的自我反諷：對於復活的
漢子來說，他所迫切需要的是衣服和食物，他根本無法也無心理解莊子所關
注的那些思想；又是對所謂民眾的懷疑：那些在鐵屋中沉睡的將要死滅的人
們，即使喚醒他們，又會怎樣呢？這是一個現代性的質疑。」家建在這裏提
出了一個頗爲精彩的見解，真讓人有通體豁亮之感——雖然未必每一位研究
者都會贊同。再以《出關》爲例，家建也提出了他獨到的看法：

對《出關》的解讀，最關鍵之處就在於：要讀通「關」的意義，
這是文本敘述的焦點。「關」從某種意義上說，也是中國傳統知識分
子現實命運的一個象徵。「關」是王權控制的界限。老子的西出函谷
關，就是試圖逃離王權的控制，然而，出了「關」又會怎樣呢？這
就如關尹喜所預言的，「看他走得到。外面不但沒有鹽，麵，連水也
難得。肚子餓起來，我看是後來還要回到我們這裏來的。」可見，
即使暫時逃離了王權的控制，但仍然逃離不了生存的種種困擾。這
就是一種擺在傳統知識分子人生關口的尷尬。或許，這種尷尬也十
分近似於魯迅晚年的處境。晚年的魯迅是相當孤獨的，1933 年 10
月 21 日，他在致鄭振鐸的信中說道：「上海……非讀書之地，我居
此五年，亦自覺心粗氣浮，頗難救藥。」1934 年 4 月 9 日，在致姚
克的信中，他又說道：「上海真是是非蜂起之鄉，混迹其間，如在烘
爐上面，能躁而不能靜，頗欲易地，靜養若干時……」1935 年 9 月
12 日，在致胡風的信中，他將「左聯」中的某些領導人比喻成「在
背後用鞭子打我」的「工頭」。不久（1936 年 2 月 29 日），他在致

曹靖華的信中，明確表示了對於「左聯」解散的不滿，並表示不願
加入新成立的「文藝家協會」，「如有人說我破壞統一，亦隨其便」。
5 月 14 日，在致同一人的信中更是感慨至極地說道：「近來時常想
歇歇。」甚至，有一次，當一位朋友勸他換地方療養時，他竟聲調
激越地反問：「什麼地方好去療養？！」所以，從某種意義上說，《出
關》是魯迅對他自己的現實處境和即將做出的人生選擇的一次最清
醒、深刻的思考。

我曾經主張從表現主義的角度去理解《故事新編》（見拙作《魯迅與表現主
義》），可惜我自己的研究卻是淺嚐即止，並未下工夫去深入展開。讀到家建
的這些精闢論述，我頓時有「被照亮」而豁然貫通的感覺，因此非常欽佩和
感謝家建的研究。家建善於從文本閱讀中抓住那些由讀者審美靈性與小說文
本摩擦而生的電光石火，將它們積聚起來，成為反過來照亮作品藝術世界的
集束光柱。家建的文學研究工作永遠不脫離審美直覺力、感悟力，這是他的
一個極大長處。正因為這樣，《被照亮的世界——〈故事新編〉詩學研究》也
就可能成為將《故事新編》的研究提升到一個新水平的標誌。

　　如果要說本書也有不足的話，我以為是在論述魯迅邊緣性思維的第六
章。經過前五章對作品具體深入的論析，最後自然需要理論性的概括和抽象，
但這種概括和抽象又不宜與前面的具體論析脫節，不宜離得過遠，躍得過快。
它需要一個中間環節，那就是對《故事新編》現代主義創作方法的探討。有
了這種準備，讀者也許就不會有突兀之感。但這也只是我的一點朦朧的想法
而已，未必很準的。

2001 年 4 月 18 日

增訂版自序
思想的力量：魯迅在今天的意義

　　思想的力量一旦凝聚，就會猶如尖銳的利器，穿透厚實的歷史與現實的迷障，直擊當下人們的心房與神經，讓沉沒於世俗的人們震驚、緊張並警醒；讓彷徨於精神歧路口的人們在焦慮與不安之中找到方向；讓疲憊不堪的探索者在風雨如晦之際望見心靈的驛站，使再一次出發成為可能。毫無疑問，魯迅就是中國歷史上蘊涵著如此偉大精神力量的少數思想家之一。經過時代生活的不斷砥礪，這一思想力量在今天的語境中更顯銳利與鋒芒。

　　我一直在思考一個問題：是什麼給了魯迅對國民性的深刻洞察力？具體地說，魯迅對人性究竟抱持著一種怎樣的立場、想像與理想？這種對人性的洞見給予他怎樣的思想分析方法與立場？又是如何塑造了他複雜的人格形態？我認為，對於這些問題的回答，是打開魯迅深邃而糾結的思想網絡的關鍵之所在。此時，思想史專家張灝關於「幽暗意識」論述的一番話給了我很大的啓發。張灝說：「所謂幽暗意識是發自對人性中與宇宙中與始俱來的種種黑暗勢力的正視與省悟：因為這些黑暗勢力根深蒂固，這個世界才有缺陷，才不能圓滿，而人的生命才有種種的醜惡，種種的遺憾。這種對人生和宇宙中陰暗面的正視，並不代表價值上的認可。實際上，這種幽暗意識是以強烈的道德感為出發點的，唯其是從道德感出發，才能反映出黑暗勢力之為『黑暗』，之為『缺陷』。因此它和中外文化傳統中各種形形色色的現實主義，如中國的法家，西方思想家如馬基雅弗利（Machiavelli）與霍布斯（Thomas Hobbes）等人的學說，在精神上是迥異其趣的，同時它也和西方現代的功利

主義和道德唯我論（Ethical Egoism）有著很大的不同。後者在價值上接受人的私欲和私利，而以此爲前提去考慮個人與社會的問題，而幽暗意識卻在價值上否定人的私利和私欲，然後在這個前提下求其防堵、求其疏導、求其化彌。因此對現實人生，現實社會常常含有批判的和反省的精神。」〔註1〕借用這一理論資源並隨著這一理論視野的不斷展開，我們可以繼續追問道：魯迅的「幽暗意識」是如何形成？在這裏有兩個維度是必要的觀察面：一是魯迅不斷累積的創傷性的人生體驗，使得他對人世、人心和人性有著一種與眾不同的感受、理解與洞察，並以此展開廣闊無垠的社會批評與文明批評。二是中國法家精神傳統和思想智慧。魯迅曾表示說，自己何嘗不是「中韓非莊子的毒，時而很峻急，時而很隨便」。中國法家精神傳統與思想智慧對人性之幽暗面的理解較爲獨特，而魯迅對韓非等法家的深嗜眾所周知。我認爲，人生體驗與文化傳統的碰撞、對話，對魯迅思想中「幽暗意識」的形成有著重要的意義。儘管如此，我們在魯迅的著作中仍然可以看到：魯迅沒有放棄對國民性改造的努力與希望；沒有放棄對民族文化、精神新生的信心；沒有放棄對中國脊梁式的人物的讚許；在時代漩渦的搏擊之中，沒有放棄對獨特的道德主義與歷史理想主義的價值承擔。這就是魯迅「幽暗意識」的另一面向，即追隨「眞儒」的人格擔當。如果我們要用一個簡要的概括來表徵魯迅人格結構的話，那就是，其中間是儒家，左邊是法家，右邊是道家。儒家代表承擔、經世與入世的價值立場；法家使魯迅不斷煥發出深刻銳利的思想批判力度與鋒芒；而道家使魯迅的情感疏解在儒、法兩家均告無助之際，能退回到內心的自由之中，以審美和想像的方式來棲居自己的靈魂，準備著再一次整裝出發。當然，魯迅「幽暗意識」的形成，不是簡單地對文化傳統的複製，而是創造性的新變。這種新變的契機恰恰就在於他對西方十九世紀末由尼采等人所開啓的現代性文化批判思想的汲取。正是這種中西方思想的融合、擇取和大膽的「拿來主義」，才成就了魯迅「幽暗意識」的思想特色與偉大力量，這種思想的形成道路與內在結構，在今天仍有重要的歷史啓示性。

在魯迅作品中有許多與「黑暗」相連的意象，常常讓我的靈魂震顫不已。比如，在《我們現在怎樣做父親》中有這樣的一段話：「自己背著因襲的重擔，肩住了黑暗的閘門，放他們到寬闊光明的地方去。」在《野草·影的告別》中相似的意象更是奇詭：「我獨自遠行，不但沒有你，並且再沒有別的影在黑

〔註1〕見《張灝自選集》，第2頁，上海教育出版社2002年版。

暗裏。只有我被黑暗沉沒，那世界全屬於我自己。」在我看來，「幽暗意識」
一方面使得魯迅能「洞見一切已改和現有的廢墟和荒墳，記得一切深廣和久
遠的苦痛，正視一切重疊淤積的凝血，深知一切已死，方生，將生和未生」。
另一方面，「幽暗意識」的思想鋒芒也使得魯迅在照破黑暗之後，能堅定地尋
找光明——這就是魯迅思想之於我們歷久彌新的意義。

　　是為序。

2015 年 9 月 27 日

目

次

緒論 照亮的意義

一

我習慣於深夜沉思。

當白晝的喧囂終於沉寂下去時，夜的氤氳也就悄然地在升騰、彌漫……隨之，自己的心緒也變得深濃。

在很長的一段時間裏，我被一個念頭緊緊追逐、折磨：六十多年前，在這個都市〔註1〕的另一面，同樣的深夜，那個偉大的悲劇的靈魂〔註2〕：魯迅，究竟在想什麼？——

夜闌人靜，當他佇立凝視那深邃而又神秘的星空時，他是否感到更深的寂寞和孤獨？

在那飄忽不定的煙圈中，他究竟看到了什麼？是布滿自己和別人所加的創傷的「過去」？抑或是黑暗、沉重的「現在」？

要知道，此時他業已五十有幾：一個知天命的年齡。

窗外是黯淡、無盡的深夜，那個念頭卻不斷地生發出種種閃爍不定、難以捉摸而又勾人心魄的幻影，糾纏著、蠱惑著我，在我的思想中，就像地獄裏受盡煎熬而找不到出路的靈魂一樣充滿躁動。〔註3〕

〔註1〕寫作本書時，我正在上海華東師大中文系師從錢谷融先生攻讀博士學位。

〔註2〕唐弢：《魯迅傳——一個偉大的悲劇的靈魂》，見《唐弢文集》第 6 卷，社會科學文獻出版社 1995 年版。

〔註3〕安德烈・莫羅亞：《〈追憶逝水年華〉序》，施康強譯，譯林出版社 1994 年版，第 2 頁。

　　有人說：人們敲遍所有的門，一無所獲。唯一那扇通向目標的門，人們找了一百年也沒有找到，卻在不經意中碰上了，於是它就自動開啓……〔註4〕

　　我渴望著這樣令人目眩的啓示。

　　於是，在上一個炎熱的夏季，我又重讀了一遍《魯迅全集》。對魯迅的著作，我並不陌生，在很小的時候就有機會讀到它。這次當我一本又一本地重讀時，它喚起了我對過去的回憶。小時候，我最喜歡讀的就是《故事新編》，那時是把它與《山海經》等神話書放在一起讀的。書中誇張、怪誕和諧趣的描寫，曾給我童稚的心靈許多歡樂和幻想。這次重讀，我看到的依然是誇張、怪誕和諧趣，卻激不起任何的幻想。它帶給我的反而是一種真實的感受，書中那些人物的情形，他們說話的口吻、神態，難道我們不是常常能在周圍人們的身上看到、聽到、想到嗎？一種最深刻的真實卻是通過最怪誕、誇張的形式表現出來，這是一種多麼不可思議的創造！此時，我感到有某種新的疑惑在向我逼近：他為什麼要把小說寫成這個樣子？於是，我又反覆地閱讀這個文本，疑惑在經過不斷的自我追問、反詰之後，漸漸地凝結為下面的問題意識。

　　（一）魯迅的創作總是與他的生命狀態相聯結。當他處於孤獨、消沉、寂寞的時候，他總是回到創作上來，體味自己，省思自己，然後又重新點燃自己前行的火焰。《吶喊》、《彷徨》、《野草》、《朝花夕拾》都是創作於魯迅心情最寂寞、孤獨，甚至最黑暗的時期。這一現象啓發我：在生命歷程的最後歲月中，魯迅又重新提起筆來創作小說，這是否意味著魯迅又回到自己的內心，重新體味自己的孤獨、寂寞呢？我們能否通過對《故事新編》的解讀，對魯迅晚年的思想、心靈有著更豐富、更深入的把握和理解呢？《故事新編》中充滿著對世界、對人的存在的荒誕感，這種荒誕感在寫於晚年的五篇小說中更是得到了一種整體性的滲透和張揚。我不禁要追問：這種越來越強烈的荒誕感，在魯迅晚年的思想、心靈中究竟具有怎樣的意義？它折射出一種怎樣的思想和生命狀態呢？

　　（二）《故事新編》中的八篇小說，斷斷續續歷十三年而寫成。但是，令人驚奇的是，這八篇小說在藝術構思、表現手法以及風格特點上都有著內在的一致性。這一現象是否意味著魯迅一直是在探索、嘗試著一條不同於《吶喊》、《彷徨》的創作道路呢？

―――――――――――――

〔註4〕安德烈・莫羅亞：《〈追憶逝水年華〉序》，施康強譯，譯林出版社1994年版，第3頁。

（三）在藝術感受方式和表現方式上，《故事新編》更接近於《野草》的創作，這二者有著互文性的內在審美關係。同時，它自身在藝術淵源上又是多元融匯的。這就促使我思考：在魯迅創作史乃至中國現代小說史上，《故事新編》究竟提供了哪些創造性的審美價值和審美方式？這對我們探討、建構中國現代小說詩學將提供怎樣新的視角？

如果說，每一次的求知與探索都是受胎於疑問的誘惑，那麼，上述的三個疑問就是貫穿我整個研究過程的問題意識，也可以說是我的研究目標。

我的思索和寫作就從這裏開始。

二

從構思到寫作，我的研究思路有一個較大的轉向。我自以為，這一轉向對我能否更深入地解讀《故事新編》，意義是重大的。剛開始時，我的研究思路是想從已有的論爭問題入手，試圖通過對《故事新編》研究史上長期爭論不休的問題，如「油滑問題」、「體裁問題」、「創作方法問題」等，做出自己新的闡釋，從而進入文本的解讀。但是，我很快就發現，這條研究路徑實際上是陷阱四伏：一方面，一旦直接從這些論爭的問題入手，很容易就會把文本擱置起來。也就是說，研究的目標和意義變成僅僅是一種對「問題」的回答。在這種情況之下，作品文本則成為每個研究者為了印證自己的解答而任意支離、抽取的外在材料。因此，從問題入手，即使對這些論爭的問題能提出新的看法和做出新的闡釋，但這些看法和闡釋也必然會漂離文本越來越遠，甚至可能變成純粹的「為問題而問題」。另一方面，這些論爭的問題從被提出之日起，至今已被幾代的研究者不斷地加以闡釋，在這一提出／解答的漫長的研究史過程中，這些問題已內在地生成了一種思維惰性，這不僅制約著我們對作品文本的深入解讀，同時也阻滯了我們在理論上的創新。

怎麼辦？——

還是讓上帝的歸上帝，愷撒的歸愷撒吧！

於是，我義無反顧地抽身而去。

我意識到自己正處於思路轉向的關口：我必須找到屬於自己的研究方法和途徑。

雖說抽身而去是容易的，但要找到自己的研究路子卻是艱難的。正當我為此而苦苦思考、探尋的時候，一個無意中聽到的詞彙：「照亮」，劃過我混

沌、黑暗的腦海，使我頓時有豁然開朗之感。如果你曾有過漂泊的經歷，那就會理解我將要說的：「在夜行的列車上，透過車窗，你總會看到，在那遠川，那天地盡頭，或者是在黑黝黝的樹林中，總有那麼一點燈光在孤獨地閃亮著。這時，你也許會模糊地猜想，那是從農舍的窗中，或者是從門縫中透露出來的，你會想像著燈下的家居情景，你可能甚至會情不自禁地在想像中描繪那陌生而又似乎熟悉的面龐。」〔註5〕此時此刻，「你一定會怦然心動，想起自己的家人，還有回家後即將享受到的溫暖，或是仍縈繞在你耳畔的燈下的話別，這一切都會使你心緒激蕩」。〔註6〕在這瞬間，「車窗外那搖曳的燈火和那遠山、遠水、遠樹、遠屋都漸漸地搖蕩在一起，在你漂泊的心靈中留下難以磨滅的記憶」。〔註7〕如果這時，「你是一個病羈異鄉的遊子，獨自一人蜷縮在陌生的客舍，當你在一陣疼痛中驚醒的時候，突然看到門下透進一絲光芒，你會感到寬慰。也許，你會脫口而出：謝天謝地，總算天亮了」。〔註8〕也許，就是這一點點的燈光照亮了艱辛跋涉的漂泊生活的全部意義；也許，就是這一線光芒照亮了期盼已久的希望；也許，就是這閃爍飄忽的燈火，使得你有機會照亮自己深邃而又幽秘的心靈。法國作家法朗士有句名言：批評是靈魂在傑作中的探險。在我看來，每一部傑作都是一片深邃的海洋，就如任何一個飽經風雨的航海家同樣需要燈塔的照引一樣，面對著文本，我們同樣需要點燃靈魂和智性的燈火。此時，我深深地意識到：我必須真正地潛入《故事新編》的文本世界中去，借助於對作品文本的細緻解讀，找到新的意義亮點，提升出一套新的理論設想，然後，用這套新的理論設想去重新「照亮」作品文本。我以為，只有這種「照亮」才可能使「文本」從半明半暗的自在狀態中浮現出來，文本中的一些長期被忽視或隱晦的內涵，才可能變得清晰、透明。

對「照亮」意義的發現，帶給我強烈的興奮感和研究衝動。我再一次意識到：我將整裝待發，重新上路。就像每一個長途跋涉的探索者一樣，在啟程前，我還是耐下心來，做更紮實的準備。於是，我一方面重新潛入文本，以自己的閱讀感受作為前行的路向；另一方面，我必須對以「照亮」

〔註5〕參閱趙園：《獨語》，遼寧教育出版社1996年版，第54～56頁。
〔註6〕普魯斯特：《追憶逝水年華》，李恒基等譯，譯林出版社1994年版，第3頁。
〔註7〕參閱趙園：《獨語》，遼寧教育出版社1996年版，第54～56頁。
〔註8〕普魯斯特：《追憶逝水年華》，李恒基等譯，譯林出版社1994年版，第3頁。

作為自己的研究方法的可靠性做出更周密的論證。為此，我又回到了魯迅的學術思想、方法上來。魯迅曾經有過撰寫中國文學史的計劃並且擬定了章節，也向他的摯友許壽裳講過大意。據許壽裳回憶，他把六朝文學的一章定名為「酒‧藥‧女‧佛」。〔註9〕顯然，這四個字是魯迅從六朝文學所處的時代背景、社會思想、文人生活以及中古文學史的特徵中概括、生發出來的。這種概括真可謂「一字千鈞」，它具有深刻的理論穿透力：既能把握住這一時期具體豐富的文學歷史現象，又能穿透這些現象，從中抓住那些最能體現這一時期的文學特徵的規律性的東西。〔註10〕王瑤先生曾把魯迅的這一文學史研究方法稱為「典型現象」法。〔註11〕或許，這也可以稱為「照亮法」，就如燈塔的意義是雙重的：它既告訴人們這一片海域是充滿危險，這裏有暗礁與險灘、潛流與漩渦；同時，又能導引著人們更安全地穿越這片海域。可以說，「酒‧藥‧女‧佛」這種概括，既把六朝文學生命化、具象化，同時，又使得作者對這一段文學史的探索複雜化。由此我不禁想到，也許「存在」就是一種神秘與敞開，幽深與透亮的統一。比如，蒙娜麗莎的微笑既是最自然的，同時又是最神奇、詭秘的。我想，對於一位像魯迅這樣偉大的智者來說，思維的創造性和深刻性之處，就在於他能夠以自己的方式同時穿透「存在」的兩面性。

接著，我又在費孝通先生的《舊著〈鄉土中國〉重刊序言》中讀到相似的看法，費孝通先生在談到自己的《鄉土中國》一書的研究方法時，說道：

> 我這種嘗試，在具體現象中提煉出認識現象的概念，在英文中可以用 Ideal Type 這個名詞來指稱。Ideal Type 的適當翻譯可以說是觀念中的類型，屬於理性知識的範疇，它並不是虛構，也不是理想，而是存在於具體事物中的普遍性質，是通過人們的認識過程而形成的概念。這個概念的形成既然是從具體事物裏提煉出來的，那就得不斷地在具體事物裏去核實，逐步減少誤差。我稱這是一項探索，又一再說是初步的嘗試，得到的還是不成熟的觀點，那就是說如果

〔註9〕 許壽裳：《亡友魯迅印象記》，人民文學出版社 1953 年版，第 52 頁。
〔註10〕 錢理群：《心靈的探尋》，北京大學出版社 1999 年版，第 10 頁。
〔註11〕 王瑤：《關於現代文學研究的斷想》，《中國現代文學研究叢刊》，1980 年第 4 期。

承認這樣去做確可加深我們對中國社會的認識，那就還得深入下
去……〔註12〕

寫到這裏，我內心感到一種充實。我知道，任何一種發現或創造，都是從舊
的結節上一點一滴地積累起來的（別林斯基語）。我無意於把這種研究方法歸
功於自己的發現或創造，也同樣無意於把自己的研究方法與前輩學者的學術
思想、方法相攀附。然而，我還是執著地要對自己的研究方法進行如此的命
名，是因爲我渴望著這一次的研究和寫作在「照亮」複雜、深邃的文本世界
的同時，能照見「文本」背後那個不安、沉默的靈魂，也能照見自己年輕的
生命。

因此，「照亮」對我來說，是一種心靈之眼，生命之光和智性的綻放。

三

研究方法——用一套新的理論設想或者說概念系統從整體上「照亮」
《故事新編》的文本世界——確定之後，接著就必須進行「亮點」的選擇。
這時，有兩個方面的研究預設一直在提醒著我：一方面，這些「亮點」必
須是從文本自身中生發出來的，即必須建立在自己對文本的藝術特徵的豐
富感受、把握之上。另一方面，這些「亮點」不能如星光點點，而是必須
能建構起或者說能貫穿起一個相互聯繫又不斷擴展與深化的概念系統。這
種對「亮點」的選擇、確定和建構過程，就是對自己研究路線的設計過程。
在這一研究路線的設計過程中，文藝理論家韋勒克和英伽登對文學作品的
分析理論都給了我重要的啓發。如英伽登把文學作品分成四個層面：第一
層面是聲音的層面。第二層面是意義層面，在這個層面上，有意義的句子
和句子系列展現出處於具體情境（事件、發展）中的客體（人物、精神狀
態）。客體的這種「展現」，發展出一個有機的、有意義的綜合體，一個特
定的「世界」。在意義的層面上產生了第三個層面，即所謂「觀點」的層面，
在這裏，作者與讀者的「意向性經驗」產生了遭遇，並由此進到最後一個
層面，即所謂「形而上學」的層面。〔註13〕此處參閱黃子平：《沉思的老樹
的精靈》，浙江文藝出版社 1987 年版。我以爲，英伽登的這種分析方法，

〔註12〕費孝通：《鄉土中國》，三聯書店 1985 年版，第 4 頁。
〔註13〕英伽登：《對文學的藝術作品的認識》，陳燕谷譯，中國文聯出版公司 1988 年
版。

雖然是清晰、遞進的，但是，顯得過於複雜。我的辦法則是，從《故事新編》作品文本的意義適應性和理論承受力出發，對英伽登所分析的各層面進行「簡化」，使自己所設計的研究路線和理論框架盡可能地具有可操作性，也就是說，從《故事新編》文本實際出發進行理論方法上的選擇。於是，我選擇了「語言層面」、「創作思維層面」、「文體層面」這三個亮點，力求能建構起一個有機的、遞進的研究路線。

我一直認為，魯迅是一個詩人，並且是一個主觀性很強的詩人。在他的任何創作中，都浸潤著他的全部生活、全部感情、全部靈魂。因此，在對研究路線設計的過程中，我時時提醒自己：必須借助對作品存在方式內部的各層面的分析、解讀，從而把文本主體化、生命化，即力圖把對「語言」、「創作思維」、「文體」這樣的內部研究與對作家心靈的解讀結合起來，走一條「作品文本⇄作家心靈」的雙向對讀的研究路線。

在研究路線的設計過程中，我引進或借用了多個關鍵詞。為了使我們對文本的分析、解讀建立在一種清晰、明確的理論框架上，在緒論中，我將不得不先對這些關鍵詞的特定內涵以及我切入文本分析的角度，做出謹慎的闡釋。

「語言問題」是我研究路線的第一站。當我們進入《故事新編》文本的解讀時，第一個帶給我們衝擊力的就是《故事新編》語言的「怪味」。我把《故事新編》語言的這種「怪味」特徵概括為「戲擬」。《故事新編》的語言形式最重要的特徵在於：一方面，它對所依據的舊文本（故事）的語言形式或當時現實生活中的某些語言形式進行虛擬（新編）；另一方面，在虛擬的過程中，它又滲透著魯迅所具有的獨特的荒誕的感受和嘲諷意味。這樣，就在作品文本的語言形式內部構成一種張力。我們知道，語言是思維的直接現實，就像肉體無論美醜、強弱，都是所謂「靈魂」的安居之所。一個作家創作的語言形式根源於他對世界的觀察、感受的方式。因此，從《故事新編》語言的「戲擬」中，可以看出魯迅是如何體驗和把握他所置身的世界的特徵——荒誕性。在「戲擬」所造成的語言形式的扭曲、躁動、喧嘩之中，浸透著、流淌著魯迅心靈中某種不安、苦澀的情緒。語言的「戲擬」造成了《故事新編》中所特有的悲劇喜劇化，喜劇悲劇化和悲劇喜劇不斷衝突、融合、轉化的敘述格調，從這種彌漫於《故事新編》文本世界的複調式的敘述格調中，我們可以觸摸到魯迅隱秘的、變幻複雜的內在心像。尤其重要的是，「戲擬」在這裏彷

彿是一幅魯迅晚年的「心電圖」，即在語言形式的波動、曲折的軌跡中，分明可以讀出魯迅晚年心脈的搏動、縮張，情緒的激動、疲憊，生命的掙扎和衰竭。

　　黑格爾曾說：「形象的表現方式正是他（藝術家）的感受和知覺的方式。」〔註14〕因此，我們的研究路線在分析了《故事新編》的語言形式之後，應該向更深處突進。於是，在翻越了重重關山，經歷了艱辛跋涉之後，我們來到了研究路線的第二站：創作思維層面。我把《故事新編》的創作思維概括為「隱喻」。這個概念的內涵不同於西方文學批評術語中的「隱喻」。這裏，「隱」訓「藏」，「喻」訓「曉」，那麼，在「隱」和「喻」之間就構成這樣一種思維張力：「隱⇄喻」。我之所以得出這樣一個概括，最根本還是源於對《故事新編》的解讀。魯迅在《〈出關〉的「關」》一文中談到自己的小說創作時，曾說道：自己常常「是雜取種種人，合成一個」，「從和作者相關的人們裏去找，是不能發現切合的了，但因為『雜取種種人』，一部分相像的人也就更其多數，更能招致廣大的惶怒。」〔註15〕魯迅的這段話一直未能引起研究者足夠的注意。我以為，這其中包含著魯迅對自己「隱⇄喻」的這樣富有張力性的創作思維的說明：「雜取種種人」，是指從生活中找到相像的人物（包括事件、情境等），這是第一層次的「喻」。當在創作過程中「合成一人」時，這「喻」就轉化成第二層次：「隱」。由於成功的藝術形象中總是滲透著作家對生活本質、對人類心靈的豐富把握，所以，此時的「隱」也就是一種更具整體性、更深廣的「喻」。當然，創作是一種複雜的心理活動過程，正如別林斯基所描述的那樣：「現實的感觸在作家敏感的心靈中往往激起情感的軒然大波，佔據著他，壓迫著他，使得作家充滿戰慄的預感。這時，作家不是通過理智思辨的方式來分析它，而是通過感情來承受它。他關切而痛苦地把那模糊的、朦朧的，然而又不可遏止的感受保持在自己感情的幽秘殿堂裏。他為此而感到痛苦、焦慮。他需要一種可以觸知的形象來傾瀉、解放自己的心中那一股不停地奔兀、衝撞的感受。於是，一個個生動的形象就從黑暗中漸漸升起，依次在心靈的聚光燈下通過。你看！詩人們終於看見了他們，和他們談話，熟知他們的言語、行動、姿態、步調，並且是從多方面整個兒地看見他們，親眼目睹，清楚得如同白晝迎面相逢。最後，他用完美的形式把這些生命牽住、

〔註14〕轉引自王元化：《思辨隨筆》，上海文藝出版社 1994 年版，第 243 頁。
〔註15〕《魯迅全集》第 6 卷，人民文學出版社 1981 年版，第 519 頁。

圍住。」〔註16〕因此，在這裏，「隱⇄喻」只是對《故事新編》創作思維的一種概括，這種概括當然不能取代對創作心理全部的複雜性的感受和把握。這就是我對自己所使用的「隱⇄喻」這一概念的內涵所做的謹慎分析。

長期以來，人們對作家創作思維的探究常常傾向於神秘主義式的理解，把它比喻成「閃電」或別的什麼稍瞬即逝或如靈光一閃的東西，〔註17〕使得人們對創作思維的探索始終停留在不可知的黑暗世界之中。事實上，早在十九世紀，黑格爾就曾明確地指出，一個作家在創作過程中所滲透、呈現的創作思維方式，「不僅是一種認識性的想像力、幻想力和感覺力，而且還是一種實踐性的感覺力，即完成作品的能力。這兩方面——心裏的構思與作品的完成（或傳達）是攜手並進的」。〔註18〕這也就是說，雖然一個藝術家創作的心理過程對於旁人來說是一種不可重複、不可替代的隱秘過程，但是，這種隱秘的體驗性的創作心理和創作思維方式畢竟還是凝結、呈現爲獨特的藝術特徵。因此，當我們在研究一個作家的創作思維時，就必須緊緊地抓住作品文本的藝術特徵這一中介，從而把握作家創作思維的運作及其機制。我以爲，「隱⇄喻」的創作思維及其內在張力，使得《故事新編》呈現出這樣一些獨特的藝術特徵。

（一）作品文本的空間形式的多層面性、流動性和解構性。從空間知覺與人類精神結構的內在關係來看，一個作品文本的空間形式最能顯示出作家是如何地來把握、感知、建構自我與周圍世界的關係。每個人都是在一個無限複雜的意義網絡中確認自我形象的。因此，自我的內涵從根本的意義上說，就是確定自己在特定的意義空間內的位置、責任、作用。〔註19〕我們從《故事新編》文本的空間形式的不斷變換、變異乃至解體的過程，分明可以看出魯迅在自己所生存世界中的掙扎、動蕩。

（二）作品文本的時間形式的異代並置、古今雜糅和往返折疊。正如有論者所指出的那樣：每一個富有獨創性的思想家和藝術家總是有著自己對時間的獨特的感知方式，正是在這種對時間的充分個性化的感知方式中，凝聚著這個作家對於生命、生活的獨特的觀察、感知與認識，尤其重要的是，在

〔註16〕別林斯基：《文學的幻想》，滿濤譯，安徽文藝出版社1996年版，第150頁。
〔註17〕康・巴烏斯托夫斯基：《金薔薇》，戴驄譯，上海譯文出版社1980年版，第38頁。
〔註18〕引自王元化：《思辨隨筆》，上海文藝出版社1994年版，第245頁。
〔註19〕汪暉：《舊影與新知》，遼寧教育出版社1996年版，第179頁。

時間感知方式的背後，滲透的是一個作家如何理解、把握自己的歷史。〔註20〕因此，我們通過對《故事新編》的時間形式的分析中，進而可以探討魯迅獨特的歷史觀和一種獨特的歷史心理學。

（三）「隱⇄喻」是一種極具張力性的創作思維方式，《故事新編》的創作因此而獲得一種獨特的「變形」能力，這種「變形」能力使得《故事新編》在藝術特徵上呈現出深刻而又豐富的「現代主義」色彩。我以為，長期以來，困擾著《故事新編》研究的一個重要的理論誤區就是，我們一直是以解讀《吶喊》、《彷徨》的方式——現實主義、浪漫主義——來解讀《故事新編》，這是一種與《故事新編》文本的藝術特徵不相契合的解讀方式。我以為，對《故事新編》的解讀要想向更準確、更深入的層面推進，就必須牢牢地站在「現代主義」的視點上。這絕不是為了理論上的標新立異，而是文本的藝術特徵對我們所發出的審美召喚。

當我反覆閱讀文本時，有一種獨特的審美感覺在心中漸漸地萌生，我必須把這種感覺捕捉住，並凝結起來，這時「文體」的概念就啓發了我。這就如一個經歷漫長跋涉而終於到達山頂的探索者，當他回首一望的時候，已經走過的路不僅變得清晰可見，而且遠方的山、空中的鳥、路邊的樹林都一起躍入眼簾，構成一幅生動可感的圖景。是的，在我看來，所有的藝術分析都不僅僅是為了接近一個終點，更是為了讓我們把握和擁有一個更豐富、更絢爛的世界。中國傳統學術所強調的「善入」與「善出」，我以為，這也同樣適合於藝術分析。如果這裏說的「善入」，是指潛入文本的解讀，那麼，「善出」就是一種回首一望。這回首一望，它能把那種朦朧的、流動的審美感受凝結成一個「文體」。

對《故事新編》的文體特徵的探索，就構成了我的研究路線的第三站。魯迅不僅是中國現代文學史上許多文體的開創者，而且，這些文體都在他的手中達到成熟，可見他的創造力之博大。《故事新編》的文體創造顯然不同於《吶喊》、《彷徨》，在《故事新編》中，幻想的與現實的、想像的與真實的、古代的與現代的、莊嚴的與滑稽的、詩的與雜文的、形象的與理論的等等，各種不同的審美因素都創造性地融合在一起。如果我們簡單地用「歷史小說」、「諷刺小說」等名稱來概括它，那麼就會有捉襟見肘之感。因此，我只

〔註20〕汪暉：《舊影與新知》，遼寧教育出版社1996年版，第179頁。

得採用權宜之計，把《故事新編》的文體特徵稱為「奇書文體」。〔註21〕我的
這一概括是借鑒了中國傳統的小說評點理論，中國傳統的小說評點家，在面
對《三國演義》、《水滸傳》、《西遊記》、《金瓶梅》等小說時，苦於找不到一
種合適的名稱來概括它們，於是就把這些小說稱為「四大奇書」，如毛宗崗、
張竹坡評定《金瓶梅》為「第一奇書」。這雖然在剛開始時也僅是權宜之計，
但是，這一名稱在漫長的文學史演變、流傳過程中漸漸地有了它獨特的美學
內涵。〔註22〕在這裏，我借用「奇書」這一名稱是為了說明，《故事新編》文
體的創造性之處就在於它能把各種不同的因素融合在一起，並創造出一種新
的、成熟的審美樣式。我以為，通過對這一奇書文體的敘事策略、敘述結構
和藝術風格等不同層面的把握和探討，我們能夠很清晰地看到《故事新編》
在魯迅創作史和中國現代小說史上的獨創性價值。

　　在從「語言」到「文體」的不斷掘進的探索過程中，一直都貫穿著我的
一個自覺的思想追求──盡可能地接近、潛入作品文本，感受它、觸摸它，
在自己的心靈與文本世界的交流、往返之中，呈現和照亮魯迅的思想和心靈
的本來狀況。也就是說，要在詩人魯迅的身上發現思想家的魯迅、「人之子」
的魯迅，而這其中主要的關注點，則是晚年魯迅的心靈和思想。

四

　　阿爾卑斯山谷中有一條汽車大路，兩旁景物極美，路上插著一塊標語牌，
勸告遊人說：「慢慢走！欣賞啊！」〔註23〕這也應該成為文學研究的一種心
態，即我們必須把研究對象盡可能地放在古今中外的文學藝術圖景中來加以
理解和把握。中國現代作家對傳統文學藝術的吸收和所受影響往往是自發
的，對外來文學藝術的吸收和所受影響又往往是自覺的。〔註24〕自發和自覺
在一個作家的創作中又常常形成一種相互點醒、相互啓發、相互深化的互動
過程。因此，對中國現代作家、作品的比較研究不能偏執於尋找二者之間實
證的、可以一一對應的明確形式。事實上，也根本不可能找到這種明確的對
應形式。我的辦法就是，從文本的藝術特徵出發，以自己的閱讀感受為起點

〔註21〕參閱浦安迪：《中國敘事學》，北京大學出版社1996年版，第19～25頁。
〔註22〕參閱浦安迪：《中國敘事學》，北京大學出版社1996年版，第19～25頁。
〔註23〕此處轉引自《朱光潛全集》第2卷，安徽教育出版社1987年版，第96頁。
〔註24〕王瑤：《論現代文學與中國古典文學的歷史聯繫》，見《王瑤文集》第5卷，
　　　　北嶽文藝出版社1995年版。

來進行比較研究。這可能不符合比較文學研究的規範（我也無意於此），但我以爲，這種研究的意義就在於使我們對作品文本的解讀的角度、方式、視野變得更豐富、更開闊，就如一個文本常常需要在多種「光源」的「映照」下，才能呈現出豐富的藝術魅力。

「密納發的貓頭鷹，要等黃昏來臨，才會起飛」。（黑格爾語）全面探究《故事新編》與文學傳統的關係，雖然是個誘人的課題，但並非這次寫作所能談清楚的。在這裏，我感興趣的只是閱讀感受中幾個激發、觸動我的興奮點——

興奮點一，試圖從神話、莊子的想像力方式及其所形成的藝術傳統的角度來理解、把握《故事新編》與傳統的關係。魯迅曾多次稱《故事新編》是以神話爲題材的短篇小說。〔註25〕當神話作爲題材被魯迅借用時，內含於原神話題材之中的想像力資源就可能在新的創作語境中蘇醒、活躍起來。這時，一個作家的創造性不僅在於能駕馭它，更重要的是能融化它，能創造性地轉化它。在這方面，《莊子》爲後人提供了一個輝煌的範例，我以爲，從想像力傳統的角度把《故事新編》與神話、《莊子》聯結起來，遠比停留在簡單的題材比附上，來得更有意義。這是因爲，想像力傳統是一個民族文學的審美精神的靈魂之所在。

興奮點二，我在整個的閱讀過程中，有一個感受是很強烈的，即《故事新編》中人物形象的創造方式與《史記》有著深刻的內在相似性。在這種審美感受的驅動下，我又重讀了《史記》，不僅發現《故事新編》中有不少的題材是源於《史記》（或者說《史記》也寫過相似的題材），更重要的是，在他們的筆下，無論是歷史還是小說，都展現了一種充滿感情、生命和神采的境界。《史記》行文恣肆、疏蕩有奇氣，在敘人述事上，傳神繪聲。在記語載言上，曲傳口角。〔註26〕其境界是瑰奇幽遠的。對此，曾國藩說：「太史公稱莊子之書皆寓言，觀子長所寫《史記》，寓言亦居十之六七。」〔註27〕按我的理解，此處的「寓言」是指一種藝術虛構，正是這種虛構，才使得《史記》極具生命和詩情的表現。史傳在中國敘事傳統中一直保持著優勢文體的地位，從某種意義上說，整個中國古代小說史就是一部不斷

〔註25〕參見 1935 年 12 月 3 日致增田涉信；1935 年 12 月 4 日致王冶秋信。
〔註26〕錢鍾書：《管錐編·史記會注考證》第 1 冊，中華書局 1996 年版。
〔註27〕曾國藩：《曾文正公文集》卷 3。

從史傳巨大的陰影下掙扎、擺脫出來的藝術史。在這一掙扎、擺脫的過程中，小說又有效地吸收了史傳的敘事智慧，並以此來豐富自己。《故事新編》作為一部具有深刻創造性的現代小說，它對中國古代小說和史傳文學的敘事智慧都有所吸收，這也就是為什麼《故事新編》時常讓人覺得有點像「歷史小說」的原因。然而，如果我們更進一步地從創造性的角度來看，那麼，就會發現，在真正的創作境界中，歷史與小說在本體性的價值觀上是相通的，這是一個非常有意思的問題。我們通過對《故事新編》的分析，將對傳統的敘事智慧在創作中如何被魯迅創造性地加以繼承與轉化，能有個比較具體的把握。

　　興奮點三，「油滑」與中國民間詼諧文化。「油滑」是《故事新編》研究中比較棘手的問題。長期以來，對「油滑」的分析，研究者一直是糾纏於「『油滑』究竟是優點，還是缺點」這樣的思維怪圈中。王瑤先生在《〈故事新編〉散論》中，以中國古典戲曲中丑角藝術的插科打諢為例證，對《故事新編》中「油滑」這種藝術現象的美學意義進行了獨到的研究和深入的分析，這無疑是把對「油滑」的研究推向一個新的高度。但是，王瑤先生的研究文章還是存在著兩個「盲點」：一是，把「油滑」僅僅理解為「是關於穿插性的喜劇人物的方法」，而沒有看到「油滑」賦予了作家一種觀察人生世相的特殊眼光，一種對社會、歷史、文化獨特的認識方式，它是同作家主體內在心靈的深度、複雜性和無限豐富性聯繫在一起的。第二，王瑤先生還是把自己的眼光局限在正統的審美規範之中。而沒有看到，「油滑」不僅滲透在作品的題材和敘述、描寫等方面，而且還有助於《故事新編》建立起獨特的藝術風格，它的審美意義雖然不符合許多根深蒂固的文學趣味、標準和規範，但是，它所具有的特殊的藝術魅力對我們許多業已凝固化的、狹窄化的、正統化的審美方式來說，都形成了挑戰。〔註28〕更重要的是，我們必須看到「油滑」同中國民間詼諧文化的內在關係。在探討中國現代文學（包括魯迅創作）與傳統文學關繫時，研究者們的眼光大多是盯在雅文化層面上。然而，那種源遠流長、具有民間活力的民間詼諧文化，對中國現代文學的影響同樣是值得注意的。

〔註28〕參閱巴赫金：《弗朗索瓦·拉伯雷的創作與中世紀和文藝復興時期的民間文化·導言》，見《巴赫金全集》第6卷，河北教育出版社1998年版。

在探討《故事新編》與傳統關繫時，我的著力點主要是放在分析、解讀作爲個案的文本之間的內在關係。也就是說，立足於「點」的剖析來把握《故事新編》與傳統的關係，其根本的意旨也在於爲了更好地揭示《故事新編》的獨創性。必須提到的是，在這一系列比較研究中，我並沒有放棄對那些「論爭問題」回應的興趣，只不過我認爲，要力圖對這些「論爭問題」做出深入的回答，就應該把文本放在一個廣泛聯繫的比較空間中來加以闡釋。如果僅用文本自身來說明這個文本究竟是屬於什麼「體裁」，具有怎樣的「創作方法」等問題，那麼，就不可避免地要陷入邏輯上的循環論證的陷阱。在《故事新編》的研究過程中，對一些「論爭問題」的探討之所以會長期糾纏不清、徘徊不前，其根本的原因就在於我們缺少一種比較開闊的、多層次的討論問題的視野。

在探討《故事新編》中的藝術表現方式的現代性時，我比較關注的是《故事新編》與現代藝術技巧的關係。第一個激發我研究興趣的問題是：《故事新編》與現代電影蒙太奇。也許，魯迅走上文學道路，與「蒙太奇」有著「宿命式」的淵源。即在那個著名的「幻燈片事件」中就潛在地蘊含著蒙太奇思維和蒙太奇原則。所謂的「蒙太奇」，就是把兩個鏡頭組接或對列在一起而產生出一種新的形象和新的意義，〔註29〕也就是我們常說的1＋1＞2。在《故事新編》文本中，常常是把現代的事件、細節、話語與古代相連接、交融，即創造性地進行「舊」事新編、「新」事舊編，在我看來，這就是一種蒙太奇，它所產生的思想和美學意義遠遠大於古代和現代單獨的意義之和、審美之和。蒙太奇方式在《故事新編》中有許多不同的表現形式和功能類型，我們通過對這些表現形式和功能類型的分析，將獲得一種與作品文本的藝術表現方式相契合的解讀方式。

現代美術對魯迅創作的影響，這又是一個十分有價值的問題。但是，目前對於這個問題的探討，較多的是停留在史實方面的探賾索隱。現代藝術所培育、薰陶出來的藝術觀念和藝術感知力，對魯迅的創作具有潛在的深刻影響。早在八十年代初，馮至先生在《紀念魯迅要擴大魯迅研究的領域》〔註30〕一文中，就提出過這個看法。在這裏，我還是立足於個案剖析，主要探討的是現代繪畫的感知方式和表現形式與《故事新編》的關係，這是一個很不容

〔註29〕愛森斯坦：《愛森斯坦論文選集》，中國電影出版社1962年版，第349頁。
〔註30〕參閱《馮至全集》，第4卷，河北教育出版社1999年版。

易把握的問題，我的辦法就是盡可能地把文本視覺化，即在閱讀中仔細地品味其中色調的變化、線條的表現形式和構圖的特徵，從而在一種審美感知的層面上，對它們之間的關係做出細緻的解讀。

這些想法也許從嚴格的比較研究的學術規範來看，可能是一種無「法」無「規」的「野狐禪」。但是，我以為，一個文本可以像我們童年時所玩的「萬花筒」一樣「轉著看」，也只有這種「轉著看」，才能旋轉出、映照出一個絢麗多彩的藝術世界。

五

「她兩眼注視空中，出神似的凝想著，於是神色越加柔和，笑窩也深下去……」我曾無數次為《傷逝》中的這一細節而感動。是的，是愛情照亮了那黑暗、充滿敵意的四周，給了子君生存的全部意義。然而，寫作之於魯迅又何嘗不是如此呢？！寫作就有如暗室的孤燈一般，照亮了那廣渺深遠的黑夜；照亮了他那已逝的寂寞的時光，那餘情繾綣的年輕時做的夢；照亮了他那黑暗、深邃的心靈，也照亮了他那永遠寂寞、孤獨的前行的身影。

寫到這裏，我不禁想起自己所讀過的兩段相關的回憶文字。

深知魯迅的蕭紅，在她的《回憶魯迅先生》裏這樣寫道：

> 全樓都寂靜下去，窗外也是一點聲音沒有了，魯迅先生站起來，坐到書桌邊，在那綠色的檯燈下開始寫文章了。許先生說雞鳴的時候，魯迅先生還是坐著，街上的汽車嘟嘟的叫起來了，魯迅先生還是坐著。
>
> 有時許先生醒了，看著玻璃窗白薩薩的了，燈光也不顯得怎樣亮了，魯迅先生的背影不像夜裏那樣高大。魯迅先生的背影是灰黑色的，依舊坐在那裏。

與魯迅有過密切交往的日本學者增田涉先生，在《魯迅的印象》中是這樣回憶道：

> 在月亮一樣明朗，但帶著悲涼的光輝裏，他注視著民族的將來。……有一次夜裏兩點鐘的時候，我走過他所住的大樓下面，只有他的房間還亮著燈，那是青色的燈光。透過檯燈的青色燈罩發出的青色的光，在漆黑的夜裏，只有一個窗門照耀著，那不是月光，但我好像感到這時的魯迅是在月光裏。

是的！這是一個置身於黑暗與光明之間的偉大的探索者。在那「灰黑色」的背影裏，在那彷彿煥發著悲涼的光輝中，蘊藏著、湧動著多麼深沉、博大的寂寞與孤獨。雖然，那時的蕭紅和增田涉似乎都朦朧地感受到了他靈魂的「大」與「深」。然而，我不禁要懷疑，在他生前，是否真的有人真正地走進過他的靈魂深處？尤其是在他的晚年！我想，他此時擁有的只有黑夜和在黑夜中的寫作，正如他自己所言，「只有夜還算是誠實的。我愛夜，在夜間作《夜頌》。」他就像漂泊於寒夜的旅人，卻給了孤苦的靈魂以最溫暖的祝福，他筆下的所有人物都是從他心靈中流出，都承受著他深沉的照拂。是的，黑夜和寫作給了他晚年生命存在的最真實的內涵。

我以為，《故事新編》和其它幾篇回憶性散文如《我的第一個師父》、《「這也是生活」……》、《死》、《女吊》、《關於太炎先生二三事》的寫作，是魯迅在生命歷程的最後歲月中最為真實的生活。通過這種獨特的寫作，「使得自己與現實，與真實的心靈又一次獲得對話、反省、把握的機會」。〔註31〕雖然此時，他已被公認為左翼陣營的思想領袖，然而，事實上，不僅右翼陣營中的人不能理解他，左翼陣營中的人又何嘗能理解他？除此之外，在此時，更沉重的敵意卻是源於他自己的內心：那個布滿自己與別人所加的創傷的「過去」如影隨形地追逐著、折磨著他。那種虛無之感又不時地侵襲、籠罩著他那早已疲憊不堪、傷痕累累的心靈。因此，這個時候對魯迅來說，與外在現實和內在心靈建立一種怎樣的關係，就顯得尤其的重要，特別是在晚年。顯然，他絕不會與現實妥協，可是與現實的緊張和直接對峙，只能使他陷於更沉重的沉默和孤獨、更深的虛無感之中。然而，他已不可能再像寫作《野草》時那樣「抉心自食」，因為這樣一來可能會使自己失去唯一可以確信的力量。正如紀德所指出的那樣：「作家受到命運不公正的待遇之後，總要盡力尋求補償。」因此，可以說，《故事新編》的寫作是魯迅在這時候精神的最後出路：借助於那「新」事舊編、舊事「新」編的荒誕化的文本敘述，狂歡化的語言戲擬，充滿想像力的隱喻思維，使得自己從內在心靈的荒誕感中超越出來，而獲得一種宣泄、一種回味。在這裏，正是借助於這種荒誕化的寫作使得魯迅獲得一種「與外在世界和內在心靈溝通、對話的最好方式」〔註32〕。正是

〔註31〕 參閱余華：《布爾加科夫與〈大師和瑪格麗特〉》，見《我能否相信自己》，人民日報出版社 1998 年版。

〔註32〕 參閱余華：《布爾加科夫與〈大師和瑪格麗特〉》，見《我能否相信自己》，人民日報出版社 1998 年版。

這樣的方式使魯迅在最後的生命歷程中沒有「被自己心靈的危機所淹沒，也沒有被現實所迷惑。同時，他的想像力、洞察力也隨之而獲得淋漓盡致的揮灑」〔註33〕。

　　魯迅曾在《「這也是生活」……》一文中，寫過一次病乏時候的體驗：「……我是病乏的。我的確什麼欲望也沒有，似乎一切都和我不相干，所有舉動都是多事，我沒有想到死，但也沒有覺得生；這就是所謂的『無欲望狀態』，是死亡的第一步。」試想，當一個人停止了感受、體驗和思考的時候，他離死神能有多遠！所以，我以為，這裏所強調的「荒誕感」絕不是對生命的遊戲和嘲弄，而是一種作家內心無限緊張、豐富的體驗方式。一個人能感受到一種「荒誕」，同時，又能用創作方式表現、傳達出來，可以充分看出其內心活動、體驗的豐富性。如果說在前期，魯迅是以《野草》式無情地解剖自己的寫作方式來進行自我體驗、自我認同的話，那麼，流淌在《故事新編》文本中的荒誕感，則是魯迅晚年心靈的深刻內容。可以說，在文本中，這種「荒誕」既是心靈體驗的內容，又是體驗的形式。我以為，《故事新編》是魯迅對自己在《吶喊》、《彷徨》中所形成的「敘述方式的一次偉大而又極具創造性的解放」，〔註34〕在這種敘述的解放中，他也在努力尋找一種肯定、一種解脫。然而，我不禁要問：在這個時候，他作為藝術家和作為個人能夠同時得救嗎？！

六

　　在整個寫作過程中，一個困惑時時纏繞著我：以我如此年輕的生命和體驗去把握、理解一個偉大「詩人」晚年的思想和心靈，我能行嗎？！我能逼近那個靈魂嗎？！尋找這種自信，也就成為我確證寫作意義的內在驅動力。在我面前只有兩條道路可走：一條是通過自我寫作來尋求一種精神認同，這是在我之前的許多學者都走過的道路。我以為，他們在魯迅身上發現和認同的是他們自己身上本來就有的東西。他們是要借助魯迅來說說他們自己。所以，在他們的研究中充滿著個性色彩。「我的魯迅觀」成為這一代學者最高揚

〔註33〕參閱余華：《布爾加科夫與〈大師和瑪格麗特〉》，見《我能否相信自己》，人民日報出版社1998年版。

〔註34〕參閱余華：《布爾加科夫與〈大師和瑪格麗特〉》，見《我能否相信自己》，人民日報出版社1998年版。

的精神旗幟。他們之所以能如此，就是因爲他們曾被無情地拋進苦難的深淵，在他們的精神世界裏有著我們這個時代最深重的記憶，這苦難也磨礪了他們銳利、執著的批判意識。然而，我是生活在這樣一個貧乏的時代，同樣貧乏的是我們對生命的記憶。魯迅對於我們這一代人來說，是一種傳統、一種充滿生命力的資源、一種滲透在我們思維和表達之中的「話語」。儘管如此，站在這一偉大的靈魂面前，我們同樣有話要說，同樣有表達的渴望，同樣充滿對話的勇氣。只不過，我們必須把更多的沉默留給自己，因爲我們首先需要感受他，需要一種全身心的激動。就像拉斐爾在用畫筆把瑪董娜的形象移置於畫布之前先已看見了這個天上的神造的形象一樣，也正像莫扎特、貝多芬、海頓在用筆把音符移置到紙上之前，先是聽到了這些從靈魂裏激發出來的神妙的音響一樣，〔註35〕在我們有了自己的表達之前，我們的生命必須先和他緊緊地聯結在一起。因此，建立在文本解讀之上的研究，就成了我們這一代人走進魯迅的道路。

時下的生活是如此的冷峻。失望、迷茫、疲憊在不斷地襲來，我們時時會有下墜、崩解的焦慮。在這個時候，寫作就成爲了我們抗拒這種體驗的唯一的可以選擇的方式。如果你有過迷失的經歷，就會知道我下面要講的，絕不是一個純粹的故事：暗夜裏，你迷失了路向，只聽得遠村的犬吠和周圍唧唧的蟲鳴，也許你會有一種寒顫、空寂之感，忽然，你發現遠方有一點燈光在閃爍。這時，會有一種陌生的溫情襲上你的心頭。你知道自己是活在人間。不論那燈火中的人家將給你什麼，你都將執著地奔向它。這時，早已疲憊不堪的腳步又將變得堅定有力。是的，我們需要「燈火」來「照亮」和溫暖自己的心靈，我們需要一種詩意來驅散那時時逼近的頹喪的氣息。

在魯迅的小說中，我們總是能感受到有一種詩意在流動，在飛揚，在昇華。感受這種詩意永遠是一種美的蠱惑，一種溫馨而神秘的幸福感。這猶如黑夜中獨有的一點燈火，閃爍在空曠的田野，這種詩意「照亮」了我們所走過的小路，「照亮」了我們寂寞的生活，也「照亮」了我們在這貧乏的時代生存著的全部內涵。

——這就是這次研究的旅程所給予我的最眞實的意義。

〔註35〕參閱別林斯基：《文學的幻想》，滿濤譯，安徽文藝出版社 1996 年版，第 150 頁。

七

　　王國維說：「古今之成大事業、大學問者，必經過三種之境界：『昨夜西風凋碧樹。獨上高樓，望盡天涯路。』此第一境也。『衣帶漸寬終不悔，爲伊消得人憔悴。』此第二境也。『眾裏尋他千百度，驀然回首，那人卻在，燈火闌珊處。』此第三境也。」〔註36〕此時，我感覺到自己就如一個孤獨的旅人，正艱難地跋涉在從第一境通往第二境的途中，在這樣一個寒冷的深冬，在夜闌人靜的時候，我所有的只是對那「燈火闌珊」的想像和嚮往。許多年來，我一直是沉迷於這樣的自我想像之中：做一個跋涉者眞好！

　　——就讓那閃爍的燈火，照亮我前行的道路。

　　於是，我將用這第一瞬間的光明——

　　問候那些熱愛我的人們。

　　問候自己艱辛跋涉的歲月。

〔註36〕王國維：《人間詞話》，見《王國維文集》第 1 卷，中國文史出版社 1997 年版。

第一章　戲擬
——《故事新編》的語言問題

　　魯迅曾說《故事新編》是「神話、傳說和史實的演義」。現有的研究成果幾乎把所依據的神話、傳說和史實以及穿插進去的現代生活的細節都一一考證出來。在這裏，爲了論述的方便，我把所依據的這些神話、傳說和史實界定爲舊文本，把這些舊文本的語言稱爲「他者」語言。「演義」說明了作者在創作時是與舊文本始終保持著一種特殊的關係。因此，我們在《故事新編》中總能感受到一種「他者」語言或隱或現的存在。問題的關鍵就在於：我們必須深入探討這些「他者」語言是按照一種怎樣的方式被組織進這部小說的文本之中的？在這語言的再創造過程中，作家主體的心靈又是如何賦予文本語言以一種新的意味？這又在文本語言形式內部構成一個怎樣的富有張力性的空間？這裏，我們便接觸到《故事新編》創作語言的一個很重要的特徵：戲擬。

　　每一種語言都是一個置身於具體語境的存在，並且與這一語境保持著特定的邏輯關係和指物述事的語義關係。〔註1〕但是，當把一種語言從一種語境轉移到另一種語境時，不僅語言形式而且語言背後的「客體」和「意義」都可能發生變異。〔註2〕比如，「作家」一詞肯定只能出現在現代語境之中，但是，如果把這個詞移到一個古人之口，那麼，它就脫離了特定的「上下文」，它原來的含義就會發生變化，其結果，就使得它的語境變得不眞實。如果這種不眞實是作家有意爲之的，那就可能成爲一種戲擬。典型的例子是，在《出關》中，讓「提拔新作家」這一話語出自幾千年前的老子時代的一個「賬房

〔註1〕巴赫金：《巴赫金全集》第5卷，河北教育出版社1998年版，第242頁。
〔註2〕巴赫金：《巴赫金全集》第5卷，河北教育出版社1998年版，第242頁。

先生」之口，這顯然是一種有意爲之的不眞實，是魯迅故意讓文本中的「賬房先生」摹擬三十年代出版商的口吻。除了這種有意爲之的不眞實外，文本語言要成爲戲擬，還需要一個前提條件就是：在這摹擬語言中，必須能夠聽出一種新的立場、新的意向，並且，這種新的意向往往是否定性的、諷刺性的。〔註3〕細讀之下，我們剛才所舉的《出關》中的這一例，就明顯帶有一種對出版商的諷刺的意味。

語言戲擬的種類是紛繁複雜的。不僅一個完整的話語，可以對之進行戲擬，文本中任何有意義的片斷，甚至一個單詞，也都可以對之進行戲擬，只要我們在戲擬所生成的新文本空間中能夠聽出作家所賦予的一種新意向。另一方面，不同語體之間，不同社會階層的語言之間，也都可以進行戲擬。〔註4〕比如，讓一個古人說英語，讓一個鄉下人講述一個充滿文學性想像的故事。此外，同一語境中的語言相互之間也可以進行戲擬。比如，讓一句相同的話有意在文本中重複一遍，就會產生新的意向，它們之間就可能構成戲擬的關係。

語言的戲擬，形成《故事新編》文本的一個重要特點：即一個文本同時存在著多層意向——人物的意向、舊文本的意向與作家的新意向，這構成一種你中有我、我中有你，新舊交叉、重疊、衝突、變異的眾聲喧嘩的語言空間。就像要進入一座房子，先得找對門一樣，如果不理解文本的這些特點，或者僅僅是用普通的詞彙學、語義學和修辭學去分析它們，就可能把《故事新編》語言創造性的地方指責爲一種語法上的錯誤，或者把這種語言形式內部的豐富的意味理解成一種簡單的修辭。——如果是這樣的話，那麼，對文本的解讀，就只能是四處碰壁，遑論登堂入室。

第一節　戲擬的類型分析〔註5〕

一

從文本語言內部的意向關係的角度來看，《故事新編》中語言戲擬的形態

〔註3〕巴赫金：《巴赫金全集》第5卷，河北教育出版社1998年版，第243頁。

〔註4〕巴赫金：《巴赫金全集》第5卷，河北教育出版社1998年版，第244頁。

〔註5〕這一節的寫作，我很大程度上得益於巴赫金對陀思妥耶夫斯基小說語言的研究。可參閱巴赫金：《陀思妥耶夫斯基詩學問題》，三聯書店1988年版；《巴赫金全集》第5卷，河北教育出版社1998年版。

可以分成兩種類型：一種是單一指向的戲擬。也就是說，作家在對「他者」語言進行虛擬時，其目的是重在擬，從表層上看，作者所賦予的新意向與它在舊文本中的意向基本上是一致的。比如，《非攻》中語言幾乎就是《墨子‧公輸》語言的現代漢語版，作者用平靜的敘述語言對《墨子》中相關的部分進行再創作，在這一再創作的過程中，雖然作者並沒有賦予這些語言以一種強烈、鮮明的諷刺意味，但是，在深層的審美再創造上，語言的戲擬在這裏承擔的是一個審美化功能：墨子在《墨子‧公輸》的文本語境中只不過作為墨家思想的代表，一個思想的符號，而不是一個藝術形象。從《墨子‧公輸》到《非攻》，語言戲擬的具體表現，首先是創造了一個小說的文本語境，即把文本從一種哲學典籍轉化為一種具有充分審美內涵的小說文體形式。其次，使墨子從一種符號化的存在轉化為一個具有血肉和生命力的審美形象。更重要的是，在這一虛擬過程中，語言內部已經滲透著作家主體豐富的感受、個性和精神力度。在《非攻》中，此時的墨子是活動、行走在一個被魯迅心靈和審美之光照亮的文本世界中。如果沒有這種心靈和審美之光的照亮，那麼，這種戲擬可能就落入一種單純、平凡、呆板的摹仿性的語言窠臼中。應該指出，在這一類型的戲擬中，《故事新編》文本中所特有的否定性、諷刺性的意味並不突出。

二

在《故事新編》的創作語言中更大量、也更重要的戲擬類型，則是一種具有雙重指向的戲擬。即作者在摹擬或虛擬「他者」語言時，賦予了「他者」語言以一種新的意向，並且這種新意向同「他者」語言中原來的意向完全相反。其結果是，一種語言形式的內部竟含有兩種不同的語意指向，含有兩種聲音。這兩種不同意向在同一個語言形式結構內部的矛盾衝突，就使得這種語言形式的意味、層次和表現力更加豐富。〔註6〕這是《故事新編》創作語言中最值得分析、探討的語言形式。

這一類型的戲擬在《故事新編》中，可以分成下面幾種細類：

1. 摹擬他人話語而改變其意向。〔註7〕每一種語言雖然是由詞彙、語法

〔註 6〕參閱巴赫金：《陀思妥耶夫斯基詩學問題（第五章）》，三聯書店 1988 年版。
〔註 7〕巴赫金：《巴赫金全集》第 5 卷，河北教育出版社 1998 年版，第 265 頁。

等因素結構而成的，但它同時又具有其自身的語體特徵〔註8〕：或典重，或嫻雅，或飄逸，或艱澀。而這種語體特徵的生成和確定，需要一種大家所共同約定的對語言的認識、接受、判斷的標準來支撐著。如果這些共同約定的前提被有意加以置換的話，那麼，它的語體特徵就可能發生變異。「典重」可能就變爲一種虛假的空洞，「嫻雅」就可能會成爲一種濫俗。比如，《補天》中有這樣的一段語言：

> 「嗚呼，天降喪。」那一個便淒涼可憐的說，「顓頊不道，抗我后，我后躬行天討，戰於郊，天不祐德，我師反走，……」

> 「什麼？」伊向來沒有聽過這類話，非常詫異了。

> 「我師反走，我后爰以厥首觸不周之山，折天柱，絕地維，我后亦殂落。嗚呼，是實惟……」

> 「夠了夠了，我不懂你的意思。」伊轉過臉去了，卻又看見一個高興而且驕傲的臉，也多用鐵片包了全身的。

> 「那是怎麼一回事呢？」伊到此時才知道這些小東西竟會變這麼花樣不同的臉，所以也想問出別樣的可懂的答話來。

> 「人心不古，康回實有豕心，覬天位，我后躬行天討，戰於郊，天實祐德，我師攻戰無敵，殛康回於不周之山。」

> 「什麼？」伊大約仍然沒有懂。

> 「人心不古，……」

這段話中的幾處文言是摹擬《尚書》語言。《尚書》意即「上古帝王之書」，《史記·孔子世家》中就說到孔子修《書》。自漢以降，《尚書》一直被視爲中國封建社會的政治哲學經典，既是帝王的教科書，又是貴族子弟及其士大夫必遵的「大經大法」，在歷史上影響頗深。〔註9〕其語言充滿著古奧、典重、尊嚴之風。但是，我們在《補天》中的這段摹擬的語言裏，卻分明能感受到一種油滑、嘲諷的意味。

現在，我們必須來分析一下這種油滑、嘲諷的意味是如何產生的？作者在創作中對所摹擬的語言的內在形式又做了怎樣的改造？我以爲，首先

〔註8〕巴赫金：《巴赫金全集》第5卷，河北教育出版社1998年版，第255頁。
〔註9〕參閱《中國大百科全書·中國文學卷》，「尚書」條目，中國大百科全書出版社1986年版。

是作者有意突出說話者的神情、語態,如文本中分別寫道:「那一個便淒涼可憐的說」、「又看見一個高興而且驕傲的臉」。這樣就在無形之中襯托出說話者在語氣裏所流露出來的懷疑、憤慨、諷刺、嘲笑、挖苦的不同意味。其次,作者有意誇大女媧與「他者」在對話時的隔膜,比如,文本中寫道:「『什麼?』伊大約仍然沒有懂。」就在這種有意誇大隔膜的語言創作中,表現出一種笑謔和諷刺的意味。再次,作者有意把兩段針鋒相對,相互駁難的話語放置在同一個語境,讓它們互相指涉、互相對立。比如,從這兩段話語中可以發現,兩方都指責對方「無道」,都標榜自己的替天行道和合法性,這樣把它們放在同一語境中,就讓它們自身構成一種相互質疑的矛盾性,從而達到一種自我反諷的效果。——就是通過這三種形式的操作,所摹擬的語言形式的典重、莊嚴、古奧的外衣漸漸剝落,顯露出一種斑駁、古怪的特徵來。這樣,作家所有意要在字裏行間滲透的「油滑」、「嘲諷」的意味,就在不知不覺中得以生成,使得整個文本充滿耐人尋味的語言魅力。

2. 轉述他人語言而改變其意向,〔註10〕這種語言形式在《故事新編》中有諸多的表現。當把一個人口中說的話移用到另一個人口中,雖然內容依舊,但其中的語調和潛臺詞卻可能變了。比如,《奔月》中「去年就有四十五歲了」以及下文的「若以老人自居,是思想的墮落」等話語,都是引自高長虹的一篇文章《1925 北京出版界形勢指掌圖》:「須知年齡尊卑,是乃祖乃父們的因襲思想,在新的時代是最大的阻礙物。魯迅去年不過四十五歲……如自謂老人,是精神的墮落!」又如下文「你真是白來了一百多回」,也是針對高長虹在這篇《1925 北京出版界形勢指掌圖》中自稱與魯迅「會面不只百次」的話而說的。「即以其人之道,反諸其人之身」,是引自高長虹的《公理與正義的談話》:「正義:我深望彼等覺悟,但恐不容易吧!公理:我即以其人之道反諸其人之身。」還有,「你打了喪鐘」,是引自高長虹的《時代的命運》:「魯迅先生已不著言語而敲了舊時代的喪鐘。」「有人說老爺還是一個戰士」,「有時看去簡直好像藝術家」,也是從《1925北京出版界形勢指掌圖》中引來:「他(按,指魯迅)所給與我的印象,實以此一短促的時期(按,指1924年末)為最清新,彼此時實為一真正的藝術家的面目,過此以往,則遞降而至一不

〔註10〕巴赫金:《巴赫金全集》第 5 卷,河北教育出版社 1998 年版,第 265 頁。

很高明而卻奮勇的戰士的面目。」〔註11〕魯迅在 1927 年 1 月 11 日致許廣平的信中提到《奔月》時，說道：「那時就作了一篇小說和他（指高長虹）開了一些小玩笑。」從這些考證出來的材料可以看出，小說中有許多地方是轉述高長虹當年誹謗魯迅的語言。在這裏，魯迅對這些語言進行了一個微妙的戲擬：在《奔月》中，讓這些語言分別出自老太太、逢蒙、嫦娥、女乙之口，而這些人物在《奔月》中又都是扮演著喜劇性的角色，充滿著欺騙、背信、怯懦的性格特徵。同時，在語境的創造上，作者又有意讓這些言語都在一種尷尬、失敗的困境中說出，語調中帶著強詞奪理、無事生非的意味。於是，就是通過這樣的一種微妙的語言戲擬，魯迅既生動地完成了對筆下的喜劇性人物的勾畫，同時，在充滿著戲謔、滑稽的語言摹擬中，把高長虹的惡意攻擊的行徑含蓄地漫畫化了。

這裏，必須指出的是，與上述的第一種類型相比較，雖然這也是一種有意錯移言語的承擔者、指稱者和時空形式的戲擬。但是，《奔月》中的這種戲擬並非單純地依靠語境的變化，而是直接以語言形式的扭曲、怪異來對我們的閱讀產生衝擊力，它打破了語言敘述的一般表現形式，使語言變得陌生化。因為每一個話語都在一定的句法規範和語義水準上結合起來，一旦偏離這些格式，動搖了這些語言所置身的特定的上下文的邏輯關係，這些語言就會變得陌生起來。〔註12〕比如，我們在閱讀《奔月》時，會一下子被這些戲擬的語言弄得莫名其妙，總感覺到小說中這幾句話有些彆扭、怪異，這就造成閱讀障礙，迫使我們不得不停下來追問：這種怪異、彆扭的語言感覺從哪裏來？就是在這種對語言的體味、追問之中，加深了我們對文本意味的感悟和解讀。

3. 諷擬性的講述體。講述體語言是小說中塑造和表現人物性格一個重要的方式。講述體語言的特徵與講述者的身份、個性等主體性因素是密切相關的。如果一個講述者在使用自己的語言時，表現出與自我主體性相背離的特

〔註11〕轉引自《奔月》注釋⑧，見《魯迅全集》第 2 卷，人民文學出版社 1981 年版，

第 369～370 頁。

〔註12〕參閱巴赫金：《陀思妥耶夫斯基詩學問題》，三聯書店 1988 年版。

徵，那麼，這其中就會有一種新的意味在悄然生成。〔註13〕

比如，《采薇》中阿金講述伯夷、叔齊之死的一段話：

> 「老天爺的心腸是頂好的，」她說。「他看見他們的撒賴，快要
> 餓死了，就吩咐母鹿，用它的奶去餵他們。您瞧，這不是頂好的福
> 氣嗎？用不著種地，用不著砍柴，只要坐著，就天天有鹿奶自己送
> 到你嘴裏來。可是賤骨頭不識抬舉，那老三，他叫什麼呀，得步進
> 步，喝鹿奶還不夠了。他喝著鹿奶，心裏想，『這鹿有這麼胖，殺它
> 來吃，味道一定是不壞的。』一面就慢慢的伸開臂膊，要去拿石片。
> 可不知道鹿是通靈的東西，它已經知道了人的心思，立刻一溜煙逃
> 走了。老天爺也討厭他們的貪嘴，叫母鹿從此不要去。您瞧，他們
> 還不只好餓死嗎？那裏是爲了我的話，倒是爲了自己貪心，貪嘴
> 呵！……」

這段語言逼眞、生動地摹擬了粗俗女僕阿金的口吻。現在，我們有必要來分
析一下這段講述體語言的諷刺意味又是如何產生的？──通過下面的解讀，
我們將不得不驚歎魯迅在語言創作上的驚人的創造力。

第一，從文本中可以看出，阿金是個粗俗的鄉下女人。然而，她在講述
伯夷、叔齊之死時，卻充滿著一種只有文學家才會有的想像力和文采，這顯
然是作者有意賦予她的，就在這種與其想像力極不相稱的講述中，勾畫出阿
金的幸災樂禍的醜態。在對這一段文本語言的解讀中，我們眼前彷彿跳出一
位鄉下女子，她不僅生動地比畫著，而且唾沫四濺。

第二，阿金是極其迷信的，在她的語調中不是充滿著對上天的虔誠嗎？
然而，我們細細一讀就會發現，在阿金的想像中，上天的賜福不過就是「用
不著種地，用不著砍柴……」這些安逸、享樂的事而已。阿金講故事的目的
是假借上天的名義來誹謗伯夷、叔齊之死，從而爲自己開脫。

第三，在阿金的講述中，一個人的死亡彷彿是毫不可怕的。伯夷、叔齊
的「殉節」，在阿金看來，只不過是一種「惡趣」。阿金是按照自己心中的欲
望來想像伯夷、叔齊之死，關於「叔齊想殺鹿吃」的說法和想像，也只不過
是阿金自己心中所想的美事罷了。

第四，就是這樣一個粗俗、迷信的鄉下女人，在她講述伯夷、叔齊的死
亡時，彷彿具有比這二者更高的精神和道義上的優越感，卻對自己的誹謗、

〔註13〕巴赫金：《巴赫金全集》第 5 卷，河北教育出版社 1998 年版，第 265 頁。

污蔑的行徑卻毫不知恥。這使我不禁想起魯迅的另兩篇文章《阿金》和《瑣憶》中的「阿金」和「衍太太」。在現實生活中，類似的人，類似的語調、口吻、神態，我們不是時常都能見到、聽到嗎？不是有許多人往往把自己最醜惡、濫俗的欲望、貪求假借著正統、嚴肅的旗號而橫行嗎？在現實生活中，我們不是時常能遇到像阿金式的捕風捉影、栽贓、污蔑嗎？這是一種多麼可怕的精神缺陷，它幾乎充斥著生活的每一個場合，甚至我們自己的靈魂，冷靜一想，「阿金」式人物的大量存在，不禁讓人不寒而慄。

4. 人物作為諷擬的對象時的語言。當作者描述一個人物的語言時，若有意誇大人物的神態、口吻，那就會形成戲擬。〔註 14〕這種戲擬的語言形式最典型的莫過於《理水》中的描寫文化山上學者們的一段語言了：

> 「禹來治水，一定不成功，如果他是鯀的兒子的話，」一個拿柱杖的學者說。「我曾經搜集了許多王公大臣和豪富人家的家譜，很下過一番研究工夫，得到一個結論：闊人的子孫都是闊人，壞人的子孫都是壞人——這就叫作『遺傳』。所以，鯀不成功，他的兒子禹一定也不會成功，因為愚人是生不出聰明人來的！」

> 「O‧K！」一個不拿柱杖的學者說。

> 「不過您要想想咱們的太上皇，」別一個不拿柱杖的學者道。

> 「他先前雖然有些『頑』，現在可是改好了。倘是愚人，就永遠也不會改好……」

> 「O‧K！」

> 「這這些些都是費話，」又一個學者吃吃的說，立刻把鼻尖脹得通紅。「你們是受了謠言的騙的。其實並沒有所謂禹，『禹』是一條蟲，蟲蟲會治水的嗎？我看鯀也沒有的，『鯀』是一條魚，魚魚會治水水水的嗎？」他說到這裏，把兩腳一蹬，顯得非常用勁。

> 「不過鯀卻的確是有的，七年以前，我還親眼看見他到崑崙山腳下去賞梅花的。」

> 「那麼，他的名字弄錯了，他大概不叫『鯀』，他的名字應該叫『人』！至於禹，那可一定是一條蟲，我有許多證據，可以證明他

〔註 14〕巴赫金：《巴赫金全集》第 5 卷，河北教育出版社 1998 年版，第 266 頁。

的烏有，叫大家來公評……」

這裏，作家對那些自詡爲學者的人物的語氣、聲象、神態都進行了惟妙惟肖的戲擬。如果進一步來解讀這種微妙的戲擬，則是相當有意思的。

作者首先有意使文本中的語言成色混雜。比如，出現了像「Ｏ‧Ｋ」這樣的英語單詞，這種語言成色的有意混雜，一方面暗示了文本中的語言使用者是具有某種特定的身份、背景的知識者；另一方面含蓄地諷刺了說話者的一種洋化的媚態。其次，作者故意把文本中的語義邏輯簡單化，比如，文中說「闊人的子孫都是闊人，壞人的子孫都是壞人——這就是叫作『遺傳』。」「遺傳」作爲一種科學術語是有其特定的內涵、外延和理論表述方式。然而，在這裏卻是以一種最簡單、直接的邏輯關係表述出來。顯然，這種簡單的表述方式與這些學者自詡爲「很下過工夫研究」是極不相稱。這就使我們頓生一種恍然大悟之感：原來這些自詡爲很下過工夫研究的學問家們，得出的不過是一個「老掉牙」的歪理罷了。第三，有意誇大語言形式內部的親近感。比如，「咱們的太上皇」，他先前有些「頑」。「頑」是大人對小孩所用的口吻，然而，這裏說的卻是「太上皇」，況且又是「咱們的」，在故作親近的語氣裏透出一種獻媚、卑怯的神態。文本中的這種有意對人物語言的誇張、變形，就使得語言本身充滿肖像感，人們只要一讀到這些語言，就能油然而生一種對這語言主體的想像、勾畫。因此，單純的摹擬可能只會使文本陷入一種平實、沉悶的氛圍，而只有這種獨特的戲擬，才可能使文本煥發出形象和生命的藝術魅力，才可能使文本從簡單、低下的逗樂打趣，昇華爲審美創造。

5. 語言形式的重複而達到自身的戲擬。相同的語言形式重複出現在同一語境中，就可能產生一種戲擬關係。〔註15〕比如，《出關》中有這樣一段敘述：

老子毫無動靜的坐著，好像一段呆木頭。

「先生，孔丘又來了！」他的學生庚桑楚，不耐煩似的走進來，輕輕的說。

「請……」

「先生，您好嗎？」孔子極恭敬的行著禮，一面說。

……

〔註15〕巴赫金：《巴赫金全集》第 5 卷，河北教育出版社 1998 年版，第 266 頁。

　　　　老子也並不挽留他，站起來扶著拄杖，一直送他到圖書館的大門外。孔子就要上車了，他才留聲機似的說道：

　　「您走了？您不喝點兒茶去嗎？……」

　　　　孔子答應著「是是」，上了車，拱著兩隻手極恭敬的靠在橫板上，冉有把鞭子在空中一揮，嘴裏喊一聲「都」，車子就走動了。待到車子離開了大門十幾步，老子才回進自己的屋裏去。

這段描寫老子接見和送走孔子的話語在《出關》中原封不動地重複了兩遍。這顯然是一種有意為之的語言表現方式，這種重複所產生的新的意味，是很值得我們仔細加以揣摩、回味的。雖然在表層上，這兩段語言形式毫無任何變化的痕跡，這一前一後，講的都是同樣的話，但是，話語中所含的情感、態度是截然不同的，所以，越是這樣一種近乎木訥、不動聲色的重複，越是暗示著其中必定有更豐富的意味在生成。這樣，就促使我們努力去穿透表層的語言形式，進而去捕捉、把握其內在的意義。這種有意為之的重複，就是通過語言形式內部的情感在不同語境中的變化、反差來構成一種對自身的反諷。這是一種十分微妙的審美把握，我們在解讀過程中，往往是很輕易就忽略掉文本中的一些語言片斷。事實上，一個文本就像一張完美的構圖，其中每一個色塊都是這種完美的一部分，同時，也共同創造了這種完美性。所以，對一個偉大作家的文本的解讀，如果僅僅是拘泥於語言形式的表層，似乎是不夠的，還必須有回味，有聯想。也就是說，既要有高峰遠望、意氣浩然的想像力境界，又要有曲澗尋幽、精微雋永的感受力，這就是我在對《故事新編》文本解讀過程中所獲得的切身感受。

　　6. 語言的象聲戲擬，〔註16〕這在《故事新編》中相當常見。比如，《補天》中出現了「Nga！Nga」、「Akon，Agon」、「Uvu，Ahaha」，《理水》中有「好杜有圖」、「古貌林」等莫名其妙的象聲詞。這些象聲戲擬表現出一種共同的特徵：故意通過語義的含混、消解，使說話者的表達淪為一種無意義的純音響形式，從而構成對說話者精神存在的嘲弄。試想，如果一個人的說話僅僅是為了發出一連串毫無意義的聲響，那麼，這種表達就可能是純粹的生理的需要。語言是我們思維的直接現實，是人的主體性的重要表徵之一，而這些空洞的聲音，只能是出於空洞的心靈。這裏，我著重解讀了《起死》中的一

〔註16〕巴赫金：《巴赫金全集》第 5 卷，河北教育出版社 1998 年版，第 267 頁。

段象聲戲擬：

> 天地玄黃，宇宙洪荒。日月盈昃，辰宿列張。
>
> 趙錢孫李，周吳鄭王。馮秦褚衛，姜沈韓楊。
>
> 太上老君急急如律令！敕！敕！敕！

顯然，這裏的語言形式表層上是一種對道教咒語的戲擬，對於咒語來說，語言的聲調、節奏是儀式中最重要的形式構成，語義是無關緊要的。但是，有意思的是，這一咒語的語言全是引自《千字文》、《百家姓》，而這兩本書則是儒家教育的開蒙讀本。這種把這兩本書有意地糅進咒語中並戲擬了咒語的聲調的做法，就潛在地構成了對儒家教育經典的一種含蓄而又深刻的反諷。

　　以上我們所分析的《故事新編》文本語言的戲擬類型，僅僅是為了研究的方便而加以區分開來的。事實上，只要仔細地解讀，就會發現，在《故事新編》的文本中，這些戲擬的語言類型經常是在同一語境中或者同時出現，或者相互結合、交叉、重疊，從而組成更大型的戲擬，表現出更活躍的活動能力、變化能力和滲透能力，它們共同創造了《故事新編》文本語言的獨特的風格和韻味。

三

　　由於戲擬的類型的不同，《故事新編》語言戲擬的深度也有不同：一種是把「他者」語言作為一種特殊的風格來加以戲擬。〔註17〕對於這種類型的戲擬語言，我們一眼就能看出它是在傚仿或師法某個人或某一特殊風格類型的語言。比如，《補天》中「小東西」倒背如流地說道：「裸裎淫佚，失德蔑禮敗度，禽獸行。國有常刑，惟禁！」這是戲擬《尚書》「訓」中的那種佶屈聱牙、古奧難懂的語言風格。然而，其中諷刺的意味則是通過對這種語言風格的折射而呈現出來的：「訓」在《尚書》中多指臣勸導、進諫君主的話，其語氣總是遲緩、拘謹的。而《補天》中「小東西」說這一番話時，卻是「背誦如流」，這說明對言語者來說，這段話僅僅是掩飾性的，他根本就不關注說話的對象是誰，他之所以要如此堂而皇之地說道，僅僅是為了掩飾自己心靈的醜態，這就對語言自身的風格構成一個反諷。另一方面，從語義的角度來看，這段話說明的是自己對禮教的維護，然而說這段話的人卻是一個裸體而帶有

〔註17〕巴赫金：《巴赫金全集》第5卷，河北教育出版社1998年版，第268頁。

肉欲的形象，這樣，語義自身也構成一個反諷：隨著我們解讀的深入，就會發現，文本中的反諷筆觸也隨之從語言形式、風格掘進到背後、深層的潛意識活動中去，帶給我們的是一種從「此言」悟到「此人」、「此心」的審美的縱深感。

在文本中，戲擬的另一種深度就是戲擬人物觀察、思考和說話的方式、格調。〔註18〕比如《理水》中有這樣的一段對話：

「呸，使我的研究不能精密，就是你們這些東西可惡！」

「不過這這也用不著家譜，我的學說是不會錯的。」鳥頭先生更加憤憤地說。「先前，許多學者都寫信來贊成我的學說，那些信我都帶在這裏……」

「不不，那可應該查家譜……」

「但是我竟沒有家譜，」那「愚人」說。「現在又是這麼的人荒馬亂，交通不方便，要等您的朋友們來信贊成，當作證據，真也比螺螄殼裏做道場還難。證據就在眼前：您叫鳥頭先生，莫非真的是一個鳥兒的頭，並不是人嗎？」

「哼！」鳥頭先生氣忿到連耳輪都發紫了。「你竟這樣的侮辱我！說我不是人！我要和你到皋陶大人那裏去法律解決！如果我真的不是人，我情願大辟——就是殺頭呀，你懂了沒有？要不然，你是應該反坐的。你等著罷，不要動，等我吃完了炒麵。」

鳥頭先生作為一個「學者」，他說話的內容、方式、格調總是「三句不離本行」，語言中不斷夾雜著諸如「家譜」、「學說」等字眼，並且總喜歡列舉證據來說明自己所說的正確性、嚴密性，比如，「先前……」；總喜歡運用解釋性的句子，如，「就是殺頭呀！你懂了沒有？！」並且，多用複合句式，「如果……」、「要不然」，這樣的說話方式只能出自有知識和文化的特定人物之口，在其說話中總是表現出相應的思維方式和表達情緒的方式，比如，在鄉下人面前，鳥頭先生自覺是上等人，所以，在氣急敗壞時，總是運用威逼、命令的言語，如「你等著罷」。然而，對鄉下人來說，他說話的內容和方式，又總是從自己的一種相當簡單、樸素的生活經驗出發，比如，說到「比螺螄殼裏做道場還

〔註18〕巴赫金：《巴赫金全集》第5卷，河北教育出版社1998年版，第270頁。

難」，相比之下，他運用的也多是一種直接、簡單的邏輯推理。這段簡短的對話，就把鳥頭先生和鄉下人各自的說話方式、思維方式相當傳神地勾勒出來。除此之外，《出關》中有一段「方言」戲擬，也很能說明《故事新編》文本語言的這種戲擬的深度。

> 「來篤話啥西，俺實直頭聽弗懂！」賬房說。

> 「還是耐自家寫子出來末哉。寫子出來末，總算弗白嚼蛆一場哉喯。阿是？」書記先生道。

這是對吳方言的戲擬：一方面，活脫脫地把賬房先生和書記先生那種企圖與老子拉近乎、故作親密的神態勾勒出來。從我們日常的生活經驗中，就可以知道，如果對一個陌生的對象說方言，就表示把別人作為同鄉或自家人來看待。另一方面，賬房和書記先生這時候的心理是，既想請求老子把所講的內容寫出，但又有點兒看不起他。但是，此時老子畢竟還是上司的客人，還是不可輕易怠慢的。所以，他就用方言的方式來達到自己那種既想發泄又不得不掩飾的意圖。魯迅就是借助這樣微妙的戲擬，使讀者讀到此處，有一種會心一笑的愉悅。所以，我在對《故事新編》文本語言的解讀過程中，常常會獨自發笑，為這些語言的妙處、創造性而擊掌稱絕。

四

在我看來，任何一種文本的語言分析，都不能僅僅停留在技術性的剖析層面，而是應該由此進入對作家藝術創造性的闡釋和說明。可以看出，在《故事新編》的語言創造過程中，那些舊文本的「他者」語言，對魯迅來說，既是一種豐富的源泉，同時也是一種挑戰。雖然，魯迅對語言的感受總是具體、生動的，總是富有自己的方式。但是，在《故事新編》的創作過程中，他卻不得不處於舊文本語言和新文本語言的交相輝映的語言空間中。對於他來說，這種創作的語言空間是雙重的：一方面，新舊文本語言的交互層累，相互激活，可能會為作家的創作提供一種豐富的語言資源。然而，另一方面，他也可能遭遇到更大的挑戰。即他很可能會在這種相互攝入的鏡像式的語言空間中變得頭暈目眩，而喪失了自己的語言個性。可以說，選擇戲擬的方式，就成為了魯迅此時創作的最成功的途徑：一方面，保持「擬」於「戲」之中，使得自己與舊文本語言保持著適當的、可調節的位置，即在「新」編中沒有喪失「故」事的意味。另一方面，借助於「戲」，即作家主體思想、情感、態

度的積極投射、滲透，使「擬」變得生動起來，使得「故」事中充滿「新」的氣息、新的意味和新的生命。正是這樣，在《故事新編》的創作中，魯迅作爲詩人的感受力、想像力，學者的廣博，思想家的精深得到最爲完美的結合。如果失去其中的任何一方面，那麼，《故事新編》就可能變成另外的模樣。

第二節　戲擬與魯迅晚年的思想、心靈

一

巴赫金曾指出，每一位作家對於語言都有自己獨特的感受方式，都有自己特殊的採擷語言的手段和範圍。然而，並非僅此而已，更重要的是，一個作家的語言表達方式是根源於他獨特的思考和感受方式，他觀察、理解自己與周圍世界的方式。在他的語言形式的背後，我們能觸知到那活生生的具體跳動著的心靈節拍。完整圓滿、從容鎭定的語言是最難於同那種混亂恐怖、惶惑不定的心靈合拍的，而在那扭曲、分裂的敘述語言中，掙扎的一定是個陰沉、痛苦、絕望的靈魂。〔註 19〕維特根斯坦曾把語言看作是在每一點上與我們的生活，與我們活動相互滲透的東西，因此，當我們研究語言時，實際上是在研究一個作家主體的經驗結構。〔註 20〕我以爲，如果我們從《故事新編》語言形式的戲擬這一角度切入，那麼，將會對魯迅晚年的思想、心靈獲得一種更豐富、更複雜的解讀。

張承志曾以一個作家的敏感把握到了：「讀《故事新編》會有一種生理的感覺，它決不是愉快的。」〔註 21〕是的，在那種戲擬的語言形式的背後，我們分明能體味到一種作家對世界和人的存在的苦澀、無奈的荒誕感。儘管這是我們在每一個文本中都能清晰地感受到的，但是，當我把《故事新編》的八個文本串接起來，進行連續性解讀時，就有一個現象漸漸地引起了我的注意：若把《故事新編》中創作於晚年的五篇小說按創作時間順序重新排列了一下，《非攻》（1934 年 8 月）——《理水》（1935 年 11 月）——《采薇》、《出關》和《起死》（1935 年 12 月），就將發現，從《非攻》到《起死》，文本中

〔註19〕巴赫金：《巴赫金全集》第 5 卷，河北教育出版社 1998 年版，第 269～270 頁。
〔註20〕維特根斯坦：《美學講演錄》，見《二十世紀西方美學經典文本》第 2 卷，復旦大學出版社 2000 年版。
〔註21〕參見張承志：《與先生書》。

語言戲擬的類型、方式在不斷地強化，到了《起死》，語言的戲擬則達到最張揚。這時，不僅語言形式是戲擬的，甚至體裁形式本身也走向戲擬，它別出心裁地採用了戲劇形式。在《非攻》中，戲擬語言是間歇性地出現在文本平靜的敘事語式中，到了《理水》，則一掃那種平淡敘事的語調，戲擬語言從頭到尾包圍著主人公大禹的語境，並且表現出一種毫不掩飾的誇張、喧嘩，但是，這時表現主人公大禹的語言，在文本中還是保持著相當的清醒和理智的格調，到了《采薇》、《出關》、《起死》，表現主人公的語言則完全戲擬化了。從《非攻》到《起死》，在語言形式的戲擬不斷強化的深層，我們彷彿觸知到作家的越來越急躁不安的心靈節拍，我們彷彿看到了作家的心靈在努力而絕望地力圖衝破戲擬語言的荒誕感的包圍。然而，我們越是在全面的戲擬中，越是看到作家在這種痛苦的掙扎中陷得越深。這裏，我們就接觸到了魯迅晚年創作的一個隱秘的心理動因：為什麼在停止小說創作近十年之後，魯迅又提起筆來創作小說呢？同時，值得注意的是，後四篇小說是在一個很短的時間內創作出來的。魯迅在談到自己創作時就曾說過：「人感到寂寞時，會創作。」所以，在這個意義上說，《故事新編》的創作顯示了魯迅晚年的一次獨特的生命體驗和文學要求。在現實的種種境遇中，使得魯迅感受到生存的荒誕，於是，他試圖通過寫作的方式和一種價值翻轉來排遣這種不可重負的感受。寫作本身就如一面鏡子，使他能夠從現實生活的不可逆轉的流逝中抽身出來，獲得瞬間的觀照，以便能夠更清晰地照見自己的面容，也使得自己內心深處的一些混亂的情緒、朦朧的感受得以比較清晰、完整的浮現，並從中獲得一種自我認同的再建構。但是，如果這種寫作的觀照，使他更清楚地看到的卻是一種更實在的荒誕和虛無，那麼，這將是多麼可怕的體驗，彷彿一個在洶湧的波濤中努力掙扎的落水者，他在絕望中抓到一根樹枝，卻發現是空心的，枯萎的，這時，他肯定會喪失最後一絲力氣。因為，沒有什麼比在絕望中看到絕望更為可怕和令人寒心了。《故事新編》的創作再一次顯示了魯迅晚年內在心靈的這種不可克服、排遣的矛盾性。魯迅晚年曾對馮雪峰說過，他將不可能作像《野草》式的文章了。在我看來，雖然，魯迅放棄《野草》式的藝術表現方式，實際上，他並沒有擺脫《野草》式的「鬼氣」和「冷氣」。《故事新編》所呈現出來的那副末世相的怪誕、猙獰，不就是這一股「鬼氣」和「冷氣」糾結、纏繞的化身嗎？

　　我以為，要對《故事新編》獲得富有深度的解讀，把它與《狂人日記》、

《野草》中的《墓碣文》放在一起闡釋是相當必要的。《墓碣文》一向被認為是《野草》乃至魯迅全部作品中最為難懂的一篇。在這篇作品中，魯迅最尖銳、徹底地把自己「生命存在的虛無哲學」展現出來，這是一個已被普遍接受的觀點。我以為，這種闡釋僅僅是讀通了文中的前半段：「……於浩歌狂熱之際中寒；於天上看見深淵。於一切眼中看見無所有；於無所希望中得救。……」然而，文中的後半段話：「……抉心自食，欲知本味。創痛酷烈，本味何能知？……痛定之後，徐徐食之。然其心已陳舊，本味又何由知？……」其含義在許多研究文章中，要麼被籠罩在前半段的意義之下，要麼就被含含糊糊地蒙混過去。若從文本的內在語義的轉折來看，文本中的後半段話的含義是對前半段話的否定，更重要的是，這裏的否定並非辯證發展的一個中間環節。在這裏，虛無和虛無是堅硬地對峙著，敵視著，沒有留下任何得救的餘地。沒有什麼比在虛無中看到更大、更徹底的虛無，更令人可怕的了，這就如，沒有什麼比感受到病毒就流淌在血液中，正爬過自己的神經末梢，正合著心律在動，更能摧毀一個人的生存意志了。同樣的，《狂人日記》也應該做如此的解讀，《狂人日記》的傑出之處就在於他寫出了一個人反抗的熱情、意志和生命如何被摧毀的過程：周圍人的懷疑的眼光，對「仁義道德」吃人本質的發現，知道兄弟也在合夥想吃自己，這些都不能摧毀「狂人」的意志和勇氣，反而激起他改造、療救的信心。只有當他以自己的方式認識到自己也是「吃人」的人時，才最後使他從病理的瘋狂陷入心理、意志的瘋狂。可以說，究其魯迅的一生都在抗拒著這「瘋狂」以及它的種種變體的可怕的追逐和誘惑。他不是時常希望著自己能夠「竦身一搖」，將一切「擺脫」，給自己輕鬆一下嗎？然而，他真的能夠嗎？每一次的「竦身一搖」，每一次的「擺脫」，還不是使他更清晰地看到自己所尋找、所追求的東西的真面目嗎？！矛盾和超脫、危機和認同親近得就如一個一體兩面的「怪物」，盤桓在他的靈魂深處。這就如張承志所說：「宛如魔圈，宛如鬼牆，先生孤身一人，自責自苦，沒有答案。他沒有找到一個巨大的參照物……1936 年先生辭世留下了費解的《故事新編》勉作答案，但更留下了《狂人日記》為自己不死的靈魂吶喊……先生只差一步沒有瘋狂。」〔註22〕

〔註22〕參見張承志：《與先生書》。

二

　　惟其這種心理的荒誕感、危機感是如此的沉重，所以，對晚年的魯迅來說，他更渴望著能尋求一種文化認同的價值再造。正如湯因比所指出的那樣，對於個體而言，文化是一種先在的「存在」，它在根本上塑造了個體，並決定了他們怎樣來構想自身世界，怎樣來看待別人，怎樣來介入相互之間的責任網絡，以及怎樣在日常生活世界裏做出選擇，文化具有安身立命的功能，個人要想尋找精神歸宿，乃捨文化莫屬。〔註23〕因此，對於像魯迅這樣與傳統文化保持如此深刻的精神聯繫的偉大思想家來說，尋求文化認同是他必然的思路，就像無數中國知識分子曾經所做的那樣。然而，也就是在這種尋求的過程中，魯迅顯示了比中國現代其它知識分子更爲清醒、痛苦、分裂和悲劇性的心靈特徵。〔註24〕比如，魯迅在晚年創作的《非攻》、《理水》、《采薇》、《出關》、《起死》中，有意選擇了先秦文化中的儒、道、墨三家作爲自己的創作對象，也就隱秘地暗示了他的這種尋找文化認同的渴求。

　　然而，我還是情不自禁地懷疑道，他真的能夠爲自己的心靈找到一處真正的安身立命之地嗎？他真的相信自己能夠最終逃脫痛苦和絕望的糾纏嗎？帶著這些疑惑、問題，我進入了《故事新編》文化層面的解讀，語言形式依然是我解讀的切入口。因爲，任何的語言形式都並非是單純的存在，而是都帶有自己的一整套客體和意義，現代語言學家甚至認爲，一種文化體系的形態是由該種文化的語言的「形態」所決定的。按照薩丕爾的說法：「『真實的世界』在很大程度上建基於群體的語言習慣之上……我們群體的語言習慣決定著我們怎樣解釋。」〔註25〕這裏，引起我注意的是這樣一個特殊的現象：在《故事新編》戲擬的語言形式中，先秦文化呈現給我們的卻是一幅衰敗、逃亡的末世圖景。在中國知識分子的精神想像中，文化史上的春秋戰國時代，是一幅「百家爭鳴」，充滿創造力、思辨力和自由精神的歷史圖景。可以說，這幾乎已成爲中國知識分子一種歷史文化「情結」，一種精神的「伊甸園」。然而，在《故事新編》中，魯迅在對這一歷史文化的審美表現中，挖掘出來的卻是陰暗、腐敗的內核。這顯然是一種全新的、獨特的文化解讀。因此，我要追問的是，魯迅爲什麼會有這樣獨特的解讀？它究竟是源於一種怎樣的

〔註23〕參見湯因比：《歷史研究》（修訂插圖本），上海人民出版社2000年版。
〔註24〕參見汪暉：《汪暉自選集・自序》，廣西師大出版社1996年版。
〔註25〕薩丕爾：《語言與文化文選》，加州大學出版社1949年版，第162頁。

心理驅迫？這裏，我集中以《故事新編》中創作於晚年的五篇小說《非攻》、《理水》、《采薇》、《出關》、《起死》為例，來加以討論。

在過去的研究中，一般是把《非攻》、《理水》放在一起來加以解讀的，認為：「以《非攻》和《理水》為開端的魯迅後期寫的五篇歷史小說都表現了作家在自覺地運用歷史唯物主義的觀點來處理古代題材，致力於真實地反映歷史的本質，而且洋溢著樂觀主義的精神。」〔註 26〕持這一論點最有力的證據就是魯迅寫在《非攻》之後一個月的雜文《中國人失掉自信力了嗎》，暫且不說這種論證、推導的方式是否合理。雖然，魯迅常常是用兩副筆墨來寫作的，但是，他在雜文和小說這兩種不同的創作方式中所流露出來的思想感情又經常是有其內在的一致性。即使在這篇雜文中，他不也按捺不住地透露出一種被壓抑著的悲涼嗎？──「他們在前仆後繼的戰鬥，不過一面總在被摧殘、被抹殺，消滅於黑暗中。」然而，為什麼長期以來我們會如此執著地認定上述的樂觀主義的觀點呢？問題的關鍵就在於，我們一直未能把握到《故事新編》在思想和藝術結合方面所達到的創造性高度：那就是使小說有了一種「境界」，這是對《故事新編》文本解讀的又一個關鍵的方式。茅盾曾以一個作家的審美感悟說道：「至於境界，八篇各不相同。例如，《補天》詭奇，《奔月》雄渾，《鑄劍》悲壯，而《采薇》詼諧。」〔註 27〕茅盾在此運用了「境界」一詞，顯然是基於他對《故事新編》藝術特徵的更深層、更整體性的感悟。王國維在《人間詞話》開章明義：「詞以境界為最上，有境界則自成高格，自有名句。五代北宋之詞所以獨絕者在此。」他還舉例說：「『紅杏枝頭春意鬧』著一『鬧』字，而境界全出，『雲破月來花弄影』，著一『弄』字，而境界全出矣。」〔註 28〕由此可見，能把「境界」全盤托出者，一定是那真感情和真景物強烈而又充滿生命力的遇合點。在文本中，只要有了這個遇合點，就可能煥發出詩性和智慧的光彩。我以為，《非攻》中的最後一段，就是這樣的一個遇合點，也是我們解讀文本的「關節」之所在，它把這篇小說的「境界」全盤托出。遺憾的是，在過去的研究中，對這一結尾的解讀，一直是不夠充分，甚至沒有引起我們的注意。請看，文中是這樣寫道：

> 墨子在歸途上，是走得較慢了，一則力乏，二則腳痛，三則乾

〔註 26〕王瑤：《〈故事新編〉散論》，見《魯迅作品論集》，人民文學出版社 1984 年版。
〔註 27〕茅盾：《聯繫實際，學習魯迅》，見《茅盾評論集》上冊，人民文學出版社 1978 年版。
〔註 28〕王國維：《人間詞話》，見《王國維文集》第 1 卷，中國文史出版社 1997 年版。

　　糧已經吃完，難免覺得肚子餓，四則事情已經辦妥，不像來時的匆
忙。然而比來時更晦氣：一進宋國界，就被搜檢了兩回；走近都城，
又遇到募捐救國隊，募去了破包袱；到得南關外，又遭著大雨，到
城門下想避避雨，被兩個執戈的巡兵趕開了，淋得一身濕，從此鼻
子塞了十多天。

在這裏，構成文本荒誕情緒的是，人與其生活的割裂，行動者與其環境的分
離：墨子為解救宋國而四處奔波，但是，當他為此而飽嘗艱辛之後，不僅沒
有得到相應的回報，反而被宋人榨取了自己身上最後一絲利益和力量。沒有
什麼比在自己的土地上，自己卻淪落為陌生人，更讓人感到孤獨、痛苦和荒
誕了。這就如魯迅在 1935 年 4 月 23 日致蕭軍、蕭紅的信中說道的：「最令人
寒心而且灰心的，是友軍中的從背後來的暗箭，受傷之後，同一營壘中的快
意的笑臉，……我以為這境遇，是可怕的，我倒沒有什麼灰心，大抵休息一
會，就仍然站起來，然而好像也終竟也有影響，不但顯於文章上，連自己也
覺得近來還是『冷』的時候多了。」我想，這是只有經歷了深沉的創傷的人
才能寫出的。顯然，魯迅在《非攻》中的最後一段所要表達的也就是這種情
感，這是一種由於無數次創傷的經驗而沉澱、蓄積已久，忽然迸發的情感。
正是這種情感使得整個小說的感情格調發生了一個大轉折，正是有了這種轉
折，它「照亮」、昇華了文本前面敘述的全部意義。可以說，如果沒有這最後
一段，《非攻》充其量只不過是一篇平凡、沉悶之作，根本不可能使我們的閱
讀產生一種「境界」之感。

　　對於《理水》的解讀，長期以來，我們也還是沿著《中國人失掉自信力
了嗎》的思路進入文本。魯迅對大禹的傳說是相當熟悉，這是沒有異議的，
青少年時期，魯迅經常探訪的故鄉名勝古蹟中就有禹陵。1912 年在《〈越鐸〉
出世辭》中，他熱烈稱頌故鄉人民具有大禹「卓苦勤勞之風」。1917 年作《會
稽禹廟窆石考》，對窆石的由來，文字刻鑿的年代以及前人的種種說法作了謹
嚴的考證，幾乎所有的研究文章都是依靠這些材料來說明、引導人們對《理
水》的解讀。然而，這種文本的解讀方式恰好忽略了《理水》中兩個微妙卻
又是關鍵性的文本表現特徵：一是從文本中可以看出，大禹治水的事蹟在整
個的敘述中是被「虛寫化」了，而把大禹如何地被身邊的小人們包圍、糾纏
這一困境，最大限度地在文本的敘述中「前置化」，這從文本的語境可以看出，
關於大禹的敘述語言是在文本戲擬語言的眾聲喧嘩之中，斷斷續續、若隱若

現地飄浮著。並且，在真正敘述大禹出場之前，文本的前半部分就有意地進行了大量的喜劇化的場景敘述，語言形式的戲擬是這些敘事的顯著特徵。也就是說，在大禹出場之前，文本就已經彌漫著一種濃鬱的諷刺、嘲弄的意味，這對我們解讀大禹這一形象內涵，不可能不會留下敏感的暗示。我以為，這種充分的戲擬化是作家有意暗示給我們的一種解讀立場和向度。二是在文本的最後，作者有意用戲擬的語言形式寫了禹回京以後，管理了國家大事，在衣食上，態度也改變了一點：

> 吃喝不考究，但做起祭祀和法事來，是闊綽的；衣服很隨便，
> 但上朝和拜客時候的穿著，是要漂亮的。所以市面仍舊不很受影響，
> 不多久，商人們就又說禹爺的行為真該學，皋爺的新法令也很不錯；
> 終於太平到連百獸都會跳舞，鳳凰也飛來湊熱鬧了。

這裏，必須指出的是，這一結尾與文本中的後半段敘述大禹如何艱辛、勞頓構成一個大轉折。與《非攻》的結尾一樣，這一大轉折，使得小說的「境界」全盤托出。這一轉折在文本的敘述結構之中具有舉重若輕的意義，這就如一個人拼命地向前奔跑著，突然，他站住了，因為他發現前面就是萬仞深淵。這時，他將會是如何的沮喪、頹廢。《理水》中的這一結尾，就是這樣一種臨淵回首，使得人們對文本中關於大禹的英雄主義的敘述，產生一種嘲諷、消解的意味。

三

　　魯迅最後寫作的三篇小說《采薇》、《出關》、《起死》的深刻性、豐富性，也是一直沒有得到相應的解讀。我以為，這是魯迅晚年對中國知識分子精神世界的一次最深刻的逼視、反省和拷問。《采薇》、《出關》、《起死》所描寫的主人公是中國知識分子中兩類最主要、最典型的精神原型：出世與入世。這三篇小說都表現出一種「精神逃亡」的寓言式結構，在文本中，魯迅有意把他們放在種種萬難忍受的境遇裏，來試煉他們，剝去了他們表層的面目，拷問出藏在底下的靈魂的真實內涵來。〔註29〕

　　對《采薇》的解讀，《史記‧伯夷叔齊列傳》將是一個相當重要的前結構的文本。在《史記》中，司馬遷因伯夷、叔齊的死，而喟歎於天地之無情。當然，司馬遷在這裏是借他人之酒澆自己胸中之塊壘。《采薇》的創作從某種

〔註29〕魯迅：《且介亭雜文二集‧陀思妥耶夫斯基的事》。

意義上說，是接過《史記》中這一話題的。但是，與司馬遷不同的是，魯迅在伯夷、叔齊的身上卻拷問出了他們靈魂自身的缺陷。在伯夷、叔齊逃亡的路途中，魯迅有意虛構了兩個困境：一是，當伯夷、叔齊正驚惶失措地想逃往首陽山的時候，不料被自稱華山大王的強盜「小窮奇」攔住，在「小窮奇」的淫威之下，伯夷、叔齊受盡屈辱、嘲諷，卻毫無一點反抗之心，只有唯唯諾諾，低聲下氣之神情。殊不知，古訓早有「士可殺而不可辱」、「殺身以成仁」。雖然，伯夷、叔齊宣稱自己恪守先王之規矩，然而，當自己的尊嚴被侵犯、侮辱時，卻又毫無勇氣反抗，這就使人們不禁對他們的精神世界投以質疑的眼光：當一個人連捍衛自己的勇氣和力量都沒有時，那就可想而知，他那所謂的遵守先王之規矩的精神道路將走多遠？！二是，當伯夷、叔齊落腳於首陽山之後，表面上，他們似乎完成了某種恪守先王規矩的精神儀式。然而，他們卻又陷入了另一種困境，那就是，被飢餓感和生存欲望所緊緊追逐，當阿金姐告訴他們「『普天之下，莫非王土』，你們吃的薇，難道不是我們聖上的嗎」時，這無異於宣告他們的精神上所謂的操守，卻是另一種道德的虛偽、墮落的證據。魯迅在與《采薇》寫作時間相距不遠的《陀思妥耶夫斯基的事》一文中，說道：「不過作為中國的讀者的我，卻還不能熟悉陀思妥耶夫斯基式的忍從——對於橫逆之來的真正的忍從。在中國，沒有俄國的基督。在中國，君臨的是『禮』，不是神。百分之百的忍從，在未嫁就死了定婚的丈夫，堅苦的一直硬活到八十歲的所謂節婦身上，也許偶然可以發見罷，但在一般的人們，卻沒有。忍從的形式，是有的，然而陀思妥耶夫斯基式的掘下去，我以為恐怕也還是虛偽。……只有中庸的人，固然並無墮入地獄的危險，但也恐怕進不了天國的罷。」〔註30〕可以說，在《采薇》中，魯迅對伯夷、叔齊的精神批判，就是這樣一種陀思妥耶夫斯基式的深掘和拷問，這確實是一種相當深刻、無情的解剖，在這裏，沒有一個人被告知是堅貞、清白的。

對《出關》的解讀，最關鍵之處就在於：要讀通「關」的意義，這是文本敘述的焦點。「關」從某種意義上說，也是中國傳統知識分子現實命運的一個象徵。「關」是王權控制的界限。老子的西出函谷關，就是試圖逃離王權的控制，然而，出了「關」又會怎樣呢？這就如關尹喜所預言的，「看他走得到。外面不但沒有鹽，麵，連水也難得。肚子餓起來，我看是後來還要回到我們這裏來的。」可見，即使暫時逃離了王權的控制，但仍然逃離不了生存的種

〔註30〕魯迅：《且介亭雜文二集·陀思妥耶夫斯基的事》。

種困擾，這就是一種擺在傳統知識分子人生關口的尷尬。或許，這種尷尬也十分近似於魯迅晚年的處境。晚年的魯迅是相當孤獨的，1933 年 10 月 21 日，他在致鄭振鐸的信中說道：「上海……非讀書之地。我居此五年，亦自覺心粗氣浮，頗難救藥。」1934 年 4 月 9 日，在致姚克的信中，他又說道：「上海真是是非蜂起之鄉，混迹其間，如在烘爐上面，能躁而不能靜，頗欲易地，靜養若干時……」1935 年 9 月 12 日，在致胡風的信中，他將「左聯」中的某些領導人比喻成「在背後用鞭子打我」的「工頭」。此後不久（1936 年 2 月 29 日），他在致曹靖華的信中，明確表示了對於「左聯」解散的不滿，並表示了不願加入新成立的「文藝家協會」，「似有人說我破壞統一，亦隨其便」。5 月 14 日，在致同一人的信中更是感慨至極地說道：「近來時常想歇歇。」甚至，有一次，當一位朋友勸他換地方療養時，他竟聲調激越地反問：「什麼地方好去療養？！」〔註 31〕所以，從某種意義上說，《出關》是魯迅對自己的現實處境和即將做出的人生選擇的一次最清醒、深刻的思考。而當一個人把自己所有的道路都想絕時，他又將怎樣邁出新的一步呢？所以，我有時也不免要懷疑魯迅自己所說的：「走『人生』的長途，最易遇到的有兩大難關。其一是『歧路』，倘是墨翟先生，相傳是慟哭而返的，但我不哭也不返，先在歧路頭坐下，歇一會，或者睡一覺，於是選一條似乎可走的路再走，……其二便是『窮途』了，聽說阮籍先生也大哭而回，我卻也像在歧路上的辦法一樣，還是跨進去，在刺叢裏姑且走走。」1925 年 3 月 31 日致許廣平信，見《兩地書》。也許，這只不過是給自己打氣，安慰旁人的話而已，正如張承志所看到的，「《故事新編》恰出版於他的卒年，這不可思議——先生很久以前就已經向『古代』求索，尤其向春秋戰國那樣中國的大時代強求，於是，只要把痛苦的同感加上些許藝術氣力，便篇篇令人不寒而慄。……它們的問世本身就意味著作家已經無心再寫下去。」〔註 32〕

四

　　當我第一次讀到托馬斯・曼的小說《浮士德博士》中的這段話：「確實，此前的種種惡夢在這不尋常的童聲合唱中，進行了徹底的新的結構；這個合

〔註 31〕鄭伯奇：《最後的會面》，《魯迅生平史料彙編》第五輯，天津人民出版社 1983 年版，第 1099 頁。此處參閱王曉明：《魯迅傳》，上海文藝出版社 1993 年版。
〔註 32〕張承志：《與先生書》。

唱中已完全是另一種樂隊總譜，另外的節奏。然而，在這音響朗朗、美妙和諧的天籟中，沒有一個樂音是在地獄的笑聲中不非常準確地出現過的。」〔註33〕那時，我一直感到費解：美妙的天籟如何會說是源於地獄的笑聲呢？直到今天，當我從《故事新編》極富創造性的語言戲擬中把握到魯迅充滿荒誕感的心靈時，我才終於明白：在這裏，天才的完美與天才的深刻是一致的，他把自己心靈中最不可承擔的重負，最黑暗的感受，得以最完美地表現、流淌在自己的語言形式之中，這就是一位偉大詩人的創造力。

〔註33〕此處參閱巴赫金：《巴赫金全集》第 5 卷，河北教育出版社 1998 年版，第 300 頁腳註②。

第二章　隱喻
——《故事新編》的創作思維

　　《故事新編》中的《出關》，在胡風、聶紺弩、蕭軍等創辦的《海燕》上剛一發表，就立即引起了不小的反響，一種觀點以爲《出關》是在攻擊某一個人，另一種觀點則以爲《出關》乃作者自況，魯迅爲此寫了反批評的文章《〈出關〉的「關」》。在這裏，我無意重提當年論爭的情況，但是，有一些問題始終在困擾著我：爲什麽在當時有人會在這篇小說中讀出「攻擊某人」或「作者自況」的意味呢？他們這樣對《出關》的解讀是一種純粹的誤讀嗎？爲什麽魯迅會對這些批評意見做出如此強烈的反應呢？當然，這裏邊可能會有多方面的闡釋。我以爲，這歧異產生的最根本的原因就在於，《出關》文本自身存在著一種「似是而非」的特徵，這種文本表現意味的「似是而非」很容易使人們的解讀陷於模棱兩可之中。但是，從文本形式的內在張力來看，《出關》文本表現意味的「似是而非」的特徵，正是顯示了魯迅創作思維的交融性、整體性、綜合性。也就是說，我們不能在單一層面或角度上來解讀文本，而是應該充分意識到作家創作思維的內在複雜性。這裏，我們就接觸到對《故事新編》的創作思維方式的探討。

　　魯迅在《〈出關〉的「關」》一文中曾這樣說道：

　　　　作家的取人爲模特兒，有兩法。一是專用一個人，言談舉動，不必説了，連微細的癖性，衣服的式樣，也不加改變。這比較的易於描寫，但若在書中是一個可惡或可笑的角色，在現在的中國恐怕大抵要認爲作者在報個人的私仇——叫作「個人主義」，有破壞「聯合戰線」之罪，從此很不容易做人。二是雜取種種人，合成一個，

從和作者相關的人們裏去找，是不能發見切合的了。但因爲「雜取
種種人」，一部分相像的人也就更其多數，更能招致廣大的惶怒。我
是一向取後一法的，當初以爲可以不觸犯某一個人，後來才知道倒
觸犯了一個以上，眞是「悔之無及」，既然「無及」，也就不悔了。
況且這方法也和中國人的習慣相合，例如畫家的畫人物，也是靜觀
默察，爛熟於心，然後凝神結想，一揮而就，向來不用一個單獨的
模特兒的。

這段話長期以來被看作是魯迅關於藝術創造的典型化的經典之論。但是，這
種概括遠沒有把握到這段話的豐富內涵。按我的理解，這段話是魯迅對自己
的創作思維方式的一個重要闡釋。這裏，我把這種創作思維方式稱爲「隱喻」。
爲了對自己的這一概括做出充分、合理的闡釋，我借用了聞一多先生對「隱
喻」的一段相當精彩的論述。聞一多先生在他的一篇論文《說魚》中，對「隱
喻」的內涵有過明確、清晰的論述：

隱語古人只稱作隱讔，它的手段和喻一樣，而目的完全相反，
喻訓曉，是借另一事物來把本來說不明白的說得明白點：隱訓藏，
是借另一事物來把本來可以說得明白的說得不明白點。喻與隱是對
立的，只因二者的手段都是拐著彎兒，借另一事物來說明一事物，
所以常常被人混淆起來。但是混淆的原因尚不止此，純粹的喻和純
粹的隱，只占喻和隱中的一部分，喻有所謂的「隱喻」，它的目的似
乎是一壁在喻，一壁在隱；而在多數的隱中，作爲隱藏工具的（謎
面）和被隱藏的（謎底），常常是兩個不同量的質，而前者（謎面）
的量多於後者（謎底），以量多的代替量少的，表面上雖是隱藏（隱
藏的只是名），實際上反而讓後者的質更凸出了。這一來，豈不變成
了喻了嗎？這便是說喻與隱，目的雖不同，效果常常是相同的，手
段和效果皆同，不同的只是目的，同的佔了三分之二，所以畢竟喻
與隱之被混淆，還是有道理的。

由聞一多先生的這段說明，可以看出，「隱」和「喻」之間是構成「隱⇄喻」
的雙向思維關係。我以爲，這與魯迅在《〈出關〉的「關」》中對自己創作思
維的闡釋有著內在的異曲同工之妙，這是我進入對《故事新編》的創作思維
分析的兩個重要的理論啓發點。〔註1〕

〔註1〕聞一多：《聞一多全集》第3卷，湖北人民出版社1994年版，第231頁。

　　由於「隱⇄喻」的內在張力，使得魯迅觀察、感知和表現世界的空間擴大了，方式也趨於複雜化。更重要的是，它使文本的創造獲得了獨特的藝術「變形」的能力，這一切首先在《故事新編》文本的時間形式和空間形式上打下深刻的印記。我們知道，每一個有獨創性的思想家和文學家總是有著自己對時空的獨特的感知方式，正是在這種對時空的充分個性化的感知方式中，凝聚著這個作家對於生命、生活獨特的觀察、感受與認識，表現著作家獨特的精神世界和藝術世界，即我們能通過作家對時空的感知方式和表現方式，從而把握到主體的心理體驗的深度。〔註2〕但是，這裏必須指出的是：（一）作家作爲一個語言藝術家，他的獨特的時空感知方式總是呈現、凝結爲獨特的語言方式、意象形態和審美表現方式，因此，我們通過對一個作家時空感知方式的分析，就可能具體把握到呈現於這些語言、意象之中的心理學、美學、哲學的豐富內涵。（二）因爲一個作家的時空感知方式顯示了主體的經驗和存在的不同方式，即他對形式的心理體驗的深度。所以，對作家的時空感知方式的分析，實際上也是對作家審美創造與心理過程的洞察。〔註3〕因此，在橫向上對《故事新編》中的時空形式和意象形態的解讀，與在縱向上對時空形式背後的作家主體心靈的洞察，構成了我這一章寫作的基本視野。

第一節　隱喻與《故事新編》的時間形式

一

　　坦率地說，在進入《故事新編》時間形式的解讀時，我一直缺乏足夠的自信。我不斷地追問自己：我將如何解讀？我又能讀出哪些新的東西？因爲，在我前面，從周作人、茅盾一直到八十年代以來的研究者，幾乎所有的人都注意到了《故事新編》在時間表現形式上的一個重要的特徵：古今雜糅。同時，也都意識到在這種「古今雜糅」的時間形式背後是有深意寓焉的。比如，茅盾在作於1937年的《〈玄武門之變〉序》一文中就說道：

　　　　在《故事新編》中，魯迅先生以他特有的銳利的觀察，戰鬥的
　　熱情，和創作的藝術，非但「沒有將古人寫得更死」，而且將古代和
　　現代錯綜交融，成爲一而二，二而一。

〔註2〕錢理群：《心靈的探尋》，北京大學出版社1999年版，第10～12頁。
〔註3〕錢理群：《心靈的探尋》，北京大學出版社1999年版，第10～12頁。

魯迅先生這手法，曾引起不少人的研究和學習。然而我們勉強能學到的，也還只是他的用現代眼光去解釋古事這一面，而他的更深一層的用心，——借古事的軀殼來激發現代人之所應憎與應愛，乃將古代和現代錯綜交融，則我們雖能理會，能吟味，卻未能學而幾及。

周作人在寫於 1949 年的一篇文章中也說過類似的話：

> 魯迅的《故事新編》，也是不可多得的佳作，内中有些古典，都有出處，有些今事，尚待索隱。讀者往往容易忽略過去，正是很可惜的事。〔註4〕

茅盾、周作人的這兩篇文章，基本上暗示了後來的研究者對《故事新編》時間形式的解讀方向。但是，就如「不見」往往隱藏在「洞見」之旁一樣，他們的解讀中所存在著的兩個共同傾向，引起了我的注意：（一）他們似乎都太急於穿過「形式」，而缺少對呈現、凝結這一時間形式的具體意象形態的細緻解讀，即缺少對形式本身的足夠敏感和關注。（二）作為文壇的過來人，他們顯然對「古典」中的「今事」的具體指涉是相當清楚的，所以，他們很容易就把這一形式背後的「隱義」過於具體化、現實化，而沒有看到文本中所隱現的這些「今事」，是經過作家情感的浸潤，是經過作家審美經驗的再感知、再創造。也就是說，忽視了對作家主體的心理體驗的觸知和體味。雖然，魯迅在《故事新編》中對時間形式的創造，很大程度上是源於現實生活中具體事件、觀察、感受的刺激。但是，這種刺激、感受都得經過一系列思想感情的充分自覺，甚至是有意變形的心理活動過程。並且，對於創作而言，這種心理活動常常是較少受到某種美學觀的或道德成見的干擾。所以，形式本身往往凝聚、沉澱著比作家自我意識更深廣的內涵：主體精神的發展，內心體驗的歷史。

在對這些已有研究思路的分析、反省的過程中，我逐漸找到了自己解讀的信心，同時也確立了自己解讀的兩個側重點：一是對文本中時間形式的表現方式和表現特徵作更深入、細緻的分析。二是對時間形式背後「隱義」的解讀，將主要的關注點放在作家主體的心理體驗上，即不斷探究時間形式背後的心理內容。

當我按照自己的思路和方式進入《故事新編》時間形式的解讀時，遇到的第一個難點就是：在中國古代小說中，也有不少的「古今雜糅」這種特殊

〔註4〕周作人：《歷史小說》，載《亦報》，1949 年 11 月 24 日。

的時間表現方式。那麼，《故事新編》文本的這種表現方式與它們究竟有什麼區別？這種區別說明了什麼？考察中國古代小說，我們將發現很早就有這種時間顛倒錯綜的表現形式。比如，劉義慶的《幽明錄》「王輔嗣」中就曾寫過這樣的情節：三國時魏國的玄學大師王弼（輔嗣）注《易經》時，嘲笑東漢經學大師鄭玄爲「老奴無意（趣）」。夜間聽到著屐聲，是鄭玄來責備他：「君年少，何以輕（率）穿文鑿句，而妄譏誚老子邪？」遂使王弼「心生畏惡，少年遇厲疾而卒」。鄭玄、王弼分別是漢、魏時期的學問大師，在這裏卻通過幽明相通、鬼魂化形的幻想的方式讓他們穿透時間的界限而走到一起，並且，漢代經學大師鄭玄著屐造訪，儼然是一副魏晉名士的風範。〔註5〕必須指出的是，在這一小說文本中，時間的交融錯綜，主要是依靠奇特的幻想形式而獲得，它的審美旨趣意在志怪，追求怪誕，並且基本上保留文本語境的完整性、單一性，它並沒有自覺地在本質上建立起對作品文本具有世界觀深度和藝術意識的新的把握方式。然而，在《故事新編》文本中，時間形式的「古今雜糅」，主要是通過嵌入和有意誤植的方式來獲得，即把現代生活中的話語、事件、現象直接移植到古代的語境，從而在文本的語境中構成明顯存在的古代／現代的張力。我以爲，這種古代／現代的錯綜交融的富有張力的時間形式，是源於作家主體一種更深層的對現代和歷史的共時性的洞察方式。魯迅是自覺把過去、現在、將來放在一個共同的敘事框架內來加以理解和表現，並且，這種理解和表現的關注點是尋找其中內在的歷史連續性、意向的對話性，這是一種與魯迅所生存時代的多元性、雜亂性相適應的感知、觀察的方式。〔註6〕魯迅曾多次說道，可以「知道我們現在的情形，和那時的何其神似，而現在的昏妄舉動、胡塗思想，那時也早已有過，並且都鬧糟了」。〔註7〕「試將記五代、南宋、明末的事情的，和現今的狀況一比較，就當驚心動魄於何其相似之甚，彷彿時間的流駛，獨與我們中國無關，現在的中華民國也還是五代，是宋末，是明季。」〔註8〕是的，在這樣的一個時代裏，任何一個事物，任何一種思想都與古舊的、傳統的東西保持著千絲萬縷的聯繫，都能在嶄新的外衣上看到陳舊的襯裏，都能在每一個新腳印中看到前一步踏過的泥土，

〔註5〕參閱楊義：《中國古典小說史論》，中國社會科學出版社1995年版，第123頁。
〔註6〕參閱巴赫金：《陀思妥耶夫斯基詩學問題》，見《巴赫金全集》第5卷，河北教育出版社1998年版。
〔註7〕《華蓋集·這個與那個（一）》。
〔註8〕《華蓋集·忽然想到（一至四）》。

都能在陽光普照中看到陰影在飄忽。這樣一種共時性的觀察、感知的特點，賦予觀察主體本身以一種獨特的深度和歷史感，即能把現代問題放置在一個時間長河中來透視，對它的根源予以歷史性的審視。〔註9〕

二

　　正是這種共時性的感知、觀察的方式決定了《故事新編》文本中的時間存在有著自己的獨特表現方式和層次結構，表現出與傳統小說迥異的思維深刻性和創造性。在《故事新編》文本中，「古今雜糅」的表現形式有多種形態：如把發生於現實生活中的事件糅合進古代事件中，一起加以敘述；讓古人說現代話語；在「古典」中暗示「今事」等等。值得指出的是，這些表現形態的深層都有一個核心的結構，那就是把現代話語及其話語背後相關的問題，帶入文本的歷史敘述和歷史語境中，使時間在這裏形成一種互相指涉、重疊、變異乃至相互消解的隱喻性方式。這其中又內含著兩個顯著的特徵：一是這些進入古代語境中的現代話語、事件、現象，並非是一種純粹的本然性的存在，在這些話語、事件、現象背後，滲透的則是一系列價值判斷。二是這些進入古代語境的現代話語、事件、現象，同時也改變了古代語境的存在方式，使得文本中的古代／現代的時間表現形式獲得一種隱喻性的內涵。因此，對這一時間形式的解讀，同時也是對隱喻內涵的解讀。這裏，我想進一步探究的問題是：魯迅選擇這種「古今雜糅」的時間形式，有沒有內在的心理方面的特殊原因？即究竟是一種怎樣的心理內驅力，促使他選擇了這種表現方式？

　　這裏，我以《起死》為例來加以探討。對《起死》的解讀，過去的人們比較關注的是文本時間在表面上的古代／現代的往返折疊、錯綜交融。事實上，《起死》是《故事新編》文本中時間形式最複雜，也最具有隱喻性的一篇。在最表層的解讀上，可以把《起死》看作是魯迅對莊子哲學中的「齊物論」思想的一次絕妙的反諷。但是，在深層上，文本中卻隱藏著一個對立的意義結構：哲學家／漢子。我以為，這個對立結構是知識者／民眾這一意義結構的隱喻性表達。對這一意義結構的思考是貫穿魯迅一生的思想批判和精神追求。《起死》講述的是莊子復活了一個已經死去五百年的漢子，但是，當漢子

〔註9〕參閱巴赫金：《陀思妥耶夫斯基詩學問題》，見《巴赫金全集》第 5 卷，河北教育出版社 1998 年版。

復活過來之後，他唯一做的事就是向莊子要衣服穿，而莊子最後只好狼狽逃走。我們知道，在《〈吶喊〉自序》中有一段大家都熟識的對話：

> 「假如一間鐵屋子，是絕無窗戶而萬難破毀的，裏面有許多熟睡的人們，不久都要悶死了，然而是從昏睡入死滅，並不感到就死的悲哀。現在你大嚷起來，驚起了較爲清醒的幾個人，使這不幸的少數者來受無可挽救的臨終的苦楚，你倒以爲對得起他們麼？」

> 「然而幾個人既然起來，你不能說決沒有毀壞這鐵屋的希望。」

> 是的，我雖然自有我的確信，然而說到希望，卻是不能抹殺的，因爲希望是在於將來，決不能以我之必無的證明，來折服了他之所謂可有，於是我終於答應他也做文章了。

實際上，吶喊／彷徨、希望／絕望、確信／質疑的矛盾是一直貫穿著魯迅一生的精神歷程。即使在他成爲左翼陣營的精神領袖之後，這些矛盾依然盤踞在他的心靈深處。所以，可以說，寫在其晚年的《起死》，既是魯迅對其一生從事的啓蒙的思想追求的一種隱秘的自我反諷：對於復活的漢子來說，他所迫切需要的是衣服和食物，他根本無法也無心理解莊子所關注的那些思想──這又是對所謂民眾的懷疑：那些在鐵屋中沉睡的將要死滅的人們，即使喚醒他們，又會怎樣呢？這是一個現代性的質疑，《起死》的創作就是魯迅試圖借助一個古代語境來思考這一「現代性」問題的體現。也正因爲有了這一古代語境和時間框架，才使得這種思考更具有歷史感。

事實上，這樣一種既是古老的，又是現代性的恐懼、質疑，在「五四」時期一些深刻的啓蒙思想家中，都引起過深刻的震動。比如，周作人就發表過類似的看法，早在寫於「五四」時期的新詩《小河》中，就已經透露出這種憂懼：一方面，「民猶水也，水能載舟，亦能覆舟」，苦難的民眾一旦沖決羅網，也可能形成新的「暴政」，一如張獻忠、義和團的「革命」；另一方面，即使在「革命」之中，「革命」著的民眾卻依然留有古老的思想，他們的目的僅僅是要以「革命」的方式重溫歷史已有的舊夢和滿足自己不斷被刺激、煽動起來的欲望。〔註10〕周作人也曾借易卜生戲劇《群鬼》中的一個主人公阿爾文夫人的話說道：「我覺得我們都是鬼。不但父母傳下來的東西在我們身體裏活著，並且各種陳舊的思想信仰這一類的東西也都存留在裏頭」，「只要稍

〔註10〕參閱汪暉：《舊影與新知》，遼寧教育出版社1996年版，第152～153頁。

能反省的朋友，對於世事略加省察，便會明白，現代中國上下的言行，都一行行地寫在二十四史的鬼賬簿上面。」〔註11〕後來，他在另一篇文章《爆竹》中更是尖銳地指出：「現代的社會運動當然是有科學根據的，但許多運動家還是浪漫的，往往把民眾等字太理想化了，憑藉了民眾之名發揮他的氣焰，與憑藉神的名沒有多大不同，或者這在有點宗教性質的事業上也是不可免的罷？」〔註12〕對於民眾的幻滅，對民眾的精神解放的可能性的懷疑，最後轉換爲對啓蒙思想的質疑，這其中存在一個環環相扣的思想邏輯。而對於現代知識分子來說，啓蒙的立場是他們確認自己在現代歷史進程中的意義和價值的唯一方式。因此，對於啓蒙思想的質疑和失望，使他們陷入了一種更具歷史悲劇性的孤獨感和虛無感之中，這深深地折磨著現代知識者。〔註13〕——在《起死》中，魯迅隱秘地把這一現代性問題隱喻化，即借助於歷史寓言的方式把它表現出來，莊子式的尷尬和在欲望的索求面前哲學和思想的蒼白無力，這難道不是對「五四」啓蒙者思想現實處境的一種隱秘的自我反諷、自我象徵嗎？是的，魯迅「向古史鈎沉是不能自救的」。〔註14〕

三

在福克納的《喧嘩與騷動》中，我曾讀到這樣的一段場景：主人公昆丁在沉河自殺前，他摘下了手腕上那塊也許是從祖上傳下來的錶，死命地摔在了地上，表面的玻璃立即迸裂，但時針依然故我地在走動著，於是昆丁又掰去時針，但表芯仍在走動，那嘀嗒、嘀嗒的聲音依舊十分固執地傳入他的耳中，昆丁不得不再次將錶重重摔下，並用腳跟狠命地想將錶芯碾成齏粉。福克納所寫的這一場景曾深深地震撼了薩特，爲此，薩特還寫了《福克納小說中的時間：〈喧嘩與騷動〉》這篇富有深度的評論。〔註15〕——這是一種寓言，它表達了人類對時間的恐懼，昆丁之所以要力圖「殺死」時間，因爲他的記憶、生命，他所做的一切在時間的流程中都變得不可改變。任何人都不能改變對過去的負擔。然而，更可怕的是，即使我們能在幻想中對抗、拒絕這種

〔註11〕參閱汪暉：《舊影與新知》，遼寧教育出版社 1996 年版，第 152～153 頁。
〔註12〕參閱汪暉：《舊影與新知》，遼寧教育出版社 1996 年版，第 152～153 頁。
〔註13〕參閱汪暉：《舊影與新知》，遼寧教育出版社 1996 年版，第 152～153 頁。
〔註14〕張承志：《與先生書》。
〔註15〕參閱李振聲：《無時態背後的時間恐懼》，《讀書》，1997 年第 3 期。

對時間的恐懼，但是，時間卻依然故我地在推行、延伸和化生，它不可逆轉地構成了我們的歷史。昆丁雖然碾碎了那隻手錶，難道不是仍有無數隻的手錶在昆丁的生前和死後還在準確無誤地走著嗎？福克納小說的這一場景，對我解讀《故事新編》是頗有啓發的。對我們來說，在文本「古今雜糅」的時間形式之中，彷彿有一個古老的幽靈在遊蕩，就像置身於頹敗的廢墟之中，你總能感受到有一股腐朽、陰冷的氣息在升騰。「時間」能夠被加以往返折疊，這就意味著，在這一體驗主體的感知方式中，「時間」已經失去恒常性、穩定性。更重要的是，「時間」失去它的方向性，一切都在不可思議地循環、摻雜和相互吞噬。這裏，我們就把握到了在「古今雜糅」的時間形式背後的作家某些心靈體驗的內涵，即一種充滿著循環論的歷史觀。

　　所有的「新事」都不外乎是「故事」的「新編」，這樣特殊的感受就如影子一般追隨著魯迅的生命歷程，一方面，使得他既能對社會變化保持著清醒而深刻的洞察力；另一方面，也使得他不得不時時掉進失望、悲觀的深淵。「察淵魚者不祥」，魯迅何嘗不知道這一古訓？然而，他偏偏生就這樣一種銳利的眼力，這也就注定了那個過渡時代的苦痛只好由他最深刻地感受著和承擔著。所以，他經常談到了這樣讓人掃興的話，「談鬼物正像人間，用新典一如古典」。「在死的鬼畫符和鬼打牆中，展示了活的人間相」，「將活的人間相，都看作了死的鬼畫符和鬼打牆」。〔註16〕在說這些話之前，他早就說過相類似的話了：「歷史上都寫著中國的靈魂，指示著將來的命運。」〔註17〕1934年，他在內山書店的一次聊天中說，在中國，「只要建立一個政府，就一定用儒家思想控制庶民」。「這個儒家思想的強制一方搞得很厲害的時候，就會發生有名的東西──革命。這個革命一旦巧妙地獲得成功，革命政府就出現了」，它在最初階段，當然要「說點新事情，但是不知不覺間又跑到以儒家思想強制庶民的地方去了」，待到它「搞得很凶的時候，下次革命就又會一下子發展起來──」，〔註18〕這難道不是一種典型的歷史循環論嗎？《故事新編》文本中的古今雜糅的時間形式，正是滲透著這種歷史循環論的體驗，這是魯迅獨特的對歷史文化感受、理解方式的一種自覺和不自覺的投射與表現。

〔註16〕《集外集拾遺·〈何典〉題記》。

〔註17〕《華蓋集·忽然想到（一至四）》。

〔註18〕內山完造：《上海漫語》，《魯迅生平史料彙編》第五輯，天津人民出版社1983年版，第1029頁。此處參閱王曉明：《魯迅傳》，上海文藝出版社1993年版。

四

　　有了這種對時間形式背後的作家主體心靈的把握，現在，我們可以進入對時間形式如何影響《故事新編》的藝術創造這一問題的分析。近代以來，由於進化論的介紹和科學實證的思潮，使得當時先進的知識界獲得一種新的時間觀，即時間是發展的，是建立在因果關係之上的，這就意味著個人經驗的獨特性、有效性。〔註19〕對小說藝術的人物創造來說，就必然要求作家在時間發展的鏈條上塑造人物性格的變化，並且，當這一時間——一情節鏈條出現矛盾時，就必然傾向於從個體經驗的外部和內部尋找因果關係，這樣，人物創造才會顯示出真實性、豐富性。〔註20〕同時，這種進化、發展的時間觀認爲，時間不僅是物質世界關鍵性的一維，而且是人類個體的和集體的歷史得以形成的力量，這影響到小說創作時，作家就不像傳統小說家那樣按部就班，而是能很自信地在他的小說世界中安排自己的敘事時間，同時，這也有利於對人物性格的多方面展現。〔註21〕

　　那麼，循環論的時間觀，對《故事新編》的藝術創造和藝術表現究竟產生怎樣深刻的影響？簡要地說，它使文本在藝術表現上，不僅關注對人物性格的塑造，而且，表現出強烈的對人物背後的意味的洞察興趣，這就使得在《故事新編》文本中，意象成爲了文本表現的重要形態，意象之間是如何建立起它們的內在關係，就決定了時間形式在文本中如何呈現出的特定的方式和意義。這方面在《故事新編》文本中有兩種方式。

　　（一）意象同構。所謂的意象同構，就是在一個大的結構段落中，通過一個中心意象把該段落所要表現的種種涵義結合成爲一個富有詩意的整體。比如，在《鑄劍》中，前半部分的中心意象就是「劍」，作者通過「劍」這一中心意象，引出眉間尺復仇的原因。同時，「劍」這一意象又把小說的主題象徵化，「劍」在這裏成爲一種力量、信念的象徵。小說後半部分的中心意象是「頭」，作者通過「頭」把復仇的過程整合起來，與此同時，「頭」的一系列上下浮游與想像交融在一起，形成一幅瑰麗的畫面。「劍」和「頭」作爲小說的兩個中心的意象結構，使得小說充滿著復仇／犧牲、信念／正義、悲劇／審美的內涵。《奔月》的中心意象是「后羿射箭」，作者通過這一中心意象寫出英雄的困境：

〔註19〕參閱瓦特：《小說的興起》，三聯書店1992年版，第96頁。
〔註20〕參閱瓦特：《小說的興起》，三聯書店1992年版，第96頁。
〔註21〕參閱瓦特：《小說的興起》，三聯書店1992年版，第96頁。

先寫后羿的箭法太巧妙了，竟射得遍地精光，現在只能射烏鴉了。接著，寫后羿與逢蒙的對射。最後，寫后羿射月。「射箭」這一意象既是對英雄末路的反諷，又是象徵著英雄的精神力量。我以爲，《故事新編》中的一些作品，正是通過這種的意象結構的方式，體現出魯迅試圖通過藝術創造和藝術體驗的獨特方式，在那瞬間的審美表現和審美觀照中來隱喻時間的循環。（二）在《故事新編》每一篇作品的結構「紋理」中，我們經常能讀到一些意味深長的「閒筆」。〔註22〕這些閒筆有的是出現在事與事的交疊處。比如，《鑄劍》中寫眉間尺去刺殺國王時，忽然跌倒了，壓在乾癟臉的少年身上，接著，作者寫乾癟臉少年扭住眉間尺的衣領，不肯放手，說壓壞了他貴重的丹田，文本中的這一看似閒來之筆，卻是頗有意味的：在情節結構上，它引出了黑色人。在主題原型上，它是魯迅小說中獨異個人與庸眾的對立形象譜系的延伸，乾癟臉的少年顯然是那一群麻木、自私、無聊的庸人的典型代表，從而對比出眉間尺反抗的孤獨。有的閒筆是出現在事件的間隙之中。比如，《奔月》中逢蒙暗殺羿，就是出現在羿誤射老太太的黑母雞和策馬回家這兩件事之間。作者插入這一與情節表面上無關的描寫，一方面，具有中斷和延緩敘述進展的結構功能。另一方面，又使得羿這一人物形象的內涵更加豐富起來。閒筆有時又放在「無事之事」上，這裏所謂的「無事之事」就是指一些靜態的描寫。如《理水》中關於水利局的同事筵宴的描寫，就是一種十分典型的閒筆。從推動情節發展的角度來看，這裏的「筵宴」描寫分明是游離於情節之外，而作者又大肆渲染它，使得「閒筆」具有很深刻的反諷意味。還有一類的閒筆是放在小說的結尾，比如，《補天》中的結尾關於秦始皇、漢武帝尋仙的故事，雖然，這段故事情節與前面描寫有關聯，但是，它的功能並不在於結構上的照應，而是把小說的意義引向新的層面，即諷刺統治階層追求永恒境界的虛幻。這種意象之間的「閒來之筆」，正是一種時間性混亂的投射，在這種時間性的混亂之中，分明讓人看到了人性和意義的缺失與喜劇感的浮現。

第二節　隱喻與《故事新編》的空間形式

閱讀《故事新編》帶給我最強烈的藝術感受就是，它打破了現實生活狀

〔註22〕「紋理」「閒筆」的概念來自浦安迪：《中國敘事學》，北京大學出版社 1996年版，其原義是指中國古典小說的結構特徵。

態的自然邏輯，創造出一個人、神、鬼在變形中交融的世界。這一小說文本的藝術世界是如何地被建構起來的？這就是我們在對《故事新編》的空間形式的解讀中所要探討的關鍵性問題。正如我們在上文所指出的那樣：小說的空間形式顯示了作家主體的經驗和存在的不同方式，所以，只有把空間形式看作是與作家的認識方式和感受方式相同構的東西，才可能通過對空間形式的研究來洞察作家形成審美體驗的過程。因為，任何一個文本都是一種多層意義的結構，所以，探討一個文本的空間形式，就必須具有兩個層面的內容：一是形式層面，即必須分析這一意義結構究竟具有幾個層次？各個層次之間又是處於一種怎樣的聯繫之中？二是對於具體的空間形態的解讀。我以為，對象《故事新編》這樣一個結構複雜的文本，這兩個層面的解讀尤其顯得必要。

一

我追問的第一個問題就是，在《故事新編》中每一個文本究竟內含著幾個「故」事？這幾個「故」事在「新」編的文本中究竟處於怎樣的關係？我們知道，《故事新編》中的每篇小說的「故」事都並非同一來源，而是由不同的舊文本構成的。比如，《補天》的「故」事就有來自《淮南子》、《山海經》、《列子》、《史記》、《博物志》等。《奔月》的「故」事則有來自《淮南子》、《山海經》、《孟子》等。這些「故」事構成了《故事新編》文本的最直觀、最外圍的空間形式，我把它稱為文本空間。然而，每一個「故」事都置身於一個特定的文本系統，比如，《山海經》集中記錄了上古的神話片斷，並顯示出一種原始思維的特徵。因此，任何一個「故」事的內涵及其意義只有把它放在原系統內才能獲得其自身的闡釋性、邏輯性。但是，如果把它從這一系統中抽取出來，植入一個新的文本中，比如，把《山海經》中一個題材移用到《補天》中，那麼，它原有的邏輯性就中斷了，原有的闡釋性也許就變得模糊起來。值得注意的是，在《補天》中卻有幾個不同的題材來源，因此，每一個題材都必須與新文本內的其它題材一起共處、并置。這樣，在一個新文本中就存在著幾個不同的舊文本的交叉、重疊、衝突。我以為，就在這文本之間的差異、重疊、磨合的過程中，新文本創造了它的意義空間。這裏，我想打個不成熟的比方，器官移植一直是現代醫學的尖端領域，其中最大的技術難題，就是如何克服移植器官所出現的「抗體」。對於魯迅來說，新文本空間的

創造，是一種相當微妙的互文性的審美再創造，這也是《故事新編》文本乃至整個魯迅創作的文本系統的一個顯著特徵。然而，這在過去的研究中，卻一直未能引起人們足夠的關注。

這裏，我以《鑄劍》為例來加以進一步的分析。

關於《鑄劍》的出典，魯迅曾在信中作過簡單的說明。他在致徐懋庸的信中說道：「《鑄劍》的出典，現在完全忘記了，只記得原文大約二三百字，我是只給鋪排，沒有改動的，也許是見於唐宋類書或地理志上（那裏的「三王冢」條下），不過簡直沒法查。」〔註23〕此後不久，他在致增田涉的信中又說道：「《故事新編》中的《鑄劍》，確是寫得較為認真。但是出處忘記了，因為是取材於幼時讀過的書，我想也許是在《吳越春秋》或《越絕書》裏面。日本的《中國童話集》之類也有，記得是看見過的。」〔註24〕按照魯迅這裏所提供的隱約模糊的線索追索下去，我們就可以發現，《鑄劍》的出典主要是源於：一，《吳越春秋·闔閭內傳》、《越絕書·越絕外傳·記寶劍》、《孝子傳》。二，《列異傳》、《搜神記》。前者是屬於漢魏六朝的雜史小說系統，後者是屬於漢魏六朝的志怪書系統。〔註25〕這兩個文本系統都有各自的意義內涵、時空結構和敘事策略。在這裏，一個問題就顯現出來：即把置身於兩個不同文本系統的題材各自抽取出來，並置於一個新的文本《鑄劍》中，它們之間將發生怎樣關係？這種關係將建構起一個怎樣的新文本空間？同時，在這一新的文本空間中，它們自身又將發生如何的變化？這是我們在對《故事新編》的新文本空間解讀時必須回答的問題。在這裏，我們先來分析《鑄劍》中源於《吳越春秋》和《越絕書》的那部分題材，在文本中，這部分題材主要是關於「劍」的來歷。

《吳越春秋》和《越絕書》是漢代雜史小說中兩部著名的復仇書，它凝聚了秦漢間的民間情緒和原始生命。〔註26〕秦以武力一統天下後，發出詔令稱：「六王咸伏其辜，天下大定。」〔註27〕但是，秦始皇還是敏銳地感覺到在威權壓服的下面，躁動著一股反抗之血氣，所以，他「終身不近諸

〔註23〕1936 年 2 月 18 日致徐懋庸信。
〔註24〕1936 年 3 月 28 日致增田涉信。
〔註25〕參閱楊義：《中國古典小說史論》，中國社會科學出版社 1995 年版，第 86～89頁。
〔註26〕參閱楊義：《中國古典小說史論》，中國社會科學出版社 1995 年版，第 86～89頁。
〔註27〕《史記·秦始皇本紀》。

侯之人」。雖然防範甚嚴，然而秦王朝也終於不敵西楚霸王的咸宮一炬，落得個「一夫作難而七廟墮，身死人手，爲天下笑」〔註 28〕的下場。漢初爲了疏導和收拾這種反抗、復仇的民間情緒，施行「貴清靜而民自定」的黃老之術。但是，反抗、復仇的情緒依然在民間頑強地生長著，並且不斷地迸發出強大的原始生命力。這一點，我們從司馬遷所作的《史記・刺客列傳》、《游俠列傳》中都能感受到。可以說，《吳越春秋》、《越絕書》是秦漢之際尚屬邊鄙之地的吳、越文化，借民間情緒、生命及其想像力而寫下的自己的復仇史詩。〔註 29〕

《漢書・地理志》說：「吳越之君皆好勇，故其民至今好用劍，輕死易發」，我們在《吳越春秋》、《越絕書》中，能深切感受到它追求的是一種劍的精神，這兩部書都把作爲民間好勇風氣之象徵的古劍精神融化於字裏行間。〔註 30〕如《越絕書》中的專設一卷《記寶劍》，記述「越王句踐有寶劍五，聞於天下，價值連城」，劍的得失，密切關係到社稷之安危，書中還以絢爛多彩的筆墨渲染了一段劍之神奇：「赤菫之山，破而出錫。若耶之溪，涸而出銅。雨師掃灑，雷公擊橐，蛟龍捧爐，天帝裝炭，太一下觀，天精下之，歐冶乃因天之精神，悉其技巧。」看！這是一種多麼恢宏壯麗的鑄劍之舉，充滿驚天動地的氣魄和力量，這充分反映了春秋末年處於戰火頻仍中的人們對強有力之物的崇拜，在崇拜的目光中，劍往往成爲了一種獨具生命的東西。〔註 31〕如《吳越春秋》中記干將、莫邪鑄劍，鑄成的雌雄兩劍就分取這兩位蓋世劍工的名字，令人覺得劍即是人。更重要的是，在這些傳說中，當人們賦予寶劍以靈性與生命的同時，也把它俠義化。〔註 32〕如《吳越春秋》卷四《闔閭內傳》寫道：「湛盧之劍惡闔閭之無道，乃去而出，水行如楚。」之所以有如此之神性，是因爲湛盧之劍乃「五金之英，太陽之精，寄氣託靈，出之有神，服之有威，可以折衝拒敵，然人君者有逆理之謀，其劍即出，故去無道以就有道，今吳王無道，殺君謀楚，故湛盧入楚」。所以，只有曉得「言必信，劍必神」，才能領略到《吳越春秋》和《越絕書》中由原始血性和強悍民氣所凝聚而成的

〔註 28〕 賈誼：《過秦論》。
〔註 29〕 參閱楊義：《中國古典小說史論》，中國社會科學出版社 1995 年版，第 84 頁。
〔註 30〕 參閱楊義：《中國古典小說史論》，中國社會科學出版社 1995 年版，第 86～89 頁。
〔註 31〕 參閱楊義：《中國古典小說史論》，中國社會科學出版社 1995 年版，第 86～89 頁。
〔註 32〕 參閱楊義：《中國古典小說史論》，中國社會科學出版社 1995 年版，第 84 頁。

審美意蘊。〔註33〕可以說，「劍」和「復仇」成爲《吳越春秋》、《越絕書》這一系統的意義內涵，劍氣和復仇情緒籠罩在這一文本系統中所有的題材特徵之上。〔註34〕

因此，當魯迅把《吳越春秋》和《越絕書》中相關的「故」事移用到《鑄劍》的創作時，這一「故」事所內在的芒寒鋒銳，就會在新的文本內重新煥發出閃爍的鋒芒和飛揚的神韻。而正是這種「劍」的神韻「照亮」了與其並置的另一個「故事」片斷，即眉間尺故事的意義和內涵。我想，這也就是爲什麼魯迅後來把《眉間尺》改題爲《鑄劍》的最根本的原因。

《鑄劍》文本的另一個主體「故」事是眉間尺的故事，它主要源於漢魏六朝志怪書系統的《搜神記》。在漢魏六朝蔚爲大觀的志怪小說中，都滲透著「萬物有靈」的原始思維，這是一種極具初民性和濃鬱的神秘主義色彩的文學樣式。六朝志怪小說的作者，多是信方術的文士或有文采的方士，方術的虛幻境界帶來了想像的自由感，從而使得小說思維空間能夠從容自如地出入於靈異思維和民間傳說之中，創造出神奇幽秘的藝術境界。〔註35〕如《晉書》本傳就稱《搜神記》的作者干寶：「性好陰陽術數，因父婢殉葬十年復生，兄氣絕復蘇言見天地間鬼神事，遂撰集古今神祇靈異人物變化，名爲《搜神記》。」從作者類型、敘事神采和藝術淵源來看，志怪小說走的是一條把初民神話思維世俗化，去崇高而存幽秘，離古拙而向婉曲的神秘主義幻想的創作道路。〔註36〕《搜神記》中的「眉間尺故事」，主要表現的是一個人死後有靈的神異、迷離的幻想。雖然就這個意義上看，這一源自志怪書系統的「眉間尺故事」，可能與魯迅《鑄劍》的最初的創作意圖相矛盾。但是，正是在《鑄劍》的文本中存在著另一極，即《吳越春秋》、《越絕書》這樣復仇小說文本系統，才給這充滿神異、幻想的志怪題材注入生命和信念。這樣，在《鑄劍》的文本中就產生了一個「故」事對另一個「故」事的統攝、照亮、昇華的張力性，正是這種張力性的存在，使得《鑄劍》建構起一個動態的文本空間。同時，我們又必須看到，另一個被統攝、照亮、昇華的「故」事在新的文本空間的創

〔註33〕參閱楊義：《中國古典小說史論》，中國社會科學出版社 1995 年版，第 84 頁。

〔註34〕參閱楊義：《中國古典小說史論》，中國社會科學出版社 1995 年版，第 86～89 頁。

〔註35〕參閱楊義：《中國古典小說史論》，中國社會科學出版社 1995 年版，第 103～126 頁。

〔註36〕參閱楊義：《中國古典小說史論》，中國社會科學出版社 1995 年版，第 103～126 頁。

建中,並非完全是被動、消極的。我以為,也正是志怪書所內在的想像力烘託了《鑄劍》中源自雜史文本系統的題材的審美境界。

如果說在《鑄劍》中內在的兩箇舊文本在矛盾、差異、磨合的動態過程,建構起一個新的文本空間,並使得各自的內涵、意義獲得強化、昇華的話。那麼,在《采薇》中,這種動態過程產生的則是一種互相消解性的力量,這體現了《故事新編》文本空間建構的另一種方式。考察《采薇》的出典,它主要源自兩個文本系統:一是《尚書》、《史記》、《孟子》;另一個是《列異傳》。前一個是屬於正統史學系統,在這個文本系統中,伯夷、叔齊是被塑造成兩個具有堅定氣節的義士。顯然,源自這一文本系統的「故」事的最初的涵義,到了《采薇》中就發生變化,當然,促使這種變化的內在原因是多方面的。這裏,我只就文本空間這一層面來加以探討,由於魯迅巧妙地在《采薇》中並置地移用了屬於志怪書系統的《列異傳》中的題材,作為屬於志怪書系統的《列異傳》則充滿著濃鬱的世俗化的意味,它不避諱人的欲望。因此,《列異傳》「故」事的移入,就像滴入一滴「潤滑劑」一樣,悄悄地消解了屬於史書系統的另一個「故」事的正統性、嚴肅性。正如在阿金充滿世俗意味的講述中,我們彷彿能聽到一個文本在「嗒嗒」作響地動搖、剝落,這種消解性的動態過程,使得《采薇》的文本空間充滿著眾聲喧嘩的特徵。

「詩歌應該是戴著鐐銬跳舞。」(伯利斯·培里語)我以為,這句話移用到對《故事新編》的文本空間建構方式的分析也是適用的。這些「故」事對魯迅的創作來說,既是一種束縛,又是一種啓發:把兩個或兩個以上的來自不同的文本系統的「故」事並置、拼合在一起,使它們之間發生衝突、差異。這時,作家的創造性就在於能夠恰當地調整、控制它們之間的張力,並且,依靠這種張力創造性地建構起新的文本空間。因為《吶喊》、《彷徨》的題材基本上是來源於現實生活,所以就不存在「文本空間」如何被建構的問題,而對《故事新編》的創作來說,這是一個首要並且也是至關重要的審美創造性。但是,在以往的研究中,我們都在不同程度上忽視了《故事新編》這種獨特的文本空間形式。

必須強調指出的是,文本中的這些「故」事並非是一種純客觀的素材,在它們的背後都蘊含著不同的文化價值。因此,對它們的拼合、調整也就不單是一種「文本空間」的形式建構的問題,在深層上,它體現了一種對「文化價值」的把握、認識的方式,這就使得《故事新編》文本空間的形

式內涵具有了雙重性：即它不但是一種形式，而且也是一種意義。所以，我們可以通過對文本中的「故」事的調整、拼合的審美過程和審美方式的解讀，來進一步分析凝聚於這些方式背後的作家主體的心理學、哲學、美學的豐富內涵。

在《故事新編》中，文本空間所拼合起來的傳統文化結構，呈現出的卻是一幅衰敗、逃亡，充滿裂痕、矛盾的末世圖景。這是魯迅通過文本空間形式的再創造而表達的一種獨特的體驗和思考。這裏，我要追問的問題是：這樣一種表達，顯示出魯迅怎樣的一種文化──心理結構？這樣，我們就從對文本空間形式的分析進入到對其背後的心靈解讀。簡言之，這樣的文本空間形式顯示了魯迅內在文化──心理結構的一種深刻的緊張感。

中國知識分子有一個共同的特點，那就是，他的任何行為方式都必須也都能找到一種文化思想作為他的精神資源。這就如金岳霖先生所說：「中國哲學家都是不同程度的蘇格拉底。其所以如此，因為道德、政治、反思的思想、知識都統一於一個哲學家之身；知識和德性在他身上統一而不可分。他的哲學需要他生活於其中；他自己以身載道。遵守他的哲學信念而生活，這是他的哲學組成部分。……因此在認識上他永遠摸索著，在實踐上他永遠行動著，或嘗試著行動。……對於他，哲學從來就不只是為人類認識擺設的觀念模式，而是內在於他的行動的箴言體系；在極端的情況下，他的哲學簡直可以說是他的傳記。」〔註37〕倪偉先生在他的學位論文（未刊稿）裏曾對中國傳統知識分子的精神特徵，有過一段精彩的分析：在古代，由於傳統的身份制度和倫理結構相對穩定，因此，傳統的文化價值系統還是保持著充分的闡釋能力。比如，儒家標示著積極的入世態度，「致君堯舜上，再使風俗淳」；佛老思想則為士人提供了一條走向自然和內心的出世之路。出世和入世，進仕和退隱構成了傳統士人的兩種最基本的人生路向，即所謂「窮則獨善其身，達則兼濟天下」。這條道路並非壁壘森嚴，不可通融，而是有著兼容、轉換的可能性。身居魏闕之上，也可心懷江湖之遠，在佛老思想的簡曠和放達之中體味人生的真淳。同樣，歸隱江湖，也並不必然意味著棄世絕塵，歸隱也是傳統所認可的人生選擇，也許隱於亂世更會贏來讚賞和推崇。在政治清明的太平治世，隱世和晉身的文士都有機會通過勸諫來間接實現濟世之志。在具體的進退出

〔註37〕轉引自馮友蘭：《中國哲學簡史》，北京大學出版社1996年版，第10頁。

入上，傳統文人儘管也有痛苦，但那絕不是找不到精神歸宿的痛苦，無論他們做出何種選擇，他們都能在傳統中找到依據。在他們眼裏，人生的道路清楚而明瞭，身邊的世界穩定而牢固，這是一個整潔有序的世界：「文官執筆安天下，武將上馬定乾坤。」數千年相傳的一套生活準則和行為規範，構成了文人立身處世的強大精神支柱，在傳統處境中，他們可以應付自如，隨所遇而安。他們從來都不是作為孤獨的個體來面對世界的，在現實和歷史中他們都能找到一大批可以認同、倣仿的仁人哲士，從而安然地棲身於傳統之中，當然也就不會有精神無所歸依的焦灼。〔註 38〕然而，這樣一個穩定的文化世界，「近數十年來，自道光之季，迄乎今日，社會經濟之制度，以外族之侵迫，致劇疾之變遷，綱紀之說，無所憑依，不待外來學說之掊擊，而已銷沉淪喪於不知覺之間……」〔註 39〕因此，找不到一種文化資源來幫助自己進行自我確認，就成為困擾近代中國知識分子的共同命運，王國維的自沉就是這種命運的象徵。雖然，在表面上，魯迅表現出了徹底的反傳統姿態，但是，本質上，困擾著王國維的問題也一樣地糾纏於魯迅的心靈。此時，他就像一個孤獨、彷徨的旅人，在無邊的曠野上，在凜冽的天宇下，朝著一個四分五裂的世界望去。他渴望著自己有力量在他的創作中把它拼合起來。雖然，我們在他的創作中能感覺到這種力量、信念在滲透，在彌漫，在飛揚。但是，我們更分明地看到：他受到的挫折和他那無法排遣的絕望。

這裏，我還是以《鑄劍》為例，來加以進一步的分析。

對《鑄劍》的解讀，人們常常是把它與《野草》中《復仇》的主題相連結起來，這是一種讀法。我以為，要更深入地理解《鑄劍》的精神意義，則必須把它與《史記·游俠列傳》相對照來讀。司馬遷在《太史公自序》說：「救人於厄，振人不贍，仁者有乎；不既信，不倍言，義者有取焉。做《游俠列傳》。」《游俠列傳》一開篇，司馬遷就對游俠的精神內涵做了一個精闢的概括：「今游俠，其行雖不軌於正義，然其言必信，其行必果，已諾必誠，不愛其軀，赴士之厄困，既已存亡死生矣，而不矜其能，羞伐其德。蓋亦有足多者焉。」接著，司馬遷指出，雖然游俠的地位、權力不如世之權貴、學者，然而，「要以功見言信，俠客之義又曷可少哉！」最後，司馬遷說道，他之所

〔註38〕 參閱倪偉先生的學位論文（打印稿），華東師大中文系圖書資料室。
〔註39〕 陳寅恪：《王觀堂先生挽詞並序》，見《陳寅恪集·詩集》，三聯書店 2001 年版。

以要寫游俠列傳，主要是「悲世俗不察其意，而猥以朱家、郭解等令與暴豪之徒同類而共笑之也」。在這裏，司馬遷所說的游俠精神可以說就是一種「誠」與「愛」：對信義、承諾的誠實、眞誠，對孤弱、貧困者的愛護。《鑄劍》中的「黑色人」在價値觀上就是這種游俠精神的化身，「黑色人」與《史記・游俠列傳》中的朱家、郭解是同屬於一個精神譜系的。魯迅曾對許壽裳說過，他認爲，我們民族最缺少的是「誠」和「愛」，造成這種弱點的原因則是歷史上的兩次被異族入侵。在內在的文化血脈聯結上，魯迅寫作《鑄劍》是中國文化史、思想史上，繼《史記》之後，對中國傳統文化中的游俠精神又一次偉大而深刻的再創造，再闡釋，這背後隱含著一顆多麼博大而痛苦的靈魂：他是如此清醒地看到我們的民族在精神上缺少了什麼，正是這種清醒的理性如大毒蛇纏住了他一生的靈魂，使他痛苦、絕望；儘管充耳只聞「卑論僑俗」，四顧皆是「與世沉浮而取榮名之士」，然而，他依然如此執著於改造我們民族靈魂的事業，這種執著使他時時刻刻都在做著「絕望的抗戰」。可以說，《鑄劍》中就浸潤著魯迅這種冷峻而痛苦的激情，他試圖以此來喚起我們民族精神中一直被壓抑的生命力。令人驚奇的是，在作品的結尾，魯迅還是寫到了復仇者與仇人在一個鍋子裏煮爛，分不清彼此，這是一種多麼荒誕的結局，一種對復仇精神多麼無情的自我反諷。捫心自問，假如在這種最具陽剛之氣和反抗意志的民間文化中，他都找不到一種可以自我確認的精神資源，你說，他的絕望將是多麼的不可驅逐？《鑄劍》中人變怨鬼，這種對死後的想像，與魯迅一生都深陷於希望／絕望的雙重懷疑之中，難道不是有著內在的思維和情緒的一致性嗎？

　　寫到這裏，我不禁想起了《野草・死後》這篇奇文：「我夢見自己死在道路上。」「我想睜開眼睛來，他卻絲毫也不動。」「一輛獨輪車從我頭邊推過，大約是重載的，軋軋地叫得人心煩，還有些牙齒齼。」「陸陸續續地又是腳步聲，都到近旁就停下，還有更多的低語聲」，「還有幾個（指蒼蠅）則聚在眉毛上，跨一步，我的毛根就一搖。」「一個馬蟻又在脖子上爬起來，終於爬到臉上，只繞著眼眶轉圈子」……想像著這種畫面，心裏陣陣戰怵。尤其讓我感到寒心的是這字裏行間所滲透的那種無力、空洞、任人擺佈的感覺：曾經令「我」討厭的東西卻勝利了，這難道不是對自己生前所做的一切努力的一次絕大的嘲諷嗎？！孔子說：「不知生，爲知死？」然而，如果一個人對自己身後所可能遭遇的情形，會作出如此陰暗荒誕的想像，他又怎麼能在生前邁

出自己每一個堅定的步伐呢？〔註40〕怎麼會有生活的樂趣和信念呢？對於魯迅來說，這能否也可以說是「知天命」呢？

當我把《死後》與《鑄劍》聯結在一起解讀時，那徹骨冰涼的生存的荒誕感緊逼著、吞噬著我。一個人會情不自禁地想到死後，這本身就是對「生之懷疑」。然而，這死後又是如此荒誕，就可以想見其心靈的真正的黯淡和陰鬱了。

二

穿越《故事新編》的文本空間，我們抵達小說的敘述空間。我們知道：單一視點及其視域所構成的是一個二維平面。但是，如果視點不斷發生變換，那麼，它們各自的視域就可能發生交叉、重疊，從而構成一個三維立體的敘述空間。也就是說，在這個空間內，任何事物都將被從多方位、多層面來加以觀照、描寫和展現，從而使人們對事物的理解、把握趨於複雜化。比如，《出關》中寫老子到函谷關的那部分，作者就是調動多種的視角來描寫老子：先是從關尹喜的視角來寫老子，此時的老子是館長，有學問的先生；接著，視角就轉換到賬房和書記的角度來寫老子，此時的老子是個多麼迂腐可笑的老頭子，正如書記所說：「『道可道，非常道』……哼，還是這些老套。真教人聽得頭痛，討厭……」；最後，作者的敘事視角又切回到了關尹喜上來，經過一番「道可道，非常道……」玄乎含混的瞎折騰之後，關尹喜對老子顯然已經失去了熱情，在此時的關尹喜看來，眼前的老子只是值「五個餑餑」的「老作家」。作者就是通過這一系列敘述視角的操縱，彷彿在老子周圍立起了多面「哈哈鏡」，老子的形象就在這不斷變幻、相互映照的多重敘述視角所構成的鏡像世界中變形、幻化，從而獲得漫畫化的藝術表現。又如《奔月》中的逢蒙這一形象，作者先是從老太太的敘述視角來描寫：逢蒙是個英雄，而羿反而被誤當作騙子。接著，作者把敘事角度調整到羿這方面來，此時，逢蒙才現出那種專會賣弄剪徑、無恥的小人面目。借助這種敘述角度的操縱，給讀者帶來一種「初是終非」的印象，從而使得整個文本的敘述空間，在變化、在運動。

《故事新編》敘述空間的建構還依靠有效地調整作者、敘事者、人物和讀者之間的複雜關係而完成的。比如，作者通過反諷敘述向讀者暗示一種觀

〔註40〕王曉明：《魯迅傳》，上海文藝出版社 1993 年版，第 111～112 頁。

點、立場，引導讀者去把握字面下的含義，最典型的例子，莫過於《補天》中對站在女媧兩腿之間的「小東西」的敘述。作者把「小東西」故意進行這樣的空間設置，就是暗示讀者「小東西」淫蕩、放縱的本性，從而使讀者能夠揭穿其道貌岸然的話語背後的虛僞性。有時，作者並不暗示這種確定的釋義方向和立足點，而是需要讀者借助於敘述者，通過把握、體會人物的語言、行爲來捕捉作者的意圖。比如，《理水》中對文化山上的學者的描寫，作者是通過「鄉下人」這一敘述者來暗示給讀者一種觀點或立場，學者們雖然滿腹經綸，但他們所做的只是一個繁瑣、無聊的考證，對於像「禹」是不是一條蟲的問題，他們爭得面紅耳赤。而在鄉下人看來，這種爭論是不可思議的，他根據事實說道：「人裏面，是有叫作阿禹的。」這句直截了當的話，既是對學者所爭論的問題的回答，同時，也是暗示讀者，眞理或眞實的判斷可能就是直接來源於「鄉下人」這樣的樸素經驗，那種紙上空談的考據是無補於智慧的發現。這樣，作者在悄然之間就給予讀者以一個判斷文化山上學者的語言、行爲的立場和觀點。

此外，《故事新編》的敘述空間的建構還有一種表現方式，就是借於形象迭用。通過仔細閱讀，我們就會發現《故事新編》中的每一個文本都有許多形象、細節是反覆出現的。但是這又並非可有可無，而是一種豐富縝密的敘事藝術，它不僅增加小說的形象密度，而且還能讓錯綜複雜的敘事回路獲得一種照應。〔註41〕比如，《補天》中反覆出現的「小東西」形象，這絕不是由於作者想像力的貧乏，而是一種另有深意的構思──試圖通過這一系列「小東西」的描寫，構造一個卑微、委瑣的形象世界，來反襯女媧創造性勞動的偉大和艱辛。又如，《采薇》中一直出現「薇」的形象，「薇」在小說中是與伯夷、叔齊的飢餓感聯繫在一起的，小說中反覆出現這一形象，其意蘊是點明伯夷、叔齊的精神世界從根本上說還是困擾於生理欲望之中。當阿金姐問他們說「『普天之下，莫非王土』，你們在吃的薇，難道不是我們聖上的嗎」時，「薇」卻又成爲他們道德墮落的證據。當道德的負擔和自責最後被飢餓的欲望所剝奪之時，他們生存意志也就徹底地崩潰了。作者就是通過「薇」這一形象的迭用，映照出不同的、相互矛盾的內涵，從而把小說主題推進到反諷的層面，這就是這篇小說的高明之處。又如在《出關》中，「孔子見老子」的場面重複了兩遍，除了一兩處對話不同外，看起來這兩個場面沒有多大的

〔註41〕參閱浦安迪：《中國敘事學》，北京大學出版社1996年版。

差異。但是，細讀起來就會發現，其中人物在說同一句話時，其背後的思想、感情、信念、意指，前後都是有變化的。老子在第一次與孔子會面時，在思想與意志上，顯然是處於優勢。而到了第二次會面時，就轉為劣勢。雖然說的話近乎一樣，但是我們還是能感覺到形勢已經向相反方向轉化，在第二次會面中，孔子已占得優勢。作者的創造性之處，就在於能夠在這種反覆敘述中寫出「同」中有「異」的微妙區別，使得小說能夠在一個文本之中成功地在各種相同、相異因素中自由穿梭、操縱，從而使得作品的敘述空間具有了豐富的內涵。

正如我們反覆指出的那樣，作家對敘述空間的建構方式顯示了他對世界的把握和思考的方式。這裏，我們就涉及魯迅思維方式的一個特點，學術界曾把它稱為「兩面神思維」或「多疑的思維方式」。即他不斷地對自己所提出（揭示）的兩個（或兩個以上）的命題，進行多方位、多角度的質疑、詰難，在肯定與否定之間不斷往復，從而使問題（思想）得到深化。〔註 42〕日本學者尾崎文昭在其《試論魯迅「多疑」的思維方式》一文，曾舉魯迅《自言自語‧序》為例來說明魯迅的這種多疑的思維方式：《序》剛開始，在水村夏夜乘涼時，男女都談些閒天，惟有陶老頭子，見識有限，「無天可談」，此為命題 A；接著，又從「反面」提出，陶老頭時時自言自語，偶而「也有幾句略有意見的段落」，此為「反命題－A」；然後又說，不過寫出來一看，「卻又毫無意思」，這是對「－A 命題」的質疑、否定，對「A 命題」的肯定；最後，卻又對剛剛肯定了的「A 命題」提出質疑、否定：「留下又怎樣呢？這是連我也答覆不來的。」這顯然是一個寓言，魯迅將自己的思考文字喻為陶老頭的「自言自語」，這裏所提出的問題是，這些「自言自語」究竟有無意義或價值，魯迅正是在對「有」、「無」兩個對立命題的往復詰難（肯定、否定）中旋轉似地將思考引向複雜化。〔註 43〕這樣的思維方式在《故事新編》的敘述空間的建構方式中也得到了充分的體現。

這裏，我以《采薇》中的一個情節的敘述為例來加以分析。比如，我們來看《采薇》中那一段描寫伯夷、叔齊逃出養老堂後，路上遇到「小窮奇」搶劫的情景。

〔註 42〕錢理群：《走進當代的魯迅》，北京大學出版社 1999 年版，第 179 頁。

〔註 43〕尾崎文昭：《試論魯迅「多疑」的思維方式》，《魯迅研究月刊》，1993 年第 1 期。

離土岡腳還有十幾步，林子裏便竄出五個彪形大漢來，頭包白布，身穿破衣，爲首的拿一把大刀，另外四個都是木棍。一到岡下，便一字排開，攔住去路，一同恭敬的點頭，大聲吆喝道：

「老先生，您好哇！」

他們倆都嚇得倒退了幾步，伯夷竟發起抖來，還是叔齊能幹，索性走上前，問他們是什麼人，有什麼事。

「小人就是華山大王小窮奇，」那拿刀的說，「帶了兄弟們在這裏，要請您老賞一點買路錢！」

「我們那裏有錢呢，大王。」叔齊很客氣的說。「我們是從養老堂裏出來的。」

「阿呀！」小窮奇吃了一驚，立刻肅然起敬，「那麼，您兩位一定是『天下之大老也』了。小人們也遵先王遺教，非常敬老，所以要請您留下一點紀念品……」他看見叔齊沒有回答，便將大刀一揮，提高了聲音道：「如果您老還要謙讓，那可小人們只好恭行天搜，瞻仰一下您老的貴體了！」

這段描寫眞是精妙極了，充分體現了魯迅小說的多疑思維、反諷藝術卓絕之處：「窮奇」是中國古代的所謂「四凶」（渾沌，窮奇，檮杌，饕餮）之一，「小窮奇」是魯迅由此而虛擬得來的。這裏，作者只是做了一個微小的改動，即增加了一個形容詞「小」，這一微小的改動卻帶來一種全新的意味：「小窮奇」自稱是「華山大王」，「小」與「大」構成一個強烈反差，這樣，就微妙含蓄地使得「小窮奇」這一強盜形象小丑化。「小窮奇」在攔路搶劫伯夷、叔齊時，又是以一種神聖的、道貌岸然的名義進行的，這樣又把反諷意味更推進了一層，使人們不禁想起在人類歷史上不知有多少罪惡是假神聖的旗幟、口號而進行的，其殘酷的程度不僅僅是剝奪一個人的財富，而且是把成千上萬的人們送上斷頭臺、絞刑架和炮火口。在這裏，我想起了加繆對法國大革命的一段精彩的評論：「法國革命要把歷史建立在絕對純潔的原則上，開創了形式道德的新紀元。而形式道德是要吃人的，它會導致無限鎮壓的原則。」從文本對「小窮奇」的敘述中，我們可以體味到魯迅對這種「神聖」的一次最意味深長的反諷。也許，這就是一個天才藝術家的獨創之處，他往往能在一個習見、簡單，甚至是漫不經心的描寫中內含著豐富、深刻的寓意。進一步說，這段描寫的反諷意味不僅是指向「小窮奇」，同時，也指向伯夷、叔齊，這又

體現了魯迅反諷藝術的豐富性、多面性。伯夷、叔齊之所以要逃離養老堂，是因爲他們恪守先王之規矩，反對周武王「不仁不孝，以暴易暴」的征伐行動。面對刀斧，他們敢於「扣馬而諫」。然而，當被「小窮奇」攔住時，他們又是如此的懦弱、卑怯。作者讓他們置身於嘲諷、屈辱的處境中，從而對他們矛盾的精神世界做了一次不動聲色的反諷。事實上，此時的伯夷、叔齊只剩下逃命之絕路，遑論捍衛自己的尊嚴。魯迅就是這樣通過精妙的反諷藝術，把這一問題一層又一層推進到讀者面前。初讀起來，你也許只是覺得充滿諧趣，然而，仔細體味，就會有會心一笑的審美愉悅。我想，如此曲曲折折、層出不窮的反諷藝術，在現代小說史上也只有在魯迅的筆下才能發揮得如此淋漓盡致，而這正充分體現了魯迅深刻的「多疑」的思維方式。

多疑思維——這種在事物的矛盾性中觀察、把握事物的方式，賦予魯迅一種獨特的才能，「在別人只看到一種或千篇一律的事物的地方，他卻能看到眾多而且豐富多彩的事物；別人只看到一種品格的地方，他卻從中揭示出另一種品格的存在；別人只看到一種思想的地方，他卻能發現、能感觸到兩種思想———一分爲二；一切看來平常的東西，在他的世界裏變得複雜了，有了多種成分；在每一種聲音裏，他能聽出兩個相互爭論的聲音；在每一個表情裏，他能看出消沉的神情，並立刻準備變爲另一種相反的表情；在每一個現象上，他能感知存在著深刻的雙重性和多種含意；在每一個手勢裏，他同時能覺察到十足的信心和疑慮不決。可是，這一切矛盾和雙重性並沒有成爲辯證發展的過程，卻全在一共時性的張力結構中展開，或是相伴平行，或是相互對峙，或是矛盾到底。」〔註44〕因此，在《故事新編》文本的敘述空間中，這些紛繁多樣的事物，都不得不各顯特色而又窮形盡相。

上面，我對《故事新編》的文本空間和敘述空間的解讀，都是一種想像性的把握。也就是說，是在我個人的閱讀感受圖景中把作品文本「立體化」。這就如在日常的閱讀經驗中，「房子」一詞，喚起我們的可能是「巍峨的城堡」或「頹敗的庭院」等諸如此類的直觀性印象，並且，這種印象可能是一閃而過。然而，對於一個注重文本分析的研究者來說，他不僅需要在所喚起的印象世界中駐足沉思、流連忘返，而且需要自己動手去觸摸這牆壁的每一塊石頭，感覺它的冰冷、潮濕、破落，而且還需要自己用心去感受、去想像這房子內曾經有過或正在有的種種悲歡離合。這時，在你看來，每一道線條，每

〔註44〕巴赫金：《陀思妥耶夫斯基詩學問題》，三聯書店1988年版，第62～63頁。

一扇窗都是充滿意味、充滿生命的。這時，就會有一種聲音在你心中復活，會有一種已經沉寂多時的氣息在你的心靈中升騰、彌漫。雖然，對於作家的創作來說，他也許並非自覺地、有意識地進行這樣的空間形式的建構。然而，也正是這種下意識地呈現，才真正顯示出這種空間形式的深層意義，說明這種形式本身與他的情感、思維具有何等密切的聯結。因此，這種的解讀，對我來說，是一種雙重性的挑戰：一方面，我必須在閱讀感受中把作品的空間形式構圖化、想像化；另一方面，在這一過程中，我又必須獲得對形式背後的意味、生命的把握與洞察。

三

就像一位遊客，跨進門，穿過庭院。現在，我們終於可以一睹那廳堂了。雖然，那門上頹敗的痕跡和庭院中散發出來的陣陣腐朽氣息，早已暗示我們，那廳堂絕不可能是富麗堂皇的，但是，我們還是想看個究竟。這樣，我們就進入了對《故事新編》空間形式解讀的第三個層次，即意象空間。所謂的意象空間，既是指作品文本中的意象活動、存在的空間形態，又是指意象與這種空間形態之間所構成的內在關係。這裏，我更側重於對後者的解讀。

《故事新編》中的意象空間形態，往往是一個充滿災難和危機的空間。比如，《補天》中的天崩地塌；《奔月》中的「空空如也」的野外和使羿陷入一種「英雄無用武之地」的「窘境」；《理水》中的「湯湯洪水方割，浩浩懷山襄陵」；《采薇》中的兵機四起、血雨腥風的殷都；《非攻》中黃塵滾滾的函谷關外；《起死》中蓬草雜亂，土岡處處的荒野。這些意象的空間形態，都彌漫著一種陰暗沉悶的特徵，這種特徵與《野草》中的空間意象有著內在的一致性。這種空間意象所呈現出的頹敗感、荒原感，既是魯迅對歷史文化的理性洞察，又是他情感和心靈狀態的一種投射。對空間意象的解讀，相對而言，是一種比較具體、直觀的審美感受。應該說，更隱秘同時也更深刻地應和著作家的心理體驗的深度和方式的，則是意象與空間之間所構成的內在關係。這也是我解讀的關注點之所在。在我看來，在《故事新編》中，意象與空間關係的最典型的表現方式就是：一、下墜，即從神的世界、英雄的世界向人的世界、世俗的世界的墮落。二、逃亡，即不斷逃離自己的生存環境。

中國古代小說從《山海經》、《穆天子傳》一直到《西遊記》、《紅樓夢》都有著神的世界、英雄的世界世俗化、人倫化的表現方式。這其中表達了人們對世俗生活超越的、幻想的願望：或是借靈異世界以自神其教；或是在仙靈境界中獲得一種滿足，以此來淨化自己在世俗生活中的種種苦悶；或是以此作爲勘破命運之後的自我歸宿。〔註45〕無論是何種形式，神的世界、英雄的世界都是一種理想的境界。在《故事新編》中，飄浮於這神話世界、英雄世界中的卻是世俗欲望的雜質，這個世界無時無刻不在向世俗的深淵下墜、崩壞。比如，《補天》中當女媧正要點火補天的時候，一個含著眼淚的「小東西」卻在她兩腿之間出現了，圍繞著她的又多是這種「呆頭呆腦，獐頭鼠目」的「小東西」，在她死後，顓頊的禁軍竟然在她死屍的肚皮上紮了寨，並且自稱是「女媧的嫡派」，旗上寫著「女媧氏之腸」。《奔月》中那個曾經射落九個太陽，射死封豕長蛇的蓋世英雄，卻墮落成天天爲「烏鴉炸醬麵」而發愁，爲妻子臉色而惶恐不安的凡夫俗子。《鑄劍》中那個復仇少年眉間尺卻被「乾癟臉」的壞傢伙糾纏不休，差點兒「出師未捷身先死」。雖然大禹爲治水三過家門而不入，但是，你看，那些「文化山」上的學者討論的又是一些怎樣荒唐、無聊的問題，那些「大員」又是一些怎樣的顢頇無能而又好大喜功的傢伙。在這裏，神的世界、英雄的世界被低俗化的世界所侵蝕、所佔有，神、英雄被逐出了他們的世界，而庸俗與欲望的旗幟卻在這裏高高飄揚。

《故事新編》中意象與空間關係的第二種表現方式就是逃亡。比如《采薇》中伯夷、叔齊的避居首陽山；《出關》中老子迫於孔子的壓力而西出函谷關；《起死》中莊子因難於自圓其說而尷尬逃竄。在中國古代小說中，也有許多表現英雄敗走的情節，但是，這種敗走往往是一種東山再起的伏筆。然而在《故事新編》中，這種種的逃亡卻或是以死亡，或是以迷茫，或是以狼狽逃竄而告終。

在這種下墜和逃亡的空間形式中，表現的是一種文化、精神的崩潰、墮落的命運。在這裏，向上超越之路、回歸之路，全被堵死。既看不到天堂的曙光，也沒有下地獄的入口；在這世界中，任何人都只能是在世俗、欲望的世界中掙扎、傾軋、爬滾、碰壁。從某種意義上說，在《故事新編》中，魯

〔註45〕參閱楊義：《中國古典小說史論》，中國社會科學出版社1995年版，第103～126頁。

迅的這種想像比但丁在《神曲》中對地獄的想像更使人氣悶、寒冷。因爲，在地獄的煎熬中，還留存有煉獄的一絲光芒；而在這裏，人只感到自己在墮落，這個世界在頹敗下去，卻不知道它的終結。

第三章 現代「奇書」
——《故事新編》的文體特徵

　　從根本意義上說，敘事是一種人類對自我經驗的「書寫」。如果說，敘事形式、結構、策略是與人類如何來感知、整理和表現世界這樣一整套「語法」、「句法」相對應的話，那麼，文體就是這一「書寫」的「痕跡」。閱讀《故事新編》，首先讓你覺得這其中的「語法」、「句法」是如此的複雜，它的「痕跡」又是如此的讓人捉摸不定。整個的就如一部「奇書」。現在就讓我們試著來打開它。

第一節　舊事新編、新事舊編的敘事策略

　　爲了不使「舊事」在「新」編的過程中褪去其歷史本色，不使「新」事在「舊」編的過程中失去它尖銳的現實指涉，這就需要文本具有一種相當精心而複雜的敘事策略，對《故事新編》中的這種敘事策略的解讀，就成了本節寫作的興趣之所在。

一

　　在魯迅所有的創作中，還沒有一部作品像《故事新編》這樣，魯迅反覆對其進行自我闡釋：在 1932 年出版的《自選集》中收有創作五種，不收雜文，其中包括《故事新編》中的《奔月》與《鑄劍》，他在《自選集‧序》中曾解釋說：這兩篇小說是「神話，傳說和史實的演義」。〔註1〕1935 年 12 月，當他

〔註 1〕《南腔北調集‧〈自選集〉自序》。

正在寫作《采薇》等作品時，就在分別致王冶秋、增田涉的信中稱自己，「現在在做以神話爲題材的短篇小說」。〔註 2〕在此後不久的《故事新編・序言》中，魯迅先回溯了創作《故事新編》中的第一篇《補天》時的想法：「那時的意見，是想從古代和現代都採取題材，來做短篇小說。」接著，在文中他把歷史小說劃分成兩種類型：一是「博考文獻，言必有據」。二是「只取一點因由；隨意點染，鋪成一篇」。說自己的作品則是「敘事有時也有一點舊書上的根據，有時卻不過信口開河」，顯然，他是把《故事新編》劃歸到第二類的。在這裏，我不禁要追問道：爲什麼唯獨對《故事新編》，魯迅要不斷地做出解釋？這種解釋的本身是不是說明了某種藝術上的「苦心」？這是我們不可輕易放過的一條線索。我以爲，在作者這些反覆的解釋中，有一個共同的旨意，那就是告訴讀者不要把這一文本「坐實」化。在這裏，我們就接觸到了《故事新編》敘事策略的第一個特徵：假定性。所謂的假定性，用最簡單的話來說，就是有條件性。比如，用馬鞭代替馬，這種代替要想獲得認可，它必定是有條件的。這一條件是：它只有在戲曲舞臺這一表演空間中，才可能被觀眾所接受。而這同時也限定了觀眾只能從這一假定性的角度來看待、理解這些道具和表演程序的含義，這一切似乎都像在事先約定好了的一樣。〔註 3〕對於《故事新編》的敘事策略來說，這種假定性的審美功能，就是要使得「舊事」在被有意識地加以「新編」的過程中，不僅改變了原來文本的存在形態，而且是在一個全新的、現代性的小說文本形式中得到再敘事。那麼，爲了獲得這種假定性的藝術效果，魯迅又是如何在敘事上進行操作的呢？

在這裏，我們先來看一看《故事新編》對敘事起始是如何設定的？這種設定方式又產生了怎樣的假定性的藝術效果？《補天》開篇首句就是：「女媧忽然醒來了。」《奔月》的開頭是這樣的：「聰明的牲口確乎知道人意，剛剛望見宅門，那馬便立刻放緩腳步了，並且和它背上的主人同時垂了頭，一步一頓，像搗米一樣。」《鑄劍》的開端則是：「眉間尺剛和他的母親睡下，老鼠便出來咬鍋蓋，使他聽得發煩。」這三個文本的敘事開頭都有一個共同特點，那就是：一方面，把所要敘事的主人公直截了當地點出；另一方面，把人物的情態日常生活化。無論是女媧的醒來，羿的沮喪，還是眉間尺對老鼠咬聲的心煩，都暗示著這些原來是英雄的人物，這時已經不是存在於神話、

〔註 2〕1935 年 12 月 3 日致增田涉信；1935 年 12 月 4 日致王冶秋信。
〔註 3〕參閱艾布拉姆斯：《歐美文學術語詞典》，北京大學出版社 1990 年版。

傳說的文本之中了。從小說的發生學來看，這種充滿日常情態的敘事起始，本身就是小說文本的一種標誌性的形態。對於這一點，盧卡契和巴赫金這兩位理論家都作出過深刻的闡釋，盧卡契在《小說理論》的第三章《史詩和小說》中，曾這樣說道：「史詩與小說這兩種偉大文學形式的差別不在乎創作者的基本意圖，而必須歸究於他們所處的迥然不同的、歷史的、哲學的現實觀上。當生命廣闊的總體景觀已不復存在，生命固有的意義價值便成為迫切的問題，小說便是這個時代裏的史詩（它的形式要面對的是一個被奪去總體性的生命現實）。」〔註4〕雖然巴赫金對史詩的消亡，並不像盧卡契那樣持痛惜的心情，但他也一樣地看出，史詩與小說是兩種表述現實以及觀看現實的截然不同的形式結構：史詩表達的是一個完整無缺的世界，但這世界跟作者和讀者所身處的歷史時空之間有著絕對的距離；而小說面對的則是一個史詩解體時代的不完美的世界，它是一種與人類日常生活和精神最合適的美感形式。〔註5〕從上述的理論角度來看，《補天》、《奔月》、《鑄劍》的這種敘事起始的設定，其意義就是潛在地與讀者約定了一個小說化的敘事假定性：你已經不能再以神話的眼光來看待那即將展開的文本敘事。

在《故事新編》中，對敘事起始的設定，除了這種人物設定法之外，還有一種是時間設定法。比如，《理水》的一開頭就是「這時候是『湯湯洪水方割，浩浩懷山襄陵』」；《采薇》的開頭是「這半年來，不知怎的連養老堂裏也不大平靜了」。如果我們考慮到這兩個文本的「舊事」都是屬於傳說類的話，那麼就會發現，作者選擇這樣的開頭，在敘事意義上具有豐富的含義。一般說來，神話和傳說的敘事，都是盡可能地把時間無限地延伸，或是從盤古開天闢地、女媧煉石補天說起，或是從三皇五帝、夏商周列朝說起，形成一個跨越廣闊的時空結構。它不僅很少有明確的時間刻度，而且「過去」在神話、史詩裏是一種絕對的世界觀、價值觀，是一種被盧卡契稱為「總體性」的理想國度。而我們回過頭來就會發現，在《理水》和《采薇》這兩個文本中，時間刻度是很明確的：「這時候」、「這半年來」。這一時間刻度，以它的「現在時」和「有限性」，就把文本的敘事起始定格在一個經驗性的時空知覺之中，

〔註4〕盧卡契：《小說理論》，此處轉引自陳清僑：《美感形式與小說的文類特性》，《文學史》第一輯，北京大學出版社1993年版。

〔註5〕巴赫金：《史詩與小說》，見《巴赫金全集》第4卷，河北教育出版社1998年版。

而這種經驗性的時空知覺形式，正是小說形式發生學的另一種標誌性的形態。這正如巴赫金在比較了史詩與小說這兩種文類的不同起源之後，說道：「正是現實生活中的變化對小說起著決定性的作用，也決定了小說在該時期的統治地位，小說是處於形成過程的唯一體裁，因此它能更深刻、更中肯、更敏銳、更迅速地反映現實本身的形成發展，只有自身處於形成之中，才能理解形成的過程。小說所以能成爲現代文學發展這齣戲裏的主角，正是因爲它能最好地反映新世界成長的趨向。」〔註6〕因此，我們可以說，《故事新編》中對敘事的起始時間的「現在時」和「有限性」設定，是一種對神話、傳說的「祛魅」，從而使得文本的「舊事」，得以自由地進入小說化的敘事空間之中。在《故事新編》中，對於敘事起始設定的第三種方式就是敘事的戲劇化。比如，《非攻》的開頭是這樣寫的：「子夏的徒弟公孫高來找墨子，已經好幾回了，總是不在家，見不著。」在這裏，文本一開始就設置了一個懸念：公孫高爲什麼會如此焦急地來找墨子呢？墨子究竟又到哪裏去了呢？將發生怎樣的事件呢？而讀者只要一產生這些疑問，就自然會把這些「舊事」作爲一個小說文本來解讀。因爲，在那個絕對「過去」的世界裏，是不可能會有疑問的，也不可能有思想自由和對話的萌芽。〔註7〕這正如盧卡契在他的理論中所描述的那樣：在小說文類沒有出現以前，「沒有形式，也沒有混亂」，更不曾有過「生命如何成爲本質」這樣的問題出現。〔註8〕而敘事的戲劇化，從本質上說，就是人類對自己命運的叩問和表述。當然，對於《故事新編》來說，這種戲劇化最獨特的表現，應該算是《起死》了。在這一文本中，一開頭就是一個戲劇場景，接著，基本上是按戲劇對白的方式，來展開情節。作者就是通過這三種獨特的敘述起始的設定，使得原是留存於神話、傳說之中的「舊事」，獲得了一種小說化的文本意味，這就形成一種敘事的假定性。在這一假定性的敘述空間中，「舊事」才能得到更自由、更豐富和更具想像性的「新編」。

就像建築過程一樣，地基已經平整清楚了，界樁也已打下了。現在，需要的是能建構起一個穩固、平衡的框架。因此，隨著敘事的展開，這種假定

〔註6〕巴赫金：《史詩與小說》，見《巴赫金全集》第4卷，河北教育出版社1998年版。

〔註7〕盧卡契：《小說理論》，此處轉引自陳清僑：《美感形式與小說的文類特性》，《文學史》第一輯，北京大學出版社1993年版。

〔註8〕盧卡契：《小說理論》，此處轉引自陳清僑：《美感形式與小說的文類特性》，《文學史》第一輯，北京大學出版社1993年版。

性就轉化成一種對文本結構的均衡性的要求。值得注意的是,《故事新編》中的每一篇作品,在結構上都存在著一種對稱性。若從表層的形態來看,這種結構的對稱性表現為歷史與現實、想像與真實均衡地組合在一起。比如,在《理水》中,小說開篇所引入的關於文化山上的一群學者的描寫,顯然是一種對現實「新事」的想像性的創造。若從人物創造的形態來看,這種對稱性則表現為英雄/小人物之間的對比。比如,《補天》中女媧與她兩腿之間的「小東西」;《奔月》中的羿與逢蒙。有時,這種對稱性又表現為一種貫穿整個作品的基本理念。比如,《鑄劍》中的屈辱/反抗的主題,《補天》中的創造/毀壞的主題,《非攻》的正義/非正義的主題,《理水》中的實幹/虛誇的主題。正是這種結構上的對稱性,使得我們在對《故事新編》的閱讀中,能清晰地感受到其中確實存在著一種「整體感」和「統一性」,而這種內在的「整體感」和「統一性」意味著文本的敘述結構已經是一種對現實經驗的昇華。亞里士多德在他的《詩學》中就認為,在作品的開頭和結尾之間必須存在某種關係和形式上的規定性,這種所謂的「規定性」,是指一段情節,一個故事,一部小說,從開始提出問題到問題的最終解決,往往需要給人以一種「有道理」的感覺,從而達到對稱和平衡。〔註 9〕為什麼要做到這一點呢?因為現實世界總是混亂的、充滿危機的,充斥著一種「總體性」的解體與分裂。所以,我們才需要「形式」,需要「審美的圍堰」,只有借助形式與美感的建構,我們才可能捕捉住現實的本貌,才可能再現和重構人生意義的內在性,才可能使生活回歸生命,使生命回歸本質。〔註 10〕因此,對於《故事新編》來說,這種「整體感」和「統一性」正是敘事假定性的產物,也是作者對「舊事」與「新事」進行創造性的再敘事的產物。

　　當然,如果這種假定性僅僅存在於敘事起始和敘事過程的整體感之中的話,那麼它還不足以從整體上賦予「舊事」以貫穿始終的小說化的文本存在形式。在這裏,我們就必須進而分析,在《故事新編》中這種假定性又是如何在文本的敘述結尾得到體現?在我看來,《故事新編》中這種敘事結尾的假定性有多種表現形態。第一種形態,就是敘事結尾定格為一種意象。比如,《采薇》的結尾:「即使有時還會想起伯夷叔齊來,但恍恍忽忽,好像看見他們蹲

〔註 9〕此處轉引自浦安迪:《中國敘事學‧導言》,北京大學出版社 1996 年版。
〔註 10〕陳清僑:《美感形式與小說的文類特性》,《文學史》第一輯,北京大學出版社 1993 年版。

在石壁下，正在張開白鬍子的大口，拼命的吃鹿肉。」比如，《出關》的結尾是：「關尹喜才用袍袖子把案上的灰塵拂了一拂，提起兩串木札來，放在堆著充公的鹽，胡麻，布，大豆，餑餑等類的架子上。」這些文本的結尾方式，不僅把前面的所有敘述濃縮成一個寓意深遠的意象，而且更像是黃昏中最後的一道迴光返照，一切都在這瞬間變得更明亮、更燦爛。第二種形態，是敘事結尾的照應，這在《奔月》和《鑄劍》中體現得最突出。《奔月》的最後是這樣的：「『且慢，』羿說著，想了一想，『那倒不忙。我實在餓極了，還是趕快去做一盤辣子雞，烙五斤餅來，給我吃了好睡覺。明天再去找那道士要一服仙藥，吃了追上去罷。女庚，你去吩咐王升，叫他量四升白豆喂馬！』」這段結尾，就照應了文本前半段中的一次描寫羿有關的心理活動：「我呢，倒不要緊，只要將那道士送給我的金丹吃下去，就會飛升。」我以為，在《故事新編》中，臨近結尾的這種敘事假定性，使小說文本生成了一個多層次的立體，一個獨立的世界，它的人物就生活在其中。我們知道，敘事的基本單位是「事」與「事件」，如果沒有這樣一個照應，那麼，整個敘事就會變成一條既打不斷，也無法進行分析的「經驗流」，〔註11〕如果是這樣的話，文本就將失去了它的內在結構。而敘事假定性的功能，就在於對這種瓦解的抵拒，從而為形式建構提供一種可能。正是在這一點上，顯示出了假定性在《故事新編》敘事中的意義。在《故事新編》中，這種敘事結尾的假定性的第三種形態，就是有意識地對傳統閱讀心理進行消解。中國人對小說的讀法：或者是滿足於「姑妄言之，姑妄聽之」嗜談怪異的趣味；或者是習慣於把小說當作一面反映政治史、社會史、經濟史的鏡子；或者是執迷於索隱考據；或者乾脆直接把小說等同於非斥人即自況；〔註12〕這種種的閱讀心理都建立在對小說寓意理解與把握的自信之上。但是，在《故事新編》的文本中，作者在敘事結尾常常有意設置一種「差延」。所謂的「差延」，包含著兩種意義：一方面，是指某種意義的效果是通過它與其它意義的差異產生出來的；另一方面，這種意義不可能永遠固定於一種實際存在，或者「超驗的所指」。〔註13〕比如，在《鑄劍》的結尾部分，作者寫上了這樣的一段話：「大家卻居然一面打呵欠，

〔註11〕 參閱浦安迪：《中國敘事學·導言》，北京大學出版社 1996 年版。

〔註12〕 參閱浦安迪：《中國敘事學·導言》，北京大學出版社 1996 年版。

〔註13〕 這個概念原是德里達在闡述解構主義理論時創造的一個術語，此處只是轉用它的字面含義。

一面繼續討論，直到第二次雞鳴，這才決定了一個最慎重妥善的辦法，是：只能將三個頭骨都和王的身體放在金棺裏落葬。」這其中荒謬和反諷的意味，就有力地消解了前面敘事所帶給讀者的關於復仇的理念，從而打破了讀者的閱讀自信，促使他必須不斷進行意義的再闡釋，而這正是敘事假定性在文本形式上對閱讀心理所提出的內在要求。

　　在《故事新編》中，正是借助於這種敘事的假定性，使得「舊事」與「新事」獲得了一個全新的、現代性的小說化的敘事空間，正如巴赫金對陀思妥耶夫斯基小說所做的詩學分析那樣：在這樣一個敘事空間內，事物之間原來中斷的、模糊的，甚至不存在的聯繫性、比照性就被建立起來。也就是說，這些被共置於一個假定性的敘事空間之內的事物，它們各自的多樣性特徵及其相互之間的矛盾性，由於有了聯繫、對比，就顯示出來了。這就猶如在一個舞臺上，雖然已有了許多道具、布景，但在劇情還沒有開演之前，它們充其量只是一些物品或者有圖案的幕布。但是，一旦燈光照亮，音樂響起，情節開始了，那麼，這一切都彷彿一下子被賦予了生命和意義。──這就是敘事假定性的意義之所在。

二

　　誠然，敘事假定性爲《故事新編》中的「舊事」、「新事」創造了全新的小說化的敘事空間。但是，如果僅此而已，那還是不夠的。它還必須讓「舊事」與「新事」之間產生敘事張力，從而推動文本敘事的向前變化、發展。這裏所謂的「張力」，指的是由於內在結構的緊張性而產生的一種「不動之動」。在藝術創造中，人們從來就很強調這種「不動之動」的張力性。Ｔ・Ｓ・艾略特曾經這樣說道：「一個中國式的花瓶，雖然是靜止的，但看上去卻在不斷地運動著。」〔註14〕達・芬奇也認爲，這種「不動之動」的張力性是藝術品的一種極爲重要的性質。他說：如果在一幅畫的形象中，見不到這種性質，它的僵死性就會加倍。〔註15〕同樣，在我看來，《故事新編》中的這些「新事」與「舊事」，如果僅僅是簡單地拼合在一起的話，那麼，它也將是一種失去靈魂與運動的「僵死」。然而，我們必須追問的是，作者又是如何使文本獲得這種張力性呢？在這裏，我們就接觸到了《故事新編》敘事策略的第二個特徵：

〔註14〕轉引自阿恩海姆：《藝術與視知覺》，四川人民出版社1998年版，第536頁。
〔註15〕轉引自阿恩海姆：《藝術與視知覺》，四川人民出版社1998年版，第588頁。

敘事的鏡像性。所謂的「鏡像」性就是說，作者在敘事過程中，一方面，讓那些「舊事」和「新事」轉換成一種形象化的存在，通過形象之間映照、折射來表現意義。另一方面，由於有了映照和折射，「舊事」與「新事」就都被納入同一的敘述空間，並加以戲劇性的對比和流轉性的觀照，從而既推動了敘事節奏不斷向前發展，又內在地在文本之中創造了一種整體感、對稱感。從文本結構來看，前面的敘事往往是「鏡」，後面的敘事是「像」。當然，「鏡」有正放、側放，也有反放，「像」也就相應地會發生變動。這種鏡像性在魯迅的創作中，最大量的表現是雜文，正如他自己所說：「我的雜文，所寫的常是一鼻，一嘴，一毛，但合起來，已幾乎是一個形象的全體。」從某種意義上說，《故事新編》的這種鏡像性在藝術思維與表現形式上與雜文有著內在的相似性。但是，由於小說文本的敘事空間的自由與流動，《故事新編》中的這種鏡像性，有著更多重的內涵和表現形態。在這裏，我以《鑄劍》為例，加以具體的分析。

在《鑄劍》中，至少含有五重的鏡像敘事的內涵。

第一重是水甕裏的「老鼠」與金鼎中的「頭」之間，構成一種互為鏡像關係。且看作者對這個鏡像關係是如何地進行敘事建構的：

> 他跨下床，借著月光走向門背後，摸到鑽火傢伙，點上松明，向水甕裏一照。果然，一匹很大的老鼠落在那裏面了；但是，存水已經不多，爬不出來，只沿著水甕內壁，抓著，團團地轉圈子。

> ……他將松明插在土牆的小孔裏，賞玩著；然而那圓睜的小眼睛，又使他發生了憎恨，伸手抽出一根蘆柴，將它直按到水底去。過了一會，才放手，那老鼠也隨著浮了上來，還是抓著甕壁轉圈子……

> 待到他看見全身，——濕淋淋的黑毛，大的肚子，蚯蚓似的尾巴，——便又覺得可恨可憎得很，慌忙將蘆柴一抖，撲通一聲，老鼠又落在水甕裏，他接著就用蘆柴在它頭上搗了幾下，叫它趕快沉下去。

事實上，我們在過去的研究中，對《鑄劍》中的這段描寫或者是關注不夠，或者就直接忽略過去。如果不能讀通這段描寫在整個文本中的敘事地位，那麼，我們將不可能對《鑄劍》的複雜內涵有一種更豐富的把握。在我看來，這其中就包含著多層的內涵：（一）甕中老鼠的醜惡與狼狽和文本後面的在水

中雍容、優雅地浮游著的眉尺間的頭，構成反差性的鏡像關係。（二）它又與在水中被咬得眼歪鼻塌、落臉鱗傷的國王的頭構成同比性的鏡像關係。（三）它與小說中那些丑角們，又構成同質性的鏡像關係。（四）眉間尺賞玩老鼠是一種激於憎恨的情緒，而這又與他後來的復仇行為和黑色人的復仇行為構成一種對照、發展的鏡像關係。正因為有了上述的這些鏡像關係的創造，整個文本才內在地形成交相輝映的敘事圖景。

　　第二重的鏡像關係是對鑄劍時的神奇和恢宏氣勢的描寫。這內部又有兩層：（一）劍的神異與佩劍人之一黑色人的神秘、剛毅之間構成精神上對應。（二）這又與另一個佩劍人國王的暴虐和殘酷構成一種對比。在這閃閃如電的劍光中，文本充滿著一種奇特的氣勢。

　　第三重的鏡像關係是建立在眉間尺與乾癟臉少年之間。作者有意讓他們在文本的敘事中「打了一個照面」。在我看來，這是有其特殊的藝術「苦心」：（一）從一種鏡像的外衍性來看，這暗示著魯迅對當時的青年人一個獨特的認識：同為青年人，可能他們的人生與品質都會是兩樣的。這種潛在的認識，在魯迅後來的經驗中不幸得到了證實。比如，在廣州期間，魯迅目睹了國民黨的大規模的殺戮。尤其使他震驚的是那屠殺者中間竟有許多是青年人。他曾憤慨地說道：「我至今為止，時時有一種樂觀，以為壓迫，殺戮青年的，大概是老人。……現在我知道不然了，殺戮青年的，似乎倒大概是青年，而且對於別個的不能再造的生命和青春，更無顧惜。」〔註16〕（二）從鏡像的內在含義來看，在這裏又引出了黑色人與乾癟臉少年之間所構成的在精神上的內在對比：一個是勇氣、正義的化身，另一個則是無聊、膽怯的小人。

　　第四重的鏡像關係是體現在那些馴服臣民的前後姿態之間。在國王出巡前，「離王宮不遠，人們就擠得密密層層，都伸著脖子」，「忽然，前面的人們都陸續跪倒了。」當然，如果作者僅僅敘述了這一場景，那麼，還不足以把他所要賦予的深刻內涵體現出來。所以，作者在文本的最後，又特別敘述了一個相近的場景：當那載著藏有三個頭和一個身體的金棺的靈車出現時，也就是這群人，也是一樣地都跪下去，「祭桌便一列一列地在人叢中出現」。這從表面上看，前後兩段的敘事，構成的是一種同一性的鏡像關係。但是，如果我們再加以細緻解讀的話，就會發現，正是有了後一段的敘事，這種鏡像關係的內涵就變得更豐富了。比如，我們在魯迅的其它小說如《示眾》、《藥》

〔註16〕《而已集·答有恒先生》。

和《野草‧復仇》等文本中，都曾見過這群看客和庸眾，他們是魯迅所深深憎惡的。然而，值得指出的是，在《鑄劍》文本中，他們不僅屈服於強權，而且更是對正義的毀滅無動於衷。在這裏，我想起了魯迅曾經提出過的一個讓人震驚不已的「散胙」之論：「北京大學的反對講義收費風潮，芒硝火焰似的起來，又芒硝火焰似的消滅了，其間就是開除了一個學生馮省三。……現在講義費已經取消，學生是得勝了。然而並沒有聽得有誰為那做了這次的犧牲者祝福。即小見大，我於是竟悟出一件長久不解的事來，就是：三貝子花園裏面，有謀刺良弼和袁世凱而死的四烈士墳，其中有三塊墓碑，何以直到民國十一年還沒有人去刻一個字。凡有犧牲在祭壇前瀝血之後，所留給大家的，實在只有『散胙』這一件事了」。〔註17〕如果聯繫到魯迅內在的這一層思想，那麼，我們就會發現，《鑄劍》中後半部分對那些馴服的民眾的敘述是意味深遠的。

第五重的鏡像關係是體現在復仇與毀滅的內在對比上。眉間尺為完成復仇的使命，他首先就必須自我毀滅。而黑色人為了完成復仇，也自我毀滅了。然而，更重要的是，這種充滿悲劇意味的復仇與毀滅，最後卻以一種喜劇的結局來收場：由於在一鍋裏煮爛了，三個仇人的頭已經分不出彼此。正是這種喜劇性的收場，更顯得復仇的悲劇性，也正是這種喜劇性的必然，才更顯得「黑色人」的那種復仇的博大、深廣。這就正如魯迅曾在一封信中所說的那樣：「我先前何嘗不出於自願，在生活的路上，將血一滴一滴地滴過去，以飼別人，雖自覺漸漸瘦弱，也自以為快活。而現在呢，人們笑我瘦弱了，連飲過我的血的人，也來嘲笑我的瘦弱了……我近來的漸漸傾向於個人主義，就是為此。」〔註18〕我們說，只要在中國的歷史與現實之中，這種情形存在一天，那麼，就必然會有像「黑色人」那樣為復仇而復仇的悲劇發生。而中國若不變革，那麼，這種悲劇性就必然會以喜劇而收場，這是一個無限循環的過程，它的終結就取決於中國歷史與現實的這種內在喜劇性能否最終消失。魯迅曾說：「悲劇將人生的有價值的東西毀滅給人看，喜劇將那無價值的撕破給人看。」〔註19〕長期以來，我們總是把這段話一分為二，認為是魯迅分別對悲劇和喜劇的看法。事實上，在我看來，這段話的意思應該是：有價

〔註17〕《熱風‧即小見大》。
〔註18〕1926 年 12 月 16 日致許廣平信。
〔註19〕《墳‧再論雷峰塔的倒掉》。

值的東西毀滅了，從那毀滅者自身來看，是一種悲劇，但從那無法理解這種毀滅的價值性的庸眾的角度來看，這種毀滅是喜劇性；無價值的東西被撕破了，從撕破者的角度來看，是一種喜劇，而對那些把無價值錯認為有價值的人來說，則是一種悲劇。魯迅正是在這種層層關聯的意義上，來闡釋悲劇和喜劇在中國現實、歷史和文化語境中的複雜內涵。

分析到這裏，如果我們回過頭來，再把這五重鏡像關繫聯結起來的話，就會發現，這五重的鏡像關係都聚焦於「復仇」這一焦點上。而這其中，水中「三頭爭鬥」的情景又猶如置於這一焦點中的一粒結晶體，這五重的鏡像關係在這一晶體上得到相互映照、折射，從而使《鑄劍》這一文本顯得尤其光彩四溢。應該說，在《故事新編》八篇小說文本中，《鑄劍》是一個敘事的鏡像性最為複雜，也最富魅力的文本，魯迅不僅把自己全部的激情和生命鎔鑄在這把「劍」中，而且，他在寒氣逼人的劍光中，看到周圍世界的幢幢鬼影，也看到他自己的命運。他在揮劍指向世界黑暗的同時，也在防護著自我。正如夏濟安先生在《魯迅作品的黑暗面》一文中所說過的一段意味深長的話：「他確實吹響了號角，但他的音樂辛酸而嘲諷，表現著失望和希望，混合著天堂與地獄的音響。」〔註20〕

現代藝術家都很喜歡運用這種「鏡像」性的張力，來創造特殊的畫面動感。比如，在畢加索畫中，曾畫有一個雙面人頭像，兩個臉面的位置都是傾斜的，它們之間既有明顯的區別，又可以互相混淆和干擾，但是，當我們把這兩個面部合起來觀看時，它們便構成了一個統一的知覺整體。由於這兩個不一致的面部之間存在著緊密聯繫，再加上它們之間的重疊，就造成它們內在的相似性和像賦格曲一樣的平行性，於是，在這兩個臉面之間就產生出一種緊張力。〔註21〕我認為，同樣的藝術效果也存在於《故事新編》之中，「新事」與「舊事」就如一個雙面的人頭像，它們之間既互相印證又互相聯繫，既互相矛盾又互相一致，構成了一個獨特的敘事張力。

就是這樣，文本的敘事策略就如那一隻看不見的「手」，慢慢地在調整、設置這些「鏡子」的位置、角度，讓它們能夠相互映照，從而，把潛伏在它們背後的東西都相互地「亮相」出來。

〔註20〕 夏濟安：《魯迅作品的黑暗面》，見《國外魯迅研究論集》，樂黛雲編，北京大學出版社 1981 年版。
〔註21〕 轉引自阿恩海姆：《藝術與視知覺》，四川人民出版社 1998 年版，第 536 頁。

　　順著這只「手」，我們就能進一步地觸摸到了那個在文本背後無處不在的「作者」。在這種相互之間不斷流轉、映照、折射的敘述鏡像之中，表現了作者對這個世界特殊而複雜的感受方式。如果要對這一感受方式進行一個形象化的闡釋的話，那麼，在我看來，它就如釋典《楞嚴經》中所說的那樣：「道場中陳設，有八圓鏡各安其方，又取八鏡，覆懸虛空，與壇場所安之鏡，方向相對，使其形影，重重相涉。唐之釋子藉此布置，以爲方便，喻示法界事理相融，懸二乃至十鏡，交光互射，彼此攝入。」我以爲，這種甲鏡攝乙鏡，而乙鏡復攝甲鏡之攝，交互以爲層累的變動、流轉的複雜的鏡幻化特徵，就是在《故事新編》文本中所體現出來的魯迅式的對世界感受、體驗方式。這種感受、體驗方式，同時也是魯迅藝術觀察的一個基本範疇：對他來說，研究世界就是意味著把世界的所有內容作爲同時存在的事物加以思考，探索出它們在某一時刻的橫剖面上的相互關係。〔註22〕這種感受、體驗方式，使得魯迅能更深刻，更敏銳地揭示出對象背後所潛藏的折折疊疊的心理狀態，這就猶如人們在秋陽下曬冬衣一樣，把藏了兩個季節的衣裳，在陽光中一攤，它的皺褶之中，立刻就灰塵撲撲、黴味陣陣。

　　在《故事新編》的文本中，正是通過這種「舊事」與「新事」之間的鏡像性的敘事建構，創造出文本獨特的陌生化效果，陌生化戲劇大師布萊希特曾說過這樣的一段話：「把一個事件或一個人物陌生化，其意思首先是去掉事件或人物的不言而喻的、熟知的、顯而易見的東西，並對它產生驚異和新奇……陌生化意即歷史化，即把事件或人物描寫成歷史的、暫時的。這種手法也可用來描寫當代人，他們的態度也可以描寫成與時代相聯繫的，歷史的，暫時的。」〔註23〕可以說，《故事新編》中的「舊事新編」與「新事舊編」的敘事鏡像與這種陌生化是有著異曲同工之妙。同時，這種敘事鏡像性對讀者的閱讀心理也提出了很大的挑戰，它需要讀者充分調動思維過程的「正——反——正……歷史——現實——歷史……」這樣一種多重的反覆往返而又不斷推進的方式，從而讓自己的閱讀眼光隨著文本敘事的多重映照、多重折射而深入到對象心態的每一個角落、每一道縫隙之中，並且能夠對作品中所描寫的人物或事件，始終保持著一種意識和感情上的批判態度。

〔註22〕巴赫金：《巴赫金全集》第5卷，河北教育出版社1998年版，第37頁。
〔註23〕布萊希特：《論實驗戲劇》，見《文藝理論譯叢》，第2輯。

　　《故事新編》敘事策略的第三個重要特徵，主要是體現在對文本的敘事視角的操作上。從總體上看，《故事新編》採用的是全知視角，這是小說敘事中比較常見的一種敘事視角。但是，關鍵的問題是，《故事新編》在文本內部又常常十分巧妙而又精心地進行敘事視角的轉換和限定。對於這種情況，如果你的閱讀不是十分細心的話，就很容易忽略過去。比如，在《采薇》中，當敘述到對情節發展、轉折起關鍵性作用的事件時，作者就悄悄地改變原來的全知視角，而改用了第三者的限知視角。如，在文本中，叔齊促使伯夷最後下定決心逃離養老堂的是「武王伐紂」這件事。但是，在敘述這一關鍵事件時，作者並不像一般的全知視角敘事那樣，把自己並不在場的事件的過程性瞭如指掌地敘述一番。在這裏，作者並沒有直接介入，而是通過敘述三個人的對話，來把「武王伐紂」的主要過程敘述出來。

　　　……叔齊是向來不偷聽人家談話的，這一回可不知怎的，竟停了腳步，同時也側著耳朵。

　　　「媽的紂王，一敗，就奔上鹿臺去了，」說話的大約是回來的傷兵。「媽的，他堆好寶貝，自己坐在中央，就點起火來。」

　　　「阿唷，這可多麼可惜呀！」這分明是管門人的聲音。

　　　「不慌！只燒死了自己，寶貝可沒有燒哩。……大王的車子一徑走向鹿臺，找到紂王自尋短見的處所，射了三箭……」

　　　「爲什麼呀！怕他沒有死嗎？」別一人問道。

對於這段敘事，仔細分析一下，就會發現，這裏的視角是一層套一層的，全知的敘述者高高在上地俯視著，這是第一層；再接下來一層，是叔齊在側耳偷聽傷兵和管門人的談天；第三層，是傷兵敘述戰爭的情景；第四層，是管門人的感慨；這樣一種敘事視角一層套一層的方式，使得文本充滿著獨特的反諷的意味：從傷兵的角度來看，他的敘述是要炫耀自己參加戰爭的優越感和自豪感，而與他談天的管門人卻對此無動於衷，只關心和感歎寶貝是否燒掉了。這就隱含著這樣的一個潛臺詞：戰爭只不過是一堆寶貝不斷淪落他手而已，並沒有什麼正義可言——這就是第四層與第三層之間內在的反諷關係。那麼，第三層與第二層的反諷關係又是怎樣產生呢？伯夷、叔齊都是「義士」，他們都「忠誠」地捍衛自己的那一套價值倫理，但是，從傷兵的口中所說出的紂王，竟落得如此荒唐的下場，這就反諷了叔

齊伯夷所竭力捍衛的「義」的可笑。此外,叔齊一向標榜自己是「正人君子」,他原以爲這樣偷聽是人不知、鬼不覺的,但殊不知,在他之上,卻有一個「敘事者」,這又從整體性的角度,諷刺了叔齊伯夷實際上並非像他們自己所聲稱的那樣「言行一致」。這就是第二層與第一層之間所構成的反諷關係。作者正是通過在全知視角之內,引進多層次的限知視角,才使得文本達到了如此豐富的反諷效果。

如果說,上述我們對於《采薇》中這種全知套限知的敘事視角操作方式的分析,還是局限於一種靜態分析的話,那麼,接下來,我們就將接觸到一種充滿動態的敘事視角的操作方式。在這裏,我們先來看一下《奔月》中的一段描寫:

> 颼的一聲,——只一聲,已經連發了三枝箭……但他爲必中起見,這時卻將手微微一動,使箭到時分成三點,有三個傷。

> 使女們發一聲喊,大家都看見月亮只一抖,以爲要掉下來了,——但卻還是安然地懸著,發出和悅的更大的光輝,似乎毫無傷損。

> 「吠!」羿仰天大喝一聲,看了片刻;然而月亮不理他。他前進三步,月亮便退了三步;他退三步,月亮卻又照數前進了。

> 他們都默著,各人看各人的臉。

> 羿懶懶地將射日弓靠在堂門上,走進屋裏去。使女們也一齊跟著他。

在這短短的一段敘述中,視角卻來回地有了多次的變化。文本先是從羿的視角,來敘述他自己射箭的情形;然後轉到使女們的視角,來看被射中的月亮的情景;接著又轉回到羿望月的視角;然後再轉到使女們互相對望的視角;最後又回到了使女們眼中的「羿」這一文本敘事的基本視角。值得指出的是,在這裏,文本的敘事視角是在一種快速的動態之中變化的,這種視角的快速變化,產生了豐富的審美效果。第一,創造出一種緊張的情節氛圍。第二,有力地展示人物之間不同的心理狀態。第三,借助視角的不斷流動,構成了文本內部的價值判斷的落差,從而爲文本的反諷性創造了形式空間。

在《故事新編》中,這種視角的流動性,還有一個典型的例子,就是在《理水》中敘述大禹出場的情景:

　　　局外面也起了一陣喧嚷。一群乞丐似的大漢，面目黧黑，衣服破舊，竟衝破了斷絕交通的界線，闖到局裏來了。衛兵們大喝一聲，連忙左右交叉了明晃晃的戈，擋住他們的去路。

　　　「什麼？──看明白！」當頭是一條瘦長的莽漢，粗手粗腳的，怔了一下，大聲說。

　　　衛兵們在昏黃中定睛一看，就恭恭敬敬的立正，舉戈，放他們進去了……

　　　這時候，局裏的大廳上也早發生了擾亂。大家一望見一群莽漢們奔來，紛紛都想躲避，但看不見耀眼的兵器，就又硬著頭皮，定睛去看。奔來的也臨近了，頭一個雖然面貌黑瘦，但從神情上，也就認識他正是禹；其餘的自然是他的隨員。

文本的前半段是從衛兵的視角來觀察，但是，作者又有意不告訴我們，這個莽漢是誰？但看他那樣的來勢，可是非同一般，這樣就創造了一個敘事懸念；接著，敘事視角有意宕開，描寫了衛兵與一個婦人之間的一段對話；然後，敘事視角才轉到大臣這邊；最後，點出這個人就是禹。上述這些，是我們從敘事視角轉移這一大的方面來看的。如果再進一步分析，那麼，就會發現，在這兩次敘事視角的內部，都存在著視點由遠到近的推移：「衝破──闖到──奔來。」這樣就產生了敘述節奏在一個視角內部的加速度，從而使讀者感到一種緊張逼人的氣氛。此外，在每個敘事視角的內部，作者又有意創造了人物視線的波動。比如，衛兵們先是大喝一聲，然後在昏黃中定睛一看，才認出被攔住的人是誰。大臣也先是紛紛想躲避，然後才敢定睛去看。這就一方面寫出大禹的艱苦卓絕、雷厲風行的神態。另一方面，也寫出了那一群無聊顢頇的大臣的心虛和慌亂。這就與文本中前一部分敘述大臣在品嚐「民食」時的那種悠然自得的神情，形成巨大反差，從而構成文本的內在反諷性。《故事新編》在敘事視角的操作上的第三個微妙之處，就在於聚焦點的多樣化。比如，在《理水》中，文本的前半部分，反覆敘述到「禹」，從表面上看，這似乎應該是敘事焦點。然而，「禹」卻一直沒有真實地出現：先是停留在文化山上的學者們無聊的考據上，考據的結果又說根本就不存在「禹」這個人。然後，「禹」又存在於傳聞之中，但對於這套傳聞，老百姓又覺得不甚可靠。也就是說，雖然，敘事在「禹」上不斷聚焦，但「禹」究竟是有還是無，暫時還很難確定，這種作者有意用多重筆墨來不斷敘事一個不可靠的「人物」，

就構成了敘事的「有」與聚焦的「無」之間的內在張力，從而就有力地烘託了人物的出場背景和懸念。接著，在文本的後半部分，敘事就聚焦在「禹」身上，文本中是這樣寫道：「禹便一徑跨到席上，在上面坐下，大約是大模大樣，或者生了鶴膝風罷，並不屈膝而坐，卻伸開了兩腳，把大腳底對著大員們，又不穿襪子，滿腳底都是栗子一般的老繭。」從表面上看，這是對人物外貌的聚焦，實際上，它的聚焦內涵，卻是大禹治水的艱辛卓絕。但是，在這裏，關於「治水」一事，則又退居到敘事的「虛寫」中去了。這樣，就構成敘事的「無」與聚焦的「有」之間的內在張力。如果，我們進一步把它與文本的前半部相聯結的話，那麼，這兩處聚焦點的涵義就又構成了相互補充的內在關係。

此外，《故事新編》中還有一種敘事聚焦的技巧，那就是聚焦點的內涵之間構成一種相互否定的動態關係。比如，《鑄劍》文本的結局部分：王后、妃子、老臣，以及太監們都在討論如何把「大王的頭」辨別出來，這是敘事的聚焦點。王后說，大王頭的右額上有一個疤，是做太子時候跌傷，怕骨上也有痕跡。果然，一個侏儒在一個頭骨上發現了，正當大家在歡喜的時候，另一個侏儒在另一頭顱上也發現了相仿的瘢痕來。第三王妃很有把握說，大王的龍準很高，太監的研究發現，有一個確也似乎比較地高，但究竟相差無幾。於是，又有人說，大王的後枕骨很尖。但是，王后和妃子們也各自回想起來，有的說是尖的，有的說是平的，仍然不得結果。圍繞著哪一個是國王的頭這一聚焦點，人們的判斷之間互相矛盾、互相否定。這就寫出大王在威權崩潰之後的可笑與滑稽，那些王后、妃子、老臣們自以為是的可笑與荒唐。在這種喋喋不休、眾聲喧嘩的場景中，更讓人體會到眉間尺和黑色人復仇的寂寞、孤獨乃至荒誕。

第二節　「文體越界」與「反文體」寫作

捷克著名學者普實克在他那篇雖然簡短但意義豐富的《魯迅》一文中，曾給《故事新編》以很高的評價，認為《故事新編》是魯迅以新的、現代手法處理歷史題材而產生的「一種新的結合體」。〔註24〕這就觸及到了《故事新編》在文體創造上的獨特性和複雜性。為什麼說它是「一種新的結合體」呢？

〔註24〕普實克：《魯迅》，載《魯迅研究年刊》，1979年。

——它是一種怎樣的「新」呢？又是一種怎樣的「結合」呢？這些提問，都是《故事新編》的文體探討中十分誘人的問題。但是，要想對這些問題有個深入的分析，我們首先必須建立起一個相對比較複雜的思維結構：即在橫向上，必須把《故事新編》與魯迅的雜文、散文以及《野草》聯繫起來，進而分析它們之間所存在的深刻的內在關係。在縱向上，必須把《故事新編》與《吶喊》、《彷徨》以及中國現代小說的藝術發展聯繫起來，進而分析它對中國現代小說史業已形成的藝術規範是如何地進行自覺的、有意識的反叛和解放。值得指出的是，這裏存在著一個悖論：即《故事新編》是反規範的，然而，在無形之中，又建立起了一種規範；它是反經典的，卻又爲中國現代小說提供了一個不可逾越的「經典文本」。應該說，《故事新編》無論在魯迅一生的創作中，還是在整個的中國現代小說史上，都是一個充滿「新」的意義和內涵的文本。這就猶如托多洛夫曾經反問的那樣：「喬伊斯那些異常的文字遊戲不是變成了某些現代文學的典型嗎？那些『新』小說不是同樣對今天的小說寫作形成壓力嗎？」〔註25〕

一

對《故事新編》文體的界定，一直是《故事新編》研究史上一個爭論不休的問題。在這裏，一旦撇開這些論爭的曲直來回，我們就接觸到了《故事新編》的文體創造上的一個特殊的現象：即把多種文體的藝術特徵都創造性地融合在一起，表現出一種明顯的雜多性。我把《故事新編》中所表現出來的這種明顯的文體特徵，稱爲「文體越界」現象。所謂的「文體越界」，指的是在一個創作文本中包容了另一種或多種的文體形態或文體片斷。更重要的是，這種包容不單是一種對文體形式的轉用或模擬，而且是帶進了新的思想因素、文化因素和美感因素，它能給讀者以一種更具有創造性、想像性的思維空間。〔註26〕在《故事新編》中，這種文本越界現象，可以分成兩種類型：一是文本的互涉性；二是文本的誤讀性。

所謂文本互涉性，指的是在一個文本裏存在著其它文本或多或少變形後的痕跡。它們以轉用、暗喻以及插入敘事的方式出現在文本之中，並且對文本的解讀具有內在的暗示性，常常能使讀者產生一種「似曾相識燕歸來」的

〔註25〕轉引自南帆：《文類與散文》，載《文學評論》，1994年第4期。
〔註26〕申丹：《敘述學與小說文體學研究》，北京大學出版社1998年版，第282頁。

感受。〔註27〕這也就是說，在《故事新編》中，內在地交融、相涉了魯迅創作的其它文體的文本，如雜文、散文等。而且，在這一點上，對於那些熟悉作家全部創作的讀者來說，是很容易就能辨識出來的。比如，在《補天》中，魯迅除了著力描寫「女媧補天」的恢宏與偉大之外，還描畫了一群猥瑣醜惡的破壞者：那些「合著眼睛的小東西」，那些自稱是「女媧嫡派」的顢頇的禁軍。這一文本片斷，很容易就讓我們想到那篇寫於相隔不久的《再論雷峰塔的倒掉》，在這篇雜文中，作者尖銳地批判了那種「只能留下一片瓦礫，與建設無關」的寇盜式的破壞：「外寇來了，暫一震動，終於請他作主子；在他的刀斧下修補老例；內寇來了，也暫一震動，終於請他作主子，或者別拜一個主子，在自己的瓦礫中修補老例。」〔註28〕又比如，《奔月》中「逢蒙」式的人物，也很容易讓人想到魯迅在《兩地書》中曾經多次痛切地感到的：「有些青年之於我，見可利用則盡情利用，倘覺不能利用了，便想一棒打殺，所以很有些悲憤之言。」〔註29〕「我現在對於做文章的青年，實在有些失望；我看有希望的青年，恐怕大抵打仗去了，至於弄弄筆墨的，卻還未遇著真有幾分為社會的，他們多是掛新招牌的利己主義者。」〔註30〕當然，更能說明與《奔月》的這種文本互涉性的現象，應該是《野草·頹敗線的顫動》：一個母親為養活女兒而出賣肉體，可女兒長大後，出嫁了，也生兒育女了，不僅不感恩還反過來責罵衰老的母親：「我們沒有臉見人，就只因為你……使我委屈一世的就是你。」連那個最小的孩子，也舉起手中玩著的乾蘆葉，大聲地說：「殺！」若把這與《奔月》中的逢蒙式的背叛兩相對照，那麼，就會發現，這種文本的互涉性魯迅的文本系統中比比皆是。事實上，我們在對魯迅創作的解讀時，常常需要這種比照性的閱讀方式，特別是遇到那些晦澀難解的文本。在我看來，這種比照性的閱讀，不僅對《故事新編》的「文體越界」現象的解讀，能有一個參照系，而且，對整個魯迅創作的研究，也將獲得一個整體性的視野。目前，制約著魯迅研究發展的一個重要「瓶頸」，就是我們過多地把魯迅的創作分割成三個相互獨立的文體領域，而沒有看到，事實上這

〔註27〕 互涉性這一概念比較經常出現在後現代理論中，它表達的是一種對文本與世界之間的內在相關性。此處參閱王先霈主編：《文學批評術語詞典》，上海文藝出版社 1999 年版，第 529 頁。

〔註28〕 《墳·再論雷峰塔的倒掉》。

〔註29〕 《兩地書·九三》。

〔註30〕 《兩地書·八五》。

三個文體領域不僅相通，而且還能夠相互闡發，相互生長，相互融合。現在，請繼續回到《故事新編》上來，我們可以發現，《鑄劍》中大臣們對頭顱的鑒別的情景，很容易使人聯想起《野草·死後》一文。《采薇》中的「阿金姐」，在我看來，簡直就是雜文《阿金》中那位愛搬弄是非的里巷弄堂中俗物「阿金」的孿生姐妹。對於《出關》中的「孔子」，魯迅在雜文《在現代中國的孔夫子》一文中，也表述過同樣的意思：孔子雖然採取的是進取的態度，但他是「上朝廷的」，是爲「權勢者設想」「出色的治國方法」的。《故事新編》中這種文體的互涉性，一方面，不斷地豐富、深化了文本存在的意義空間，使得文本變得像一個既幽深又貫通的藝術宮殿；另一方面，使得作家同時具備多重的藝術表現視野，多重的與現實對話的藝術方式。

除了上述這種能夠直接在別的文體文本中找到闡釋、比照的互涉性之外，還有一種「文體越界」現象，那就是文本的誤讀性。所謂文本誤讀性，是指作家的創作在包容另一個文體文本的時候，有意地對被包容的文本的思想進行創造性的變異，而且，這種變異所帶來的是一系列新的、現代性的問題：如文體的存在語境、文體的闡釋傳統與闡釋的方式以及誤讀的心理驅動力等。對這種「文體越界」現象中的文本誤讀方式的分析，有時候，就像牽一髮而動全身似的，將生長出許多重要的新意義。當然，在《故事新編》中，這種文本的誤讀性現象最典型而又最複雜的，應該算是《起死》。在這裏，不僅牽涉到小說文體對戲劇文體形式的直接「越界」，如《起死》就採用戲劇的方式。而且，還牽涉到這種「越界」所造成的對「莊子」思想進行有意或無意的誤讀。〔註 31〕所以，我試圖在這裏集中以《起死》這一文本爲中心，作一些比較深入的討論。

有不少的研究文章根據《起死》而認爲：魯迅對老莊思想從來是採取批判態度的。我以爲，這個觀點是值得斟酌的。雖然，魯迅曾尖銳地指出：「我們雖掛孔子的門徒招牌，卻是莊生的私淑弟子。」〔註 32〕在小說文本《起死》中，魯迅也以極其荒誕、誇張的藝術形式和表現手法揭示了所謂的「無是非觀」的荒謬性、虛假性。但是，問題的複雜性就在於：魯迅的這種認識並非真正地切進莊子思想的本質，只能說是一種在特定語境中的誤讀。郭沫若是

〔註 31〕參閱拙文：《傳統的影響：在誤讀與契合之間》，載《文藝理論研究》2000 年第 1 期。

〔註 32〕《南腔北調集·「論語一年」》。

較早看出這一點的，他在一篇寫於四十年代初的文章《莊子與魯迅》中就指出：「魯迅是把莊子認定爲純粹的出世派，純粹的虛無主義者，但過細研究起來，事實上似乎也不盡然。」〔註33〕另外，魯迅本人也意識到：「就是莊生自己，不也在《天下篇》裏，歷舉了別人的缺失，以他的『無是非』輕了一切『有所是非』的言行嗎？要不然，一部《莊子》，只要『今天天氣哈哈哈……』七個字就寫完了。」〔註34〕顯然，在這裏，魯迅是看到了莊子本身所具有的批判性的價值立場。然而，我們不禁要追問道：這不是又與《起死》中的思想有很大的差異嗎？造成這種特殊的誤讀與差異的原因是什麼呢？我以爲，這至少有兩個方面：一是，特定的歷史文化環境。二十世紀三十年代，在社會與民族危機日益急迫的情形下，「恰如用棍子攪了一下停滯多年的池塘，各種古的沉滓，新的沉滓，就都翻著筋斗漂上來，在水面上轉一個身，來趁勢顯示自己的存在了。」〔註35〕當時文壇上有些悲觀論者，「不施考察，不加批判，但用『彼亦一是非，此亦一是非』的論調，將一切作者，詆爲『一丘之貉』」〔註36〕。正是在這種情況下，魯迅才感到有必要「把那些壞種的祖墳刨一下」。於是，就在他創作的一系列雜文和小說《起死》中對論敵的這種「相對主義」與「虛無主義」的思想加以尖銳的諷刺與批判。由此可見，魯迅對莊子思想的批判是有著特定意指的。這是魯迅對莊子思想的特殊誤讀的第一個原因，也是我們探討《起死》的「文體越界」現象的內在思想複雜性時，所必須意識到的歷史語境。二是，這種誤讀從更深刻的情感層面來看，它是來自魯迅的「絕望的抗戰」的心理驅動力。魯迅曾自我剖析道：「我的作品，太黑暗了，因爲我常覺得惟『黑暗與虛無』乃是『實有』，卻偏要向這些作絕望的抗戰，所以很多著偏激的聲音。」〔註37〕「我不願將自己的思想，傳染給別人。何以不願，則因爲我的思想太黑暗，而自己終不能確知是否正確之故」〔註38〕，「總之，人若一經走出麻木境界，便即增加苦痛，而且無法可想，所謂『希望將來』，就是自慰——或者簡直是自欺——之法」〔註39〕。究其一

〔註33〕郭沫若：《莊子與魯迅》，載《中蘇文化》（半月刊），第8卷，第3、4期合刊（1941・4・20）。

〔註34〕《且介亭雜文二集・「文人相輕」》。

〔註35〕《二心集・沉滓的泛起》。

〔註36〕《準風月談・「中國文壇的悲觀」》。

〔註37〕《兩地書・四》。

〔註38〕《兩地書・四》。

〔註39〕《兩地書・六》。

生，魯迅都在擺脫和反抗這種絕望、虛無的糾纏，然而又「苦於背了這些古老的鬼魂，擺脫不開，時常感到一種使人氣悶的沉重」〔註40〕。因此，魯迅對「虛無主義」的敏感，從心理學上是可以理解的。正如許廣平在給魯迅的一封回信中所作的分析：「雖則先生自己所感覺的是黑暗居多，而對於青年，卻處處給與一種不退走、不悲觀、不絕望的誘導，自己也仍以悲觀作不悲觀，以無可爲作可爲，向前的走去。」〔註41〕從這種獨特的心理分析的角度，我們對魯迅在《魏晉風度及文章與藥及酒之關係》中，之所以能夠敏銳地看到孔融、嵇康「他們的本心，恐怕倒是相信禮教」這一深刻而獨特的思維內涵，也將有了某種具體的感悟和認識。從意志心理學角度來看，一個人若對某一事物或某一情感特別敏感，那麼，其潛在的意志力也就特別容易趨近它。其敏感程度越高，則試圖擺脫的反抗力也相應地增強。因此，在這個意義上說，魯迅對《起死》的有意誤讀，或許將是「意志心理學」研究的一個典範性的文本。

　　現在，有必要回過頭來重新認識莊子思想中的「相對主義」、「虛無主義」的眞正內涵，這是我們分析《起死》的誤讀「關節點」之所在。在認識論上，莊子反對獨斷論，他認爲，當時的學派辯論、是非爭論，乃是由於「囿於物」、「拘於虛」、「篤於時」、「束於教」的限制，產生了「以自己爲是，以別人爲非」的「成心」，所以，提出了「以道觀之」的認識方法，強調事物的相對性、流變性以及價値判斷的相對性、流變性，這是莊子相對主義認識論的基本內涵。〔註42〕蘇輿說：「天下之至紛，莫如物論。是非太明，足以累心。故視天下之言，如天籟之旋怒旋已，如鷇音之自然，而一無與於我，然後忘彼是，渾成毀，平尊隸，均物我，外形骸，遺生死，求其眞宰，照以本明，遊心於無窮，皆莊生最微之思理。」〔註43〕章太炎也說：「其眞自證，乃以不知知之，如彼《起信論》說：『若心起見，則有不見之相，心性離見，即是遍照法界義故。』《大宗師篇》云：『有眞人而後有眞知。』此爲離絕相見對待之境，乃是眞自證爾。」〔註44〕在蘇、章的這兩段文字中，都指出：莊子認識論上的相對主義是希望人們離絕、超

〔註40〕《墳·寫在〈墳〉後面》。
〔註41〕《兩地書·五》。
〔註42〕參閱陳鼓應注譯：《莊子今注今譯》，中華書局1983年版。
〔註43〕轉引自沙少海：《莊子集注》，貴州人民出版社1987年版，第15頁。
〔註44〕章太炎：《〈齊物論〉釋》。

越「對待之形，是非兩立」，而獲得一種「以本然之明照之」的最高自由境界。對於莊子的虛無主義思想，實際上也可以從同樣的角度來理解。李約瑟認爲，「說道家思想是宗教的和詩意的，誠然不錯；但它至少也同樣強烈地是方術的、科學的、民主的，並且在政治上是革命的」。〔註45〕李約瑟的看法與郭沫若有相似之處：「莊子的思想固然是過了時，但在他的當時卻不失爲一個革命的見解。」〔註46〕雖然，這兩者的看法並不完全正確，但我們至少可以認爲，莊子的虛無主義強調的是「讓自己的精神，從形骸中突破出來，而上升到自己與萬物相通的根源之地」。〔註47〕在得出上述的結論後，我們就可以比較自信地說，魯迅對莊子的相對主義、虛無主義的認識、評價是一種有意的誤讀。然而，它的意義又何在呢？首先，這種誤讀在當時的論爭和創作中產生了獨特的意義和效果，這是近似於傳統武術中的「借力打力」的方法，內含的是這樣的一個邏輯結構：以對方的論點爲邏輯前提條件，推導下去而得到一個與前提自相矛盾的結論，以此來揭示對方論點的荒謬性、虛假性。其次，在審美效果上，就強化了藝術創作中的「社會批評」、「文明批評」的歷史感。就如宋代程頤所說的「善學者要不爲文字所梏，故文義雖解錯而道理可通行者，不害也」。〔註48〕可以說，魯迅的這種誤讀包含著他所特有的機智和幽默。更重要的是，對這一誤讀的分析提示我們：現代作家對傳統文化的接受過程隱含著眾多的複雜性，這其中往往內含著功利／審美、曲解／智慧等矛盾形態。因此，我們的研究視野一方面必須把這種矛盾性放在具體的特定的歷史語境中加以分析；另一方面，又需要強調學術的客觀性、眞理性，以此來觀照、審視傳統性在具體的歷史語境中所產生的偏差、誤讀，從而理清傳統／現代、影響／轉換的內在脈絡。這也就是說，對於「文體越界」所帶來的誤讀性，如果你只是局限於這一文本自身，那麼，你就不僅很難讀通它，而且會陷入一種眞正的「誤讀」之中。所以，要避免這種閱讀陷阱，你就需要把所有與這誤讀性文本相關的語境、思想、文化因素，都必須加以綜合的考察，只有這樣，你才可能對這一文本有一種更豐富和深刻的把握。

〔註45〕李約瑟：《中國科學技術史》，第 2 卷，科學出版社 1990 年版，第 37 頁。
〔註46〕郭沫若：《莊子與魯迅》，載《中蘇文化》（半月刊）第 8 卷，第 3、4 期合刊（1941·4·20）。
〔註47〕徐復觀：《中國人性論史》，臺灣商務印書館 1987 年版，第 295 頁。
〔註48〕轉引自錢鍾書：《管錐編》，第 3 冊，中華書局 1984 年版，第 1048 頁。

　　當然，在這裏，我們還必須看到《故事新編》的「文體越界」與一般所謂「小說詩化」、「小說散文化」之間的區別。在我看來，「文體越界」最關鍵的內涵就是，一方面，它在文本內部創造了思想與文化上的對話與交鋒，它表現的是一種主體思想的「內在的不確定性」；〔註49〕另一方面，這種「文體越界」，使得作家的創作具有了「後現代主義」的藝術思維方式。著名理論家哈桑就認為，互涉文本作為一個後現代主義的現象，是與現代主義的語言及體裁上的「疆界分明」相對立的。〔註50〕因此，從這個意義上，我們也能發現《故事新編》中某種「後現代主義」的藝術特徵。換言之，從創作主體與現實世界的相關性的角度來看，在「文體越界」中，表現出主體對現實、對文化的積極再創造、再想像的思想動力。因為從更廣泛的意義上說，文化、現實，甚至整個世界本身都是一種文本，「文本」描繪「世界」，就像「文本」被「世界」所描繪一樣，「文本」與「世界」是互相存在於對方內部。〔註51〕所以，《故事新編》的文體越界，也可以從這個意義上看出它的重要性。在魯迅所生存的那個現實世界中，充滿著矛盾的多重性，而且在他的時代中，中國現實歷史過程的不同階段的特徵，都膠著在一起。如果，我們一定要對這種「文體越界」現象，找到一個形象的說法的話，那麼，可以借用巴赫金在《陀思妥耶夫斯基詩學問題》中對陀氏小說的一段評論：它更像是但丁《神曲》中的地獄，這裏既有不思悔改的人，又有懺悔者，既有受到懲罰的人，又有得到拯救的人。這種「文體越界」，為中國現實世界的矛盾性，找到了一個最合適的文本。而所謂的「小說詩化」與「小說散文化」，則根本上不可能具有如此豐富的思想與文化上的意義，它僅僅是一種創作方法或表現方式上的創新。

二

　　巴赫金在探討陀思妥耶夫斯基的創作與歷史淵源的時候，曾說過這樣一段話：

〔註49〕參閱王先霈主編：《文學批評術語詞典》，上海文藝出版社1999年版，第666頁。

〔註50〕轉引自《陀思妥耶夫斯基的上帝》，社會科學文獻出版社1999年版，第216頁。

〔註51〕轉引自《陀思妥耶夫斯基的上帝》，社會科學文獻出版社1999年版，第216頁。

　　　　文學體裁就其本質來說，反映著較爲穩定的、經久不衰的文學
　　發展傾向，一種體裁中，先是保留有正在消亡的陳舊因素。自然，
　　這種陳舊的東西所以能保存下來，就是靠不斷更新它，或者叫現代
　　化，一種體裁總是既如此又非如此，總是同時既老又新。一種體裁
　　在每個文學發展階段上，在這一體裁的每部具體作品中，都得到重
　　生和更新。體裁的生命就在這裏，因此，體裁中保留的陳舊成分，
　　並非是僵死的而是永遠鮮活的……在文學發展過程中，體裁是創造
　　性記憶的代表。正因爲如此，體裁可能保證文學發展的統一性和連
　　續性。〔註52〕

巴赫金的這段論述，對我們即將展開討論的關於《故事新編》的「文體越界」
現象的理論與歷史意義這一問題，將是富有啓發性的。

　　可以說，在《故事新編》中，這種文體在創造過程中的「越界」現象，
是一個相當有意義的文學史和美學史的問題。從文學史的角度來看，每一種
文體都具備了極爲頑強的遺傳能力，它將作爲一個家族系列反覆出現乃至強
化自己的特徵。用巴赫金的話來說，文體在歷史演變之中可能出現一種創造
性記憶：即文體不僅能持續保持自己的統一框架和連續性，它還能不斷地在
更高的水平上復活自己。一種文體愈加完善，它同時將愈加充分地回憶起自
己的過去，也就是說，形式凝聚力將使文體在演變之中更加堅固。〔註53〕批
評家皮爾遜就曾說過：「一部文學作品的種類特性是由它所參與其內的美學傳
統所決定的，文學的各種類別，可被視爲慣例性的規則，這些規則強制著作
家去遵守它，反過來又爲作家所強制。」〔註54〕也就是說，在文體的內在形
式中存在著強大的慣性力，它意味著，在創作的過程中，作家將被迫服從這
種形式的凝聚力。所以，有人甚至不無誇張地聲稱：「詩產生於另一些詩，小
說產生於另一些小說，文學形式僅僅是一種自我形成。」〔註55〕但是，從文
體與作家內心世界關係的角度來看，文體乃是作家精神和思維的具象性表
現，它猶如一個雕塑，讓人從它的形體、線條、棱角、質地等方面，可以捕
捉到一個作家的藝術思維特徵，把握到一個作家在創作時的思維和精神的狀

〔註52〕巴赫金：《巴赫金全集》第5卷，河北教育出版社1998年版，第140頁。
〔註53〕轉引自南帆：《文類與散文》，《文學評論》，1994年第4期。
〔註54〕轉引自韋勒克等：《文學理論》，三聯書店1984年版，第256頁。
〔註55〕轉引自南帆：《文類與散文》，《文學評論》，1994年第4期。

態。從創作的能動性上看，文體是攝取和裁剪外部無盡世界的模式。〔註56〕用巴赫金的話來說，「美感」形式是個建構的過程，它的建構作用在於，感知的主體把美的「整體性」從萬物的混沌中辨識出來，把主體所能感應的「形式」從他身處的特殊時空境況中區別開來。從上述的討論中，我們可以看出，對於一個作家來說，文體的意義是雙重的：一方面，文體是一個封閉式的框架；另一方面，從文體與主體精神的無限流動性、豐富性的角度來看，文體又是這種精神世界不斷對外界現實、語境進行吸納、轉換和成形的大容器。這正如巴赫金所指出的那樣：「形式的建構必須依賴超乎主體意識（即跨越自我時空規限）的構成因素。──它必須依賴一個全然外在的整體來決定時空的構成。……形式就是在美感築造過程中設定的界限。……這界限既是確立肉身也是確立心靈所需的形式界限。」〔註57〕──可以說，文體乃是主體精神結構中社會歷史與語言歷史的交叉地，正如有學者所指出的那樣：文體呈現、塑造了作家所承受的形式歷史與社會歷史的雙重壓力──儘管在很多時候，作家並非自覺地意識到。〔註58〕

因此，從上述的理論角度來看，《故事新編》中這種文體越界的現象就具有十分重要的美學內涵：它對我們探討《故事新編》在魯迅小說創作乃至中國現代小說藝術中的創造性意義，提供了一個新的思維生長點。

首先，《吶喊》和《彷徨》的創作，不僅確立了中國現代小說藝術的經典性的規範，而且，對魯迅自身的小說創作來說，也形成了一種內在的文體形式規範。我們發現，從二十年代中期開始，魯迅在有些文章中，也發表過對自己小說創作的看法。比如，寫於1927年的《怎麼寫》一文中，他就提出：「寫什麼是一個問題，怎麼寫又是一個問題。」在1932年的《關於小說題材的通信》中，他提出著名的「選材要嚴，開掘要深」的觀點。到了1933年的《我怎麼做起小說來》一文，魯迅則是很清楚地談了自己的創作經驗。在1935年的《中國新文學大系・小說二集・導言》中，魯迅更是對自己的小說創作史，作了一個簡要的回顧。在這裏，我不禁要問：為什麼魯迅會這樣自覺地談論自己已有的小說創作呢？這其中包含的是一種對自己創作的自信，還是

〔註56〕轉引自南帆：《文類與散文》，《文學評論》，1994年第4期。

〔註57〕參閱巴赫金：《小說的時間形式和時空體形式》，見《巴赫金全集》第3卷，河北教育出版社1998年版。

〔註58〕轉引自南帆：《文類與散文》，《文學評論》，1994年第4期。

一種對自我創作的反思呢？我以為，一個作家越是對自己的創作有一個清晰的自我認識，越能說明他對這種創作方式已經形成的規範感到了一種壓力，也越能說明他試圖擺脫這種創作方式與創作規範的藝術衝動。正是在這點上，我們可以看出，《吶喊》、《彷徨》與《故事新編》之間的內在關係。同時，在這種試圖尋找新的創作方式和審美方式的過程中，他創作思維中那些成熟的、豐富的雜文創作方式，就給《故事新編》的創造，提供了一種源源不斷的審美資源，這就是我們要說明的第一點。第二點，發展到三十年代，中國現代小說藝術，一方面，「正格」的寫實小說依然在不斷地穩固、豐富和發展自己的創作規範。另一方面，那種「變格」衝動也越來越強烈。〔註59〕比如，在當時的《現代》、《作家》等刊物上，出現了一系列介紹喬伊斯、詹姆斯、康拉德、沃爾芙、普魯斯特、勞倫斯、福克納、海明威等人的西方現代派小說的文章。除了這種理論上的自覺外，一些作家已開始有意識地進行新的藝術嘗試，比如，施蟄存創作了《梅雨之夕》等一系列心理小說，與穆時英、劉吶鷗等人的創作，形成「新感覺派」的藝術創新。這種小說藝術發展的歷史情形，對於始終關注中國現代小說藝術創新的魯迅來說，也會有一種啓發。在這裏，我想起歌德曾經講過的一段很深刻的話：「一個民族作家是在什麼時候和在什麼地方生長起來呢？是在這種情況下，他在他們的民族歷史中碰上了偉大事件及其後果的幸運的有意義的統一；他在他的同胞思想中抓住了偉大處，在他們的感情中抓住了深刻處，在他們的行動中抓住了堅強和融貫一致處，他自己被民族精神完全滲透了，由於內在的天才、自覺對過去都可能同情共鳴，他正逢他的民族處於高度文化中，自己在教養中，不會有什麼困難，他搜集了豐富的材料，前人完成和未完成的嘗試都擺在他眼前，這許多外在的和內在的機緣都匯合在一起，使他可以趁他生前最好的時光，來思考和安排一部偉大的作品，而且一心一意地把它完成。」〔註60〕在這個意義上看，《故事新編》的「文體越界」，對於魯迅自己的創作來說，是一種突破。對於中國現代小說藝術發展來說，它又是這股不創新、不斷「離心」、不斷「變格」的藝術潮流中的一個最響亮的聲音。

〔註59〕吳福輝：《20世紀中國小說理論資料》第3卷，前言，北京大學出版社1997年版。

〔註60〕轉引自朱光潛：《西方美學史》，下冊，人民文學出版社1964年版。

三

　　從《故事新編》的「文體越界」現象中，我們還能發現魯迅的一種獨特的文體創作方式，我稱之為「反文體」寫作。所謂的「反文體」寫作，就是說作家出於一種獨特的表達自我的想像方式的需要，有意識地對已有的文體的話語方式、藝術規範進行反叛和解放，從而消解甚至顛覆這種文體的穩定性。魯迅曾在《〈華蓋集〉題記》中，很清晰地表達了他的這種「反文體」的藝術意識：「寧願站在沙漠上，看看飛沙走石，樂則大笑，悲則大叫，憤則大罵。」

　　當然，並不是每一個作家都能獲得這種「反文體」寫作的創造力，在這種「反文體」寫作的背後，隱藏著作家主體強有力的情感驅動力。也就是說，他必須先是對已有的文體規範，感到了一種束縛和限制。即他內心滿蓄的情感激流，已有的文體形式的「庫區」已經無法容納下，它必然會漫過堤壩，甚至沖毀它。對於這一點，魯迅自己是十分清楚的。他在論屈原和司馬遷時，就說過兩段相當重要的論述：「《楚辭》較之於《詩》，則其言甚長，其思甚幻，其文甚麗，其旨甚明，憑心而言，不遵矩度。」《漢文學史綱要·屈原與宋玉》。他又認為，《史記》是司馬遷「恨為弄臣，寄心楮墨，感身世之戮辱，傳畸人於千秋，雖然背《春秋》之義，固不失為史家之絕唱，無韻之《離騷》矣，惟不拘於史法，不囿於字句，發乎情，肆於心而為文。」《漢文學史綱要·司馬相如與司馬遷》。尤其重要的是最後的一句話，「發乎情，肆於心而為文」，它的含義也就是說，作家內在的這種強大的情感，猶如那奔兀不止的熔岩，你根本無法用什麼來框定它，抓住它，而只能讓它噴射而出，然後，讓它凝固成千姿百態的形體。可以說，《野草》和《故事新編》的文體，就是一種激情熔漿噴射出來之後，冷卻而成的藝術形式。同時，「反文體」寫作，還要求作者必須具有強大的想像力，也就是說，「非有天馬行空式似的大精神即無大藝術的產生」《〈苦悶的象徵〉·引言》。因此，從某種意義上說，《故事新編》的文體創造，就是呈現的就是這樣一種獨特的現代的想像力特徵。

第四章　遙遠的回響
——《故事新編》與文學傳統

第一節　神話、莊子與想像力傳統

一

　　困擾著《故事新編》研究的一個根本性的難點，就是我們一直未能找到一種與作品文本相契合的解讀方式。已有的研究，一直是搖擺、徘徊於「歷史文本」和「寫實性文本」的解讀方式之間。在我看來，這兩種解讀方式都有「盲人摸象」之失。因爲，構成《故事新編》最獨特的審美方式就是想像力。所以，我們只有以與文本相契合的想像性的方式來解讀它，才可能發現其中所蘊含的豐富的藝術價值。

　　一旦我們用想像性的方式去解讀《故事新編》時，也許就能發現許多相當有意思的現象。

　　（一）《故事新編》的想像方式與《莊子》和上古神話極其神似，我把這種內在的關係稱爲「返祖現象」。這是基於對中國小說發生學的一個基本認識。雖然，小說最初的發生學形態是處於一種自在狀態，它對經、史、子、集中的敘事性文體有過千絲萬縷的依附、滲透和交叉。但是，就與小說文體的發生最接近的淵源來看，小說與子書、小說與神話、小說與史書的關係最

爲接近。﹝註1﹞前二者對小說的影響最主要的是在於想像力方面，後者則主要體現在敘事方式上。想像力在言說方式上留下深刻影響的範例，在子書中最值得注意的是《莊子》。﹝註2﹞歷代的注《莊》、讀《莊》者都已認識到《莊子》中的小說家筆法。﹝註3﹞如，莊子後學在《天下篇》中就說道，《莊子》「以謬悠之說，荒唐之言，無端崖之辭，時恣縱而不儻，不以觭見之也。以天下爲沈濁，不可與莊語，以卮言爲曼衍，以重言爲眞，以寓言爲廣」。宋代黃震的說法也許更值得深思：「莊子以不羈之才，恣肆跌宕之說，創爲不必有之人，設爲不必有之物，造爲天下必無之事，用以渺末宇宙，戲薄聖人，走弄百出，茫無定蹤，固千萬世詼諧小說之祖。」按我的理解，這裏的「小說之祖」並非指題材之間的承傳，而是指莊子的想像方式、表現方式和審美趣味對後代小說家創作的深刻影響。必須指出的是，在莊子的想像力的背後蘊含著他深刻而又豐富的精神深度。如《天下篇》中所說的：「其書雖瑰瑋而連犿無傷也，其辭雖參差而諔詭可觀，彼其充實不可以已。上與造物者遊，而下與外死生，無始終者爲友。其於本也，弘大而辟，深閎而肆；其於宗也，可謂稠適而上遂矣。」正是精神深度和豐富的想像力打成一片，才使《莊子》成其偉大。後代小說如魏晉的志怪小說、南宋洪邁《夷堅志》、清代蒲松齡的《聊齋誌異》、袁枚的《子不語》等。雖然，在想像的怪誕性方面與《莊子》相似，但是，缺少的是《莊子》中想像力背後的那種博大而精微的精神深度。

對於神話是「小說之祖」，前人已多有論述。明代胡應麟說，《山海經》是「古今語怪之祖」，又認爲在同時期神話和巫術氣氛中出現的《汲冢瑣語》「當在《莊》、《列》前」。《束晳傳》云：「諸國夢卜妖怪相書——蓋古今小說之祖。」﹝註4﹞魯迅在《中國小說的歷史變遷》中也說過相類似的話：「現在一班研究文學史者，卻多認小說起源於神話。」但是，遺憾的是，後世小說家在吸收神話的影響上主要是偏重於民間信仰和趣味，偏重於題材形態，而

﹝註1﹞ 參閱楊義：《中國古典小說史論・〈導言〉》，中國社會科學出版社1998年版，第9～20頁。

﹝註2﹞ 參閱楊義：《中國古典小說史論・〈導言〉》，中國社會科學出版社1998年版，第9～20頁。

﹝註3﹞ 參閱楊義：《中國古典小說史論・〈導言〉》，中國社會科學出版社1998年版，第9～20頁。

﹝註4﹞ 參閱楊義：《中國古典小說史論・〈導言〉》，中國社會科學出版社1998年版，第9～20頁。

遺棄了在筆者看來神話中最具精華的東西，即想像力和一種厚重的、神秘的原始激情和感悟力。馬克思說，「任何神話都是用想像和借助想像力以征服自然力，支配自然力，把自然力加以形象化」。因此，在神話的想像力背後同樣蘊藏著一種原始的創造激情。對此，梁啓超曾說：「唐虞之朝，君臣孳孳，以治水爲業，共工鯀禹，相繼從事，前蹶後起，務底厥成，蓋不甘屈服於自然，而常欲以人力抗制自然，我先民之特性，蓋如是也，比較神話學可以察各民族思想之源泉，此類是也。凡讀先秦古書，今所見爲荒唐悠謬之言者，皆不可忽視。」〔註5〕儘管神話中這些感情現在看來是稚拙的、神秘的。但是，對上古先民來說，它卻是親切的。他們是以自身的生存體驗爲根基的，因此，在荒唐之中充滿著厚重的力量。然而，後代小說家對神話的繼承卻恰好缺少了這種激情和力量。

正是古代小說家在繼承莊子和神話的想像力的同時，遺棄了存在於其中的精神深度和激情，才使得小說思維空間漸漸地被史書所佔據。中國小說漂離了自己的源頭，而徘徊、依附於史傳的邊緣。從小說的轉變和成熟的過程來看，中國小說家也不乏種種的「返祖」的努力，其中《紅樓夢》可以說是中國古代小說的這種「返祖」努力的最輝煌的一次。到了現代，由於西方的敘事方式的引入，實際上，是把中國小說的史傳傳統更加複雜化、精緻化。所以，對現代小說家來說，所面臨著的一個深刻的挑戰就在於：必須回到源頭，不僅要繼承莊子和神話的想像方式，同時，也要繼承那種內在於想像力之中的精神深度和激情。

在我看來，《故事新編》是現代小說中能稱得上最深刻的「返祖現象」的作品之一。對《故事新編》與中國文學中的莊子、神話的想像力傳統內在關係的解讀，是我們探討中國小說審美原則和智慧的一條相當有價值的思維路線。

（二）當然，我們必須承認，任何一位小說家都是從自己的獨特感情出發來創作的。也就是說，對於現代小說家來說，他的創作是置於一個現代性的話語空間，這個空間先在於他的存在。但我以爲，問題也許會比我們的這種邏輯式推論來得更複雜些。因爲，當傳統的資源（這裏主要指想像力）被作家創造性繼承並轉化成自己的審美形式時，那些內在於傳統美學資源中的精神方式、情感方式同時也必然地會被帶進現代敘事中。所以，在文本的敘

〔註 5〕梁啓超：《洪水考》。

事結構的深層，可能就潛隱著一個現代／傳統的富有張力的意識結構。其中一些意識由於是內在於傳統美學資源中而被帶進的，所以，常常是作家自身所無法意識到的，甚至是一種潛意識的力量。這種潛隱的意識結構在《故事新編》中同樣是存在的。也就是說，當魯迅繼承莊子和神話的想像方式，他們各自的精神深度和情緒方式也悄悄地滲透進來。這些精神深度和情緒方式有些方面是在強化魯迅所要表達的思想，而另一些方面則是在消解、動搖魯迅所要表達的思想。正是這種原因，使得《故事新編》的思想意義複雜化。所以，在探討《故事新編》的想像力傳統時，如果我們對這一潛隱的意識結構的強化／消解的複雜性，有著足夠清醒的把握，那麼，我們對《故事新編》思想意義的探討也許就會更豐富些。

（三）想像力是藝術創造的最重要的審美機制，通過對它的解讀，我們將發現，在《故事新編》的創作過程中，現代美學原則、表現手法如何豐富了本國文學的傳統原則。〔註6〕一些學者已經發現《故事新編》與西方現代表現主義之間的相通之處。表現主義最初是在德國出現的一項文學、藝術（尤指繪畫）運動，在 1910 年至 1925 年期間，即一戰前後形成高潮，其中心特點是圍繞主題與創作風格方面對現實主義文學和藝術傳統的激烈悖逆。表現主義藝術家、文學家極力表現的是他們對人生與人類社會的自我感受，尤其是憂心忡忡、滿懷激憤的人生感受，其做法是對現實主義藝術所謂的客觀世界的外部特徵施以強烈的誇張和扭曲，同時象徵出種種極端化的情感。比如，蒙克的版畫《吶喊》（1894）表現在荒涼慘淡的背景裏，一個面部變形、軀體痙攣的身影在發出一聲驚駭的長嘶，這部作品一向被認爲是集中體現了表現主義的風格、手法。〔註7〕在《故事新編》創作過程中，同樣存在著表現主義的誇張、變形的手法。但是，這些現代表現主義的手法是經「想像力」這一審美機制，而和莊子、神話中的怪誕、奇異的表現手法相結合的。值得指出的是，想像力在這創造過程中承擔著一種特殊的功能，也就是說，想像力以其獨特的感情力量消解了表現主義表現手法的抽象性。我們知道，表現主義的表現手法具有濃厚的抽象意味。比如，表現派畫家慣於使用抽象的線條、色彩來表現扭曲的形象。在戲劇中更是如此，經常用毫無個性的人物模式取代個性化的人物角色，把對話離析成驚歎性的、近乎語無倫次的隻言片語，

〔註 6〕普實克：《魯迅》，見《魯迅研究年刊》，1979 年。
〔註 7〕艾布拉姆斯：《歐美文學術語詞典》，北京大學出版社 1990 年版，第 105 頁。

同時還運用面具僞裝以及抽象失調、拖沓鬆散的布置道具。〔註8〕雖然，這些抽象性在西方文學的現代性語境中是可以理解的，但是，要把它借鑒和轉化爲中國文學的表現手法時，還是需要經過中國文學的想像力傳統的再創造過程，才可能與本國文學傳統相交融，並進而成爲一種創造性的美學資源。

二

我們在上面已經說過，《莊子》中的小說家筆法，歷代的注《莊子》、讀《莊子》者都已注意到了。這是探討中國小說文體發生學的一個重要問題。這裏，我們必須把對這個問題的探討更進一步地明確化，即探討《莊子》中的師心造境的想像力對《故事新編》的表現方式和審美趣味的影響。

《莊子》的想像力中「有怪誕的、幽渺的、新奇的、濃麗的各種方向，有所謂『建設的想像』，有幻想」。〔註9〕這種想像方式直接啓發了後代小說的虛構敘事。請看下面的兩則寓言：

> 有國於蝸之左角曰觸氏，有國於蝸之右角曰蠻氏，時相與爭地而戰。伏屍數萬，逐北，旬有五日而後反。

> 兩國征戰，在一般的想像中總是硝煙彌漫、波瀾壯闊、蔚爲大觀。而莊子卻把這樣一種壯闊的場面置於蝸牛的角上，造成強烈的反差，從而帶來一種奇誕的想像空間。如果說，這則寓言的想像力是一種無限縮微的話，那麼，下面一則寓言的想像力則是一種蒼茫宏闊、無限廓大的境界：

> 任公子爲大鈎巨緇，五十犗以爲餌，蹲於會稽，投竿東海，旦旦而釣，期年不得魚。已而大魚食之，牽巨鈎陷沒而下，騖揚而奮鰭，白波若山，海水震蕩，聲侔鬼神，憚赫千里。

這裏展現的是一個煙波浩蕩、瑰麗壯觀的想像世界。必須看到的是，《莊子》的想像力無論縮微還是廓大，雖然在表現方式上顯得荒誕不經，但是這種想像力都是源自一種只有在莊子心靈深處才能找到的規律和力量。正是這種源於心靈的想像力賦予了《莊子》中事物的顏色、輪廓、聲音以一種精神上的含義，創造了《莊子》獨特的隱喻的藝術世界，也刷新了我們對事物的感覺方式。

〔註8〕艾布拉姆斯：《歐美文學術語詞典》，北京大學出版社1990年版，第106頁。
〔註9〕聞一多：《莊子》，見《聞一多全集》第9卷，湖北人民出版社1994年版。

　　《莊子》奇誕蔥蘢的想像力還創造出一種通靈和夢幻的藝術幻覺。如《秋水》中「夔」（獨腳獸）和「蚿」（多足蟲）、「蚿」和「蛇」、「蛇」和「風」的對話，《齊物論》中的「罔兩」（影子的影子）和「景」（影子）的對話。在這裏，禽獸能言，通於人性，充滿著萬物有靈的生命幻覺。然而，莊生夢蝶、莊子與髑髏對話，更是匪夷所思，令人叫絕。在莊子的筆下，想像力彷彿具有一種近於神的能力，它不用思辨的方式，而能感受到事物之間內在的、隱秘的關係，應和的關係，神秘通靈的關係。〔註 10〕所以，雖然《莊子》有時是鬼影幢幢、意境陰淒，但一點兒也不悚人毛骨，反而帶給人以一種幻情奇彩、凌虛蹈空的想像的愉悅感。

　　莊子的想像力還體現在一種獨特的人物描寫方式。如他對「支離疏」的描寫：

　　　　支離疏者，頤隱於臍，肩高於頂，會撮指天，五管在上，兩髀
　　爲肋。挫針治繲，足以糊口，鼓莢播精，足以食十人。

像「支離疏」這樣的一種人物，也只有莊子的想像力才能表現出來。對此，聞一多先生曾說道：「文中之支離疏，畫中的達摩，是中國藝術裏最有特色的兩個產品。正如達摩是畫中有詩，文中也常有一種『清醜入圖畫，視之如古銅古玉』的人物，都代表中國藝術中極高古、極純粹的境地；而文學中這種境界的開創者則推莊子。」〔註 11〕

　　自由驅遣陶鎔的想像力，使得《莊子》中「造化之秘與心匠之運，沆瀣融會，無分彼此」。〔註 12〕它在虛構敘事和奇思異想方面所體現出來的天才想像力，構成了千百年來中國小說家的重要靈感源泉之一。千百年來，這股藍幽幽的源泉在靜靜地流著，一會兒散成一片廣闊的池塘，一會兒又像一條急遽的澗流，線似的向前闖去。那淙淙的水聲，粼粼的波光，忽隱忽現的漩渦，滋潤著無數小說家的靈感。《故事新編》的想像力世界就是這條河流在現代綻開的最絢麗的浪花，是那遙遠的想像力巔峰在現代語境所投下的最輝煌壯麗的倒影。這裏，我們先來看看《鑄劍》中對黑色人和眉間尺的人頭的描寫，就足以見出它與《莊子》想像力之間的神似。

　　《鑄劍》中對黑色人的描寫共有五處，並且每處的描寫都形態各異，然皆得神髓。

〔註 10〕聞一多：《莊子》，見《聞一多全集》第 9 卷，湖北人民出版社 1994 年版。
〔註 11〕聞一多：《莊子》，見《聞一多全集》第 9 卷，湖北人民出版社 1994 年版。
〔註 12〕聞一多：《莊子》，見《聞一多全集》第 9 卷，湖北人民出版社 1994 年版。

作者先是從眉間尺的視角來描寫：

> 前面的人圈子動搖了，擠進一個黑色的人來，黑鬚黑眼睛，瘦
> 得如鐵。他並不言語，只向眉間尺冷冷地一笑，……

> 眉間尺渾身一顫，中了魔似的，立即跟著他走；……前面卻僅
> 有兩點磷火一般的那黑色人的眼光。

接著，作者從國王的視角來描寫：

> ……先頭是宦官，後面是四個武士，中間夾著一個黑色人。待
> 到近來時，那人的衣服卻是青的，鬚眉頭髮都黑；瘦得顴骨、眼圈
> 骨、眉棱骨都高高地突出來。

> 炭火也正旺，映著那黑色人變成紅黑，如鐵的燒到微紅。

最後，是從大臣的視角來描寫：

> ……他從從容容地伸開那捏著看不見的青劍的臂膊，如一段枯
> 枝；……

黑色人在表面上，展現給人的是一種荒怪的陰騭的形象。然而，我們卻彷彿能感受到激蕩在心靈深處的那一陣陣簡古、堅毅的精神力量。我以為，這其中的想像力與《莊子》中創造「支離疏」、「庚桑楚」這兩個人物的方式是極其神似的，都是通過形象的怪誕，甚至是醜惡來反襯人物的精神風采，從而創造出一種極高古、極純粹的境界。這種獨特的藝術創造，對作家的想像力的創造性提出了深刻的挑戰：即如果在這種連犿荒幻，離奇詭詭之中，沒有情意貫注，神氣籠罩者，文本很容易變得奇誕無趣。如果這種想像力任其從心所欲，而不加陶甄雕刻，也一樣不能創造出一個圓通妙澈、辭趣華深的藝術境界。《故事新編》之所以能獲得如此豐富的藝術成就，從根本上說是來源於它的那種超拔、恢宏的莊子式的想像力和深刻的精神世界的完美統一。

每當我讀到《鑄劍》中的對眉間尺的人頭的描寫時，我彷彿感到自己正在欣賞那「水晶中的蓮花」、「清泉底的琥珀」。那人頭的上下浮沉，一笑一顰，有一種純粹的美，是一種不可湊泊的神境。且看下面的描寫：

> 那頭是秀眉長眼，皓齒紅唇；臉帶笑容；頭髮蓬鬆，正如青煙
> 一陣。……

> 黑色人的歌聲才停，那頭也就在水中央停住，面向王殿，顏色

轉成端莊。這樣的有十餘瞬息之久，才慢慢地上下抖動；從抖動加速而爲起伏的游泳，但不很快，態度很雍容。繞著水邊一高一低地游了三匝，忽然睜大眼睛，漆黑的眼珠顯得格外精彩，同時也開口唱起歌來：

......

......只見水平如鏡，那頭仰面躺在水中間，......待到王的眼光射到他臉上時，他便嫣然一笑。

那在水中浮游的人頭，起先，猶如水中月、鏡中像，帶給人一種夢幻般的感受。然而，這種感受很快就如夢、如影般地在心頭掠過。忽然，你的情懷怦然而動，一種簡潔的力量和美感開始蕩漾於心魄之間。漸漸地，你彷彿感覺到黑雲四興，雷電恍惚，雨雹颯然交下，可怖可愕。心靈經歷了這番急風驟雨般的審美震撼之後，又猶如雲散雨止，長空萬里，一碧如洗。〔註13〕隨著那從容的浮游、恬靜的微笑，我們心靈又沉浸於一種「獨往冥遊於寥廓之外」的純淨的審美境界之中。可以說，《鑄劍》中的這段描寫是千古文章中最爲卓絕、超倫的想像力，而這只有《莊子》中對藐姑射山的神人的描寫，方可與之相媲美。

藐姑射之山，有神人居焉。肌膚若冰雪，淖約若處子；不食五穀，吸風飲露，乘雲氣，御飛龍，而遊乎四海之外；其神凝，使物不疵癘而年穀熟，......之人也，物莫之傷，大浸稽天而不溺，大旱金石流、土山焦而不熱。

這裏的想像方式與《鑄劍》是何其神似。藐姑射山上的神人給人一種靜美、奇逸的感覺。最讓人驚絕不已的是作者把這種靜美、奇逸的形象置於洪水滔天、烈火炎炎的自然背景中。這裏就彷彿是「希聲窈渺」之中，忽然，絲竹繁奏，洄伏透迤之下，河流迅疾奔湧，儘管如此，那神人依然是靜與天語，一派靜穆，在對這種雲霧斗起，而又倏忽斂氛的雄健俊偉的想像力的解讀中，我們似乎領略到那天才創造的奧秘。〔註14〕

三

魯迅在致友人的信中曾多次說道：《故事新編》是「以神話爲題材的短篇

〔註13〕參閱錢鍾書：《談藝錄》，中華書局1984年版，第51～60頁。
〔註14〕參閱錢鍾書：《談藝錄》，中華書局1984年版，第51～60頁。

小說」。這其中內含著一個值得深思的問題：魯迅在採用神話題材時，原神話的審美方式在他的這種藝術再創造的過程中，究竟起到怎樣的影響？在我看來，在這種再創造的過程中，原題材所積澱的審美方式不可能是消極的、靜止的，它總是以自身所特有的方式和活力滲透在作家的藝術構思中，並產生積極的影響。因此，從審美創造的本質來說，這種影響比簡單的題材移植來得更複雜、更豐富，也更有意義。神話乃想像之產物，這是公認的史識。所以，我們的問題可以更明確地界定爲，作爲中國神話的審美方式的想像力對《故事新編》藝術創造具有怎樣的意義？對這個問題的研究有兩個層面：一是，必須對原來神話的想像方式進行解讀；二是，在這基礎上，進而分析《故事新編》的藝術再創造的過程，即魯迅在採用原神話作爲題材時，又做了怎樣審美的繼承／轉化。

　　這裏，我們先來分析《補天》，關於女媧煉石補天的神話主要是見於《列子·湯問》和《淮南子·覽冥訓》，兩則神話內容如下：

　　　　故昔者女媧煉五色石以補其闕，斷鼇之足以立四極。其後共工
　　氏與顓頊爭爲帝，怒而觸不周之山，折天柱，絕地維；故天傾西北，
　　日月星辰就焉；地不滿東南，故百川水潦歸焉。（《列子·湯問》）

　　　　往古之時，四極廢，九州裂；天不兼覆，地不周載；火爁焱而
　　不滅，水浩洋而不息；猛獸食顓民，鷙鳥攫老弱。於是女媧煉五色
　　石補蒼天，斷鼇足以立四極，殺黑龍以濟冀州，積蘆灰以止淫水。
　　蒼天補，四極正，淫水涸，冀州平，狡蟲死，顓民生。
　　（《淮南子·覽冥訓》）

顯而易見，在上古關於女媧煉石補天的神話中，其想像的核心內容是自然環境。這大概是由於上古先民生存滋衍在相當惡劣的環境中，經常遭受天災。然而，初民蒙昧，又根本不可能明白其中的原因，越是不明斯理，越是希望借幻想參悟山川的情理。所以，順理成章地在上古神話想像中，自然環境就成爲核心內容。同時，想像中的「神」也往往是萬能的。〔註15〕

　　在《補天》中依然保留著對自然界的恢宏奇誕，精彩奇麗的想像力。如下面一段的描寫：

〔註15〕參閱楊義：《中國古典小說史論》，中國社會科學出版社1998年版，第35～53頁。

粉紅的天空中，曲曲折折的漂著許多條石綠色的浮雲，星便在
那後面忽明忽滅的睒眼。天邊的血紅的雲彩裏有一個光芒四射的太
陽，如流動的金球包在荒古的熔岩中；那一邊，卻是一個生鐵一般
的冷而且白的月亮。然而伊並不理會誰是下去，和誰是上來。

必須指出的是，當這個神話題材移植到《補天》中時，它的想像方式就發生
了兩個明顯的變化：一是，想像的核心轉到女媧補天這一創造性勞動。二是，
女媧具有了豐富、複雜的心理活動。指出這兩個變化是相當重要的，因為，
上古神話源於先民對自然宇宙的神秘體驗。雖然它的想像方式是自由、奇偉
的，但想像的內涵常常是原始的、神秘的、幼稚的。所以，魯迅說道：「夫神
話之作，本於古民，睹天物之奇觚，則逞神思而施以人化，想出古異，諔詭
可觀，雖信之失當，而嘲之則大惑也。太古之民，神思如是，為後人者，當
若何驚異瑰大之……」〔註16〕正是借助於想像方式的這兩方面的變化，才使
得這一神話的思想體驗在《補天》中達到「莊嚴美妙」的境界，這確實是一
次創造性的「驚異瑰大」。

我們在《補天》中也分明能感受到一種渾厚的創造激情。我以為，這種
流淌於文本之間的情感力量來源於兩個方面：一是原神話題材的歷史記憶。
正如梁啓超先生在《洪水考》一文中所說的：「所謂煉石補天積灰止水，言誠
誇誕，然隱然繫人類萬能之理想焉。」這種題材內在的歷史記憶並沒有隨著
中國神話的歷史化、宗教化而消失，而是變成了一種潛在的文化信息，當它
重新獲得想像空間時，就可能復活過來，並且釋放出一種神秘、原始的情感。
也許，這是一種任何民族文學傳統中都具有的文化密碼。另一方面，這種情
感力量是源於魯迅自身的情感。正如王國維在評屈原時所說的，「所以驅使想
像而成此大文學者，實由其北方之肫摯的性格」。〔註17〕因此，對於後代小說
家來說，就面臨一個問題：即一方面要汲取神話的想像力資源；另一方面又
要能深刻感受到神話中的情感。然而，要真正領悟到這種具有原始性的、神
秘的情感，也確實不是很容易的。有意思的是，就在這種感受力的挑戰上，
很能看出作家個性的差異，可以發現一個作家創作才能的萌芽。比如，王國
維先生在評論上古神話時，他能發現上古神話的想像力，卻無視其中的情感

〔註16〕 《集外集拾遺補編・破惡聲論》。
〔註17〕 王國維：《屈子文學之精神》，見《王國維文集》第1卷，中國文史出版社1997
年版。

力量，他說：「北方人之感情，詩歌也，以不得想像力之助，故其所逐止於小篇，南方人之想像，亦詩歌也，以無深邃之感情之後援，故其想像亦散沒而無所取，是以無純粹之詩歌。」〔註18〕與王國維的寫作相距不遠的魯迅的《破惡聲論》，他對神話的理解和感受則主要是看重其中的情感力量，從這一微妙的差別，可以看出魯迅作為中國偉大的小說家的藝術感受力特徵。他寫道：上古先民「雖一卉木竹石，視之均函神閟性靈，玄義在中，不同凡品。其所崇愛之溥博，世未見有其匹也」。「顧瞻百昌，審諦萬物，若無不有關靈覺妙義焉，此即詩歌也。」〔註19〕從《破惡聲論》中可以看出，魯迅很早就對神話心領神會，這也許是一種獨特的文化感應吧，從這種感應中，我們似乎也可以感受到文學傳統是如何生生不息地承傳。

　　在神話的想像世界中，空間形態是可以自由拼合的，或把真實空間和虛構空間交錯在一起，亦真亦幻，無從究詰；或把發生在不同空間中的事件糅合在一起，虛實雜陳，相映成趣。與空間形態互為表裏的時間形態，更是自由變異，除了把時間異代共置外，還可以把時間延伸的方向加以順逆操作，往返折疊，長短伸縮〔註20〕。神話想像的時空意識，對《故事新編》的影響最充分體現為一種自由的敘事方式。比如，《補天》中除了有我們提到過的《列子》、《淮南子》中神話外，還有《山海經》、《史記》中的一些神話片斷。這些神話都發生在不同的時空中，魯迅在《補天》中則把它們共置於一個共同的文本之結構中加以敘述。其中對女媧兩腿之間的「小丈夫」的描寫，更是把文本的敘事時空進一步後置交錯。而這種敘事時空的自由置換、交錯在《理水》中則更為典型。上古關於「大禹治水的傳說」主要是見於《史記·夏本紀》、《尚書》、《孟子》，但是《理水》中還摻進《山海經·海外西經》中的「奇肱國傳說」，甚至還有唐代李公佐《古岳瀆經》中的「禹捉無支祁的傳說」。如果說，這還僅僅是借助於不同文本的重疊、拼合，從而帶來敘事方式的自由切換，那麼，小說一開始的那種對文化山上學者的敘事，則完全是把現代的時空帶進了神話文本的敘述結構之中，從而使文本在一種錯位的敘述中充滿著荒誕感。

〔註18〕王國維：《屈子文學之精神》，見《王國維文集》第1卷，中國文史出版社1997年版。

〔註19〕《集外集拾遺補編·破惡聲論》。

〔註20〕參閱楊義：《中國古典小說史論》，中國社會科學出版社1998年版，第35～53頁。

　　上古神話想像中還存在著一種十分獨特的變異思維。一方面是人、神、禽獸相互「代生」，如《大荒北經》說：「黃帝生苗龍，苗龍生融吾，融吾生弄明，弄明生白犬，白犬有牝牡，是爲犬戎。」《海內經》說：「黃帝生駱明，駱明生白馬，白馬是爲鯀。」在這個嗣續譜系中，生的方式是一種神、人、獸異類相生。然而，「化」的方式更是奇幻，即有肉體相化，如《大荒西經》載「有神十人，名曰女媧之腸，化爲神」。又有「精神」「靈魂」相化，如《西山經》載：人面龍身的神物「鼓」因謀殺罪被「帝」誅戮後，「鼓亦化爲鳥，其狀如鴟鴞，赤足而直嚎，黃文後首」。另一方面，就是異體合物，即把不同種類的生物軀體匪夷所思地組合在一起，如多類合體、誇大、縮小等。〔註 21〕這些變異的思維使得神話想像充滿著怪誕性、誇張性，從中產生一種神秘力量，這種既稚拙又神奇的想像，給後代小說創作帶來一種變形的敘事方式。我以爲，《起死》的構思方式並不是直接源於莊子的想像方式，更準確地說，應該是來自這種神話想像的變異思維。莊子與空髑髏對話完全是一種想像性的「鑿空之談」、「謬悠之語」，充滿莊子式的諧趣。而魯迅的《起死》中變異的方式就在於，還原空髑髏以一個眞實軀體和生命，這樣，文本中的語境則轉換到一種具有眞實性、對話性的空間。很顯然，在《莊子》中的莊子與空髑髏的對話，其敘事的方式是想像性。但是，其內涵、意向則是爲了表達一種莊子式的齊物論、超生死的哲學。而在《起死》中經過一番的變異後，其敘事方式與意嚮之間關係恰好與莊子相反，它的敘事是在一種現實性的問題語境中展開的，隨著敘述的不斷深入，所遇到的問題則越發世俗化：復活了的髑髏要衣服穿，然而，莊子連這小小的問題都無法解決。這樣，敘事中所原有的齊物論意向就開始變得虛幻、荒謬。我想，如果《起死》沒有借助這種變異方式的話，那麼，它就根本無法達到現在的思想深度。

　　神話想像的變異思維是上古先民把自己洋溢著野性的情感和想像投射到自己的生活空間中，以這種獨特的方式與他們不明其理的世界進行神秘的而又有聲有色的生命交流，〔註 22〕到了現代，這種變異的方式除了帶來敘述的

〔註21〕 參閱楊義：《中國古典小説史論》，中國社會科學出版社 1998 年版，第 35～53 頁。

〔註22〕 參閱楊義：《中國古典小説史論》，中國社會科學出版社 1998 年版，第 35～53 頁。

自由之外，同樣是一種作家更新自己的情感方式和審美方式的重要手段。所以，在許多充滿現代主義特徵的小說中，我們常能看到上古神話想像或淡或濃的影子。

四

　　朱熹說莊子「是他見得方說到」，這是一句極平淡的話，但值得加以深究。按我的理解，「見」既指莊子對外界的觀察、認識和思考，又指他內在的情感體驗，「說」是一種表達。那麼，這句話串起來的意思就是說，只要莊子能感受、體驗到了的思想、情感，他就能充分地表達出來。在文學史上，能做到這一點的，古今有幾人呢？〔註23〕我們不是經常讀到那種不是詞不達意，就是辭浮於理的文采和思想偏枯的作品嗎？然而，我們在讀《莊子》時，常常會產生這樣獨特的閱讀感受：一開卷你就會被那奇麗的想像力所吸引，正當你隨之飛騰的時候，彷彿有一汪清泉滋潤你的心間，一縷清風拂過，你漸漸地又會品味出其中所隱含著的精微奧妙的思想、情感。於是，你可能會陶醉於這種想像力和情感相交融的曲通圓妙的藝術氛圍中。因此，對那些深受莊子影響的中國小說家來說，他的每一次創作的過程，在某種意義上說，也是一次對莊子的新的閱讀過程，這甚至是一種無意識的神秘的感應。千百年來，莊子的精神方式和想像方式就在這種無聲的浸潤中，在無數的小說家的創作上印下了痕跡。這個印痕是如此的隱秘，如此的深刻，以至於許多研究者都無法清晰地把握到。但是，若要把握它，我們既要看到《莊子》的想像力是如何被作家創造性轉化成自己的審美方式和創作個性，又要把握到想像力傳統的內在的思想情感與作家當下創作體驗的關係。只有這樣，我們才能擺脫簡單的比附，而走向真正的創作過程的研究。

　　《莊子》中的想像力不是一派純淨無物的空靈，而是在那塊麗奇異的想像中滲透著或幽默、或詼諧、或諷刺、或謔弄的諧趣。對此，聞一多先生曾精闢地說道：「何以《莊子》的寓言便是文學。講到這裏，我只提前面提出的諧趣和想像兩點，你便恍然了；因為你知道那兩種質素在文藝作品中所佔的位置，尤其在中國文學中，更是那樣鳳毛麟角似的珍貴。若不是充滿了他那雋永的諧趣，奇肆的想像，莊子的寓言當然和晏子、孟子以及

─────────────

〔註23〕聞一多：《莊子》，見《聞一多全集》第 9 卷，湖北人民出版社 1998 年版，第 11 頁。

一般遊士說客的寓言，沒有區別。諧趣和想像打成一片，設想愈奇幻，趣味愈滑稽，結果便愈能發人深省——這才是莊子的寓言。」〔註24〕這裏的諧趣，按我的理解，是一種比一般審美趣味更深刻的精神存在方式。一方面，因為「天下沉濁」，所以，只能用這種充滿諧趣的「謬悠之說，荒唐之言，無端崖之辭」；另一方面，只有用諧趣的方式去消解、超越世俗生活中的紛紛擾擾的「是非」、「功名」，才可能達到「獨與天地精神往來而傲倪於萬物，不譴是非以與世俗處」的「道」的境界。也就是說，諧趣中所內在的滑稽、幽默，既是現實生活的客觀邏輯，同時，又是一個人獲得超越的途徑，這是一種近乎二律背反的困境，它內含著自我消解的憤激、超脫，甚至是無奈和妥協。千百年來中國知識分子就在這種矛盾中追求自己的精神價值。我以為，《莊子》中這種具有自我消解、超脫意味的諧趣，對《故事新編》創作體驗所具有的意義就是，它創造性地強化了文本的世界觀深度和批判力量。這裏，我試用《莊子》和《出關》中對「老子與孔子」會面的不同描寫來加以說明：

《莊子·田子方》中是這樣描寫：

> 孔子見老聃，老聃新沐，方將被髮而乾，然似非人，孔子便而待之，少焉見，曰：「丘也眩與，其信然與？向者先生形體掘若槁木，似遺物離人而立於獨也。」
>
> 老聃曰：「吾遊心於物之初。」

這裏，對老子的描寫充滿著一種以醜為美的極高古的趣味，雖然，此時老子形同枯木，但他的想像力卻遨遊於混沌鴻蒙的境域。《莊子》的獨特性就在於，諧趣的靜默與想像力的騰躍在一種反差巨大的審美形式中統一起來，給人的感覺是彷彿進入一個寂靜無人的山谷，忽然，電擊雷震，風雲變化，雨電交加，猶如有千軍萬馬奔騰而過。又彷彿走進一座冬末春初的森林，雖還留有冬的寒意，但回顧百里，山川草木，開發萌芽。〔註25〕在這樣的一種審美的氛圍中，在想像力的不斷交融、變化的過程中，諧趣蛻掉單純的幽默意味而昇華為一種閃爍不定、難以捉摸而又勾人心魄的藝術幻影來。這種藝術幻影同時也就是莊子所心嚮往之的「芴漠無形，變化無常，死與生與，天地道與，

〔註24〕 聞一多：《莊子》，見《聞一多全集》第 9 卷，湖北人民出版社 1994 年版，第 15 頁。

〔註25〕 參閱錢鍾書：《談藝錄》，中華書局 1984 年版，第 44～60 頁。

「神明往與」的精神境界。可以說，在這裏，藝術方式和精神方式是契合的，莊子就是試圖通過對這一精神境界的想像性體驗來批判儒家執著於功名、是非的精神局限。

在《出關》中，還依然保留著對老子的諧趣化的描寫：「老子毫無動靜地坐著，好像一段呆木頭。」然而，想像的空間則由老子的「遊心於物之初」，轉到老子與孔子之問言語背後的情感的交鋒。雖然老子神情呆若木頭，孔子畢恭畢敬，但是，在他們對話的言語空間中卻展開了一場勝利／逃亡的交鋒。從他們口中說出的每一句看似玄妙的話語都具有針鋒相對的思想情感。所以，雖然這裏的想像方式沒有了《莊子》中的獨往冥遊的超拔，但顯得更尖銳、細緻和緊張。如管絃之乍停、瀑布之暫阻，而其中所含的意味卻更豐富。

《莊子》中，對老子的諧趣化的描寫是融在他的想像遨遊中，創造出一種極高古、極純粹的境界。老子越是顯得麻木，越能體現此時他得道、悟道的境界。所以，內含於想像之中的諧趣和莊子所要表達的精神境界是完美地契合、統一的。到了《出關》，想像力則轉向對「老子與孔子」對話背後的心理活動的微妙把握。原來在《莊子》中一整段對想像中的「道」之境界的描寫沒有了，就是這麼一個微妙的變化，小說的意味就完全改變了。也就是說，如果沒有了對「遊心於物之初」境界的渲染，那麼，老子的諧趣就失去依託，而變成一種鬱悶、失望、懦弱的精神意味。從這裏可以看出，在《出關》中，魯迅通過想像空間的微妙的轉移，使得諧趣消解了原有的精神內涵，即悟道的表現反而成為對老子自身的批判。

在莊子的想像中，諧趣既是對現實污濁的消解，又是自我超越的精神方式，這就構成諧趣所特有的精神深度。然而，在神話中，想像的誇張、變形所具有的精神、情感的內涵也許來得比莊子更厚重、更神秘。其中，既有先民對自然界變化無常的恐懼，又有著參悟山川的情理，與大自然進行生命交流的親和力，更有著一種征服自然的理想和力量。前二者是一種神話心態，後者則是神話遺留給後代的最強、深刻的精神資源，只要後代的小說家一借用神話題材，他一定就會敏銳地感受到這其中沉重的力量，這彷彿是一座巍峨的火山，只要一想到，就會感到它那曾經奔兀翻騰的岩漿，這種力量是神話最博大的境界。因此，雖然神話中某些原始的思維是稚拙的，但其中卻多麼真實地跳動著一顆與大地一樣沉重、淵博的心靈，一股與山川相往來、相

呼吸的陽剛之氣，這是一種充滿生命眞元的境界。〔註 26〕神話之所以能成爲一種藝術源泉，也就在於這種任何別的東西所不可替代的境界。如果我們仔細地閱讀《補天》，就能感受到這股千古以來迴蕩在山川中的元氣，也同樣神秘地迴蕩在這篇作品中，正是這種源於神話中的精神力量，使得《補天》成爲《故事新編》中境界最爲恢宏、博大的詩篇。面對女媧煉石補天的創造精神，我們不是分明感受到千古以來我們民族生生不息的精神活力嗎？任何的神話題材都充滿著自己的歷史記憶和熱情，即使它只是片斷，這種記憶和激情卻依然完整地保存著。一個偉大的作家，不僅在於他能敏銳地感受到這種潛伏了幾千年的記憶和激情，而且，更重要的是，能夠創造性地將其發揚光大。魯迅曾說：「太古之民，神思如是，爲後人者，當若何驚異瑰大之，矧歐西藝文，多蒙其澤，思想文術，賴是而莊嚴美妙者，不知幾何。倘欲究西國人文，治此則其首事，蓋不知神話，即莫由解其藝文，暗藝文者，於內部文明何獲焉。」〔註 27〕——這也可以說是魯迅對自己《故事新編》審美創造的一種預言式的、深刻的說明。

第二節　史傳的敘事智慧與小說家的詩學情懷

《故事新編》究竟是一部什麼樣的小說？這個問題自這部小說問世之日起，就一直困擾著研究者們。1956 年至 1957 年間，學術界曾就此展開一場頗爲激烈的討論，有的說它是雜文化的諷刺小說，有的說它是歷史小說，一時間意見歧異不一。但是，這些批評文章都表現出一個共同的心態：即都急於判定這部小說是什麼，或不是什麼。後來，唐弢先生在《故事的新編，新編的故事》一文中，提出了另一種說法：「《故事新編》是一部取材於古代神話、傳說和個別史實的小說。用歷史小說這個概念的傳統名義來解釋它，恰如用五言的形式去衡量曹操的某些五言詩，用律詩的格律去衡量李白的某些律詩一樣，人們會發現有許多想像不到的困難。」「正如書名本身所標明的，這是故事的新編，它所描述的基本上都是古人的事情，古代的生活；這也是新編的故事，任何屬於傳統形式的凝固概念，都不可能約束它，絆住它，因爲它

〔註26〕 參閱楊義：《中國古典小說史論》，中國社會科學出版社 1998 年版，第 35～53
頁。
〔註27〕《集外集拾遺補編‧破惡聲論》。

代表著一個新的創造。」〔註 28〕然而，究竟新在哪裏？真正的創造性又體現在何處？這是唐弢先生所沒有回答，然而又是擺在新的研究者面前的一個富有挑戰性的命題。在我看來，急於判定它是什麼，或者不是什麼，往往會使自己的研究思路變得簡單、狹窄。因此，把研究的思路轉到探討它怎麼寫？為什麼會這樣寫？也許更有意義些。我以為，《故事新編》藝術特徵的創造性和複雜性，就在於它是多層次的。在表層上，它保留著歷史小說的敘事框架，然而，它的深層的藝術結構、審美的詩性邏輯又不斷消解、反叛、突破歷史敘述框架的束縛。在這裏，魯迅偉大的創造才能和詩學情懷不僅融化了歷史題材的物質性、單一性的特徵，而且把它轉移到了審美的層面上。因此，我們從中可以發現《故事新編》與史傳的敘事智慧的內在的繼承／轉化的創造性關係。

一

雖然，正統的史傳寫作堅持追求「不虛美，不隱惡」的「實錄」精神，但是，在具體的歷史敘事中又存在著大量的虛構成分，這就在中國敘事傳統的內部構成一種相互點醒、相互影響的張力，這一張力的存在不斷促使了傳統史傳敘事的手法、技巧、形式的豐富和發展。最典型的方面就體現在史傳中的「人物的對話」、「內心活動」和「描寫」等創造上。

中國史籍工於記言，然而，上古既無錄音之具，又乏速記之方，況且其中有時還是密勿之談，心口相語。怎麼辦？在記言方面，傳統史家則多採取小說的敘述方式：設身處地，遙體人情，懸想事勢，然後，依照人物的性格、身份，虛構出人物在這種境地中所可能說出的話。其記言之妙，庶幾入情合理，無不適如其人，適合其事。〔註 29〕如《左傳》中記載的僖公二十四年介之推與母偕逃前的問答，宣公二年鉏麑自殺前之慨歎，皆栩栩如生，如臨其境，如聆罄欬。〔註 30〕比如，《史記》中描寫項羽、劉邦觀看秦始皇出巡的盛大場面時所發的不同感慨，項羽說「彼可取而代之」，語氣中充滿咄咄逼人的力量，這很符合項羽的強悍和豪爽的性格。劉邦則說：「嗟乎，大丈夫當如此也！」顯得委婉曲折，這體現了劉邦深沉、老練的性格。又比如，在《張丞

〔註 28〕參閱唐弢：《燕雛集》，作家出版社 1962 年版。
〔註 29〕參閱錢鍾書：《管錐編·史記會注考證》，第 1 冊，中華書局 1996 年版。
〔註 30〕參閱錢鍾書：《管錐編·史記會注考證》，第 1 冊，中華書局 1996 年版。

相列傳》中，爲表現周昌在口吃和盛怒的情況下犯顏直諫的神情，作者用了「期期」二字，就顯得十分的貼切。又如《項羽本紀》中的「鴻門宴」一節，《平原君列傳》中的「毛遂自薦」一節，都是利用人物對話，惟妙惟肖地突出人物的不同身份和性格。〔註31〕眞可謂是，「英姿雄風，千載而下，尚可想見，使人畏而仰之」。〔註32〕對於記言方面的虛構性，雖然歷代的史家或質疑或曲意彌縫，但最終還是被允許存在於傳統的史傳敘事中，如章學誠所言：「記言之法，增損無常，惟作者之所欲。然必推言者當時意中之所有，雖增千百言而不爲多。」〔註33〕

　　與記言相關的，在傳統史傳敘事中另一個虛構性更強的方面，那就是對人物內心活動的描寫。此時，史家更應該設身局中，潛心腔內，忖之度之，以揣以摩，然後，才可能細緻入微地展示出人物的內心活動來。〔註34〕但是，必須指出的是，傳統的史傳敘事中很少有大篇幅的直接深入到人物內心活動的描寫，傳統史家在這方面多採取外視角和旁視角這兩種敘述方式來展示人物的心靈。比如，在《史記·魏公子列傳》中，作者繪聲繪形地描寫了信陵君自迎侯生的情景，交替出現「公子執轡愈恭」、「公子顏色愈和」、「公子色終不變」的神態描寫，此外，侯生始終審視公子的目光，以及市人、從騎者、賓客的反應，這都是從外視角來描寫人物內心活動：此時信陵君在形體動作和神情上越是表現爲安詳、平靜，就越能反襯出其內心活動的複雜。〔註35〕就如河流的匯合處，表面上看來，河流沈穩安詳，波平如鏡，但其深處卻是奔騰流轉，動蕩不安。又如，在《萬石張叔列傳》中，司馬遷則採用了旁觀視角，連用了石建奏事誤書馬字，石慶以策數馬等情節，來表現萬石君一家父子五人拘謹、惶恐不安的心理。〔註36〕這種外視角和旁視角的敘事方式，其藝術效果就在於，敘事者帶著讀者與書中人物採取同一視角，實行「三體交融」，設身處地地進入敘事境界，彷彿是置身於一個小劇場中，我們能通過

〔註31〕參閱《中國大百科全書·中國文學卷Ⅱ》，「史記」條目，中國大百科全書出版社 1986 年版，第 748 頁。
〔註32〕洪邁：《容齋隨筆·五筆》，卷五。
〔註33〕章學誠：《文史通義》。
〔註34〕參閱錢鍾書：《管錐編·史記會注考證》，第 1 冊，中華書局 1996 年版。
〔註35〕《中國大百科全科·中國文學卷Ⅱ》，「史記」詞條，中國大百科全書出版社 1986 年版，第 748 頁。
〔註36〕《中國大百科全科·中國文學卷Ⅱ》，「史記」詞條，中國大百科全書出版社 1986 年版，第 748 頁。

表演者的形體、動作以及觀眾的反映來揣度人物的內心活動，從而產生敘事的真實感。這種虛構的敘述方式的真實感在傳統的史傳文學中尤其顯得突出。

傳統的史傳敘事為了增強感染力，大量增添細節描寫。《韓非子・解老》中說：「人希見生象也，而得死象之骨，案其圖以想其生也。」一般地說，傳統的史傳敘事，其對象都是年代相隔久遠，保留下來的只是一些關於對象的框架性的敘事，所以，要想其「生」，就必須在「骨架」上添上「血肉」並灌注生命，生動具體的細節就猶如這些血肉，給史傳敘事帶來生氣和真實的幻覺。如《左忠毅公逸事》（見《望溪文集》卷九）中一段描寫左忠毅公與史可法會見時的情景：

> 史前跪，抱公膝而嗚咽。公辨其聲，而目不可開，乃奮臂以指
> 撥眥，目光如炬，怒曰：「庸奴，此何地也？而汝來前！國家之事，
> 糜爛至此。老夫已矣！汝復輕身而昧大義，天下事誰可支拄者，不
> 速去，無俟姦人構陷，吾今即撲殺汝！」

這裡正是借助於小說中的細節、語言、神態等表現手法，才可能把這樣一個歷史場面敘述得「奕奕有生氣」，使讀者如聞其聲，如得其情，生動細貼而又委曲詳盡。〔註37〕

傳統史傳敘事中虛構性、小說性的成分是中國文學重要的靈感源泉，特別對後來的小說、戲劇的創作影響尤其深遠。比如，中國古代文言小說從魏晉的志怪、軼事小說、唐傳奇，一直到蒲松齡的《聊齋誌異》，有的是寫狐仙鬼怪，有的是寫人，雖然並非都寫歷史，但在體裁形式方面，都是直接或間接地從《史記》中蛻化而來的。至於《史記》中歷史人物傳記的表現方法，更是為宋元以後興起的通俗白話小說所吸收和發展。〔註38〕

然而，必須看到的是，由於史傳的敘事方式包容了小說敘事，使得中國小說的獨立創生一直受到延緩，直到唐代才「始有意為小說」；也由於史傳的敘事方式在傳統敘事中一直佔據主流地位，所以，即使在唐代之後，這種敘事方式還是在不斷地滲透、牽制著小說敘述，使小說創作長期在事實與虛構之間徘徊，滯阻了小說藝術的真正獨立的發展，這是擺在現代小說家面前的雙重性的挑戰，即必須用自己深沉的詩學情懷去點醒、感悟、融化這些史傳的敘事智慧，否則，將永遠艱難地前行在歷史與小說的夾縫之中。

〔註37〕參閱《中國大百科全書・中國文學卷Ⅱ》，「史記」條目，中國大百科全書出版社 1986 年版，第 748 頁。
〔註38〕錢鍾書：《管錐編》，第 1 冊，中華書局 1996 年版。

二

　　能夠在已經積累了豐富的藝術經驗和審美規範的史傳創作中，真正實現自己的獨創性；能夠從悠久的史傳敘事方式中創造性地超越出來的作家是極少的，在中國現代小說史上魯迅是其中的一個典範。而我以爲，魯迅也就是在《故事新編》的創造中才使得他的這一才能得到淋漓盡致的發揮。在研究傳統與現代關繫時，我們以往的思路常常是折中的、搖擺不定的。然而，在我看來，只有真正獨創性的作品才可能創造性地融合傳統規範，只有在真正成熟的「現代性」中，才可能發現傳統的生生不息的生命力。因此，我以爲，只有切入對獨創性的分析，才可能發現傳統性的富有價值的內核，這是一個必須明確的起點。所以，當我進入具體作品的解讀時，我通常是更多地把精力和筆墨集中在對它的獨創性和現代性的分析上。這裏，我試圖通過對《鑄劍》的創造性之處的分析，來理解魯迅如何在繼承史傳傳統的敘述框架的同時，又是如何地突破它，超越它。

　　關於《鑄劍》的出典，魯迅在給徐懋庸的信中說道：「《鑄劍》的出典，現在完全忘記了，只記得原文大約二三百字，我是只給鋪排，沒有改動的，也許是見於唐宋類書或地理志上（那裏的「三王冢」條下），不過簡直沒法查。」按魯迅這裏所提示的文獻線索，我們找到了東晉干寶的《搜神記・三王墓》的記載：

　　　　楚干將莫邪爲楚王作劍，三年乃成。王怒，欲殺之。劍有雌雄。其妻重身當產。夫語妻曰：「吾爲王作劍，三年乃成，王怒，往必殺我。汝若生子是男，大，告之曰：『出戶望南山，松生石上，劍在其背。』」於是即將雌劍往見楚王。王大怒，使相之。劍有二，一雄一雌，雌來雄不來。王怒，即殺之。

　　　　莫邪子名赤，比後壯，乃問其母曰：「吾父何在？」母曰：「汝父爲楚王作劍，三年乃成，王怒，殺之。去時囑我語汝：『子出戶望南山，松生石上，劍在其背。』」於是子出戶南望，不見有山，但睹堂前松柱下石砥之上。即以斧破其背，得劍，日夜思欲報楚王。王夢見一兒，眉間廣尺，言欲報仇。王即購之千金。兒聞之亡去，入山行歌。客有逢者，謂：「子年少，何哭之甚悲耶？」曰：「吾干將莫邪子也。楚王殺吾父，吾欲報之。」客曰：「聞王購子頭千金。將子頭與劍來，爲子報之。」兒曰：「幸甚！」即自刎，兩手捧頭及劍

奉之，立僵。客曰：「不負子也！」於是屍乃僕。客持頭往見楚王，
王大喜。客曰：「此乃勇士頭也，當於湯鑊煮之。」王如其言。煮頭
三日三夕不爛；頭踔出湯中，瞋目大怒。客曰：「此兒頭不爛，願王
自往臨視之，是必爛也。」王即臨之。客以劍擬王，王頭隨墮湯中，
客亦自擬己頭，頭復墮湯中。三首俱爛，不可識別。乃分其湯肉葬
之，故通名「三王墓」。今在汝南北宜春縣界。

這裏，首先必須指出的是，對於《搜神記》，不能把它當作是一部簡單的志怪
書。實際上，《搜神記》中充滿著方術玄想與史傳筆墨的錯綜交融。干寶本人
就是史家，《晉書》本傳稱其「著《晉紀》，自宣帝迄於愍帝五十三年，凡二
十卷……其書簡略，直而能婉，咸稱良史」。他撰集《搜神記》的目的就在於
「發明神道之不誣」，實現《晉紀總論》所謂的「民情風教，國家安危之本」
宗旨，時人譽之為「鬼之董狐」。由此可見，他的《搜神記》是一部史傳和玄
思相結合的小說集。〔註 39〕現在，我們來分析一下，在具有如此豐富的史傳
敘事智慧和藝術玄想的文本之上，魯迅又是如何地進行了自己獨創性的審美
再創造。

在魯迅的《鑄劍》裏，赤寫作「眉間尺」，干將莫邪不記名，楚王也單稱
「國王」，基本上是按照《三王墓》的敘述結構，但又作了下面幾方面的渲染
鋪排，添毫點睛。我以為，也正是這些部分構成《鑄劍》中最為精彩，也最
具獨創性的地方。

（一）增加了對眉間尺和黑色人的性格、神態的描寫

眉間尺本來是個平和少年，《鑄劍》一開篇所描寫的眉間尺捕殺老鼠這一
情節，顯示出他優柔寡斷、善良和富有同情心的性格。但當他從母親那裏知
道復仇的事時，就決心改變自己的性格。最後，聽了黑色人的索求，他便毫
不猶豫地把自己的頭與劍獻出去。這種對人物性格成長史的描寫，是魯迅的
一種藝術虛構，作家的筆觸也深入到平和／復仇、信念／犧牲、屈辱／反抗、
生／死這些矛盾的人性底蘊。把人物置於抉擇的痛苦與矛盾之中，以激勵人
物的心理變化，從而更豐滿、鮮明地塑造人物形象。

黑色人則被描寫成黑鬚黑髮，瘦得如鐵，眼睛在黑鬚黑髮間如鬼火般炯
炯發光，聲音好像貓頭鷹，這個「黑色人」與《過客》中的「過客」、《孤獨

〔註39〕參閱楊義：《中國古典小說史論》，中國社會科學出版社 1998 年版。

者》中的魏連殳等，同屬於一個人物系列，這裏是帶有魯迅自我形象的寫照。據說，講壇上的魯迅，也是一副鬚、髮連同衣著全黑的形象。〔註 40〕在這黑衣中包裹著的則是一顆受傷的心靈和一股奔兀如岩漿的熾烈的復仇之意志。

（二）增加了眉間尺與黑色人關於復仇的對話

「好。但你怎麼給我報仇呢？」

「只要你給我兩件東西。」兩粒燐火下的聲音說。「那兩件麼？你聽著：一是你的劍，二是你的頭！」

眉間尺雖然覺得奇怪，有些狐疑，卻並不吃驚。他一時開不得口。

「你不要疑心我將騙取你的性命和寶貝。」暗中的聲音又嚴冷地說。「這事全由你。你信我，我便去；你不信，我便住。」

「但你爲什麼給我去報仇的呢？你認識我的父親麼？」

「我一向認識你的父親，也如一向認識你一樣。但我要報仇，卻並不爲此。聰明的孩子，告訴你罷。你還不知道麼，我怎麼地善於報仇。你的就是我的；他也就是我。我的魂靈上是有這麼多的，人我所加的傷，我已經憎惡了我自己！」

在這裏，讀者看到的分明是一個作著「絕望的抗戰」的孤獨的靈魂。黑色人之所以要爲眉間尺復仇，是因爲那仇恨也是他的仇恨，甚至，他自身也就是一團奔兀的仇恨之火。他是復仇者同時也是自己的仇人，他憎恨自己，他渴望在復仇中消泯自己，完成自己，就如鳳凰在集木自焚中實現自己。在這種剛健、強悍而又絕望、淩厲的話語中，體現出魯迅式的生命哲學。這段對話使《鑄劍》的表現主題上陞到「思想劇」的高度。〔註41〕也就是在「黑色人」這一象徵意味很濃的形象中，讓讀者看到了其中所內蘊著魯迅的精神力量，魯迅早在1924年9月24日給李秉中的信中就表達過與黑色人相似的思想：「我很憎惡我自己，因爲有若干人，或則願我有錢，有名，有勢，或則願我隕滅，死亡，而我偏偏無錢無名無勢，又不滅不亡，對於各方面，都無以報答盛意，年紀已經如此，恐將遂以如此終。我也常常想到自殺，也常想殺人。」像《鑄

〔註40〕許廣平：《魯迅和青年們》，《許廣平憶魯迅》，廣東人民出版社 1979 年版。

〔註41〕丸尾常喜：《復仇與埋葬——關於魯迅的〈鑄劍〉》，載《中國現代文學研究叢刊》，1995 年第 3 期。

劍》中的黑色人一樣，他忍受著過重的創傷，承擔著過多的苦痛，他分明看到造物主的殘酷和嚴厲，在他激越不安的感情中只有絕望、憎惡和虛無。然而，有時連這一切都不復存在，有的只是對自己的憎惡和復仇的熱情，在作品荒寒而簡古的敘述中激蕩的是一股剛勁、冷峻的生命之源，它融化了單純復仇的意志，使之成為一種信念的象徵，一種悲劇的震撼人心的美。〔註42〕

（三）增添了黑色人去復仇途中的描寫

> 暗中的聲音剛剛停止，眉間尺便舉手向肩頭抽取青色的劍，順手從後頸窩向前一削，頭顱墜在地面的青苔上，一面將劍交給黑色人。

> 「呵呵！」他一手接劍，一手捏著頭髮，提起眉間尺的頭來，對著那熱的死掉的嘴唇，接吻兩次，並且冷冷地尖利地笑。

> 笑聲即刻散佈在杉樹林中，深處隨著有一群燐火似的眼光閃動，倏忽臨近，聽到咻咻的餓狼的喘息。第一口撕盡了眉間尺的青衣，第二口便身體全都不見了，血痕也頃刻舐盡，只微微聽得咀嚼骨頭的聲音。

> 最先頭的一匹大狼就向黑色人撲過來。他用青劍一揮，狼頭便墜在地面的青苔上。別的狼們第一口撕盡了它的皮，第二口便身體全都不見了，血痕也頃刻舐盡，只微微聽得咀嚼骨頭的聲音。

> 他已經掣起地上的青衣，包了眉間尺的頭，和青劍都背在背脊上，回轉身，在暗中向王城揚長地走去。

> 狼們站定了，聳著肩，伸出舌頭，咻咻地喘著，放著綠的眼光看他揚長地走。

> 他在暗中向王城揚長地走去，發出尖利的聲音唱著歌：……

這裏，有兩個意象值得仔細地解讀，即「笑」與「狼」。我們在《野草‧秋夜》中已經聽到過這「笑」，「我忽而聽到夜半的笑聲」。《秋夜》和《鑄劍》這兩處的笑聲都是激蕩在暗夜的天空中，它尖利地刺破夜的幃幕。如果說「秋墳鬼唱鮑家詩」帶給人的是陰淒、悲涼，《麥克白》中的「敲門聲」帶給人的是理性覺醒的宣告。那麼，這裏凌厲、驚挺的笑聲則蘊藉和飛揚的是無窮的剛

〔註42〕丸尾常喜：《復仇與埋葬──關於魯迅的〈鑄劍〉》，載《中國現代文學研究叢刊》，1995 年第 3 期。

毅、自信與激情。然而，「狼」的意象在魯迅的筆下則顯得更為複雜，在《狂人日記》、《阿Q正傳》、《孤獨者》中都出現過這一意象。

《狂人日記》中是這樣寫的：

> 記得什麼書上說，有一種東西，叫「海乙那」的，眼光和樣子都很難看；時常吃死肉，連極大的骨頭，都細細嚼爛，咽下肚子去，想起來也教人害怕。

《阿Q正傳》中是這樣寫的：

> 四年之前，他曾在山腳下遇見一隻餓狼，永是不近不遠的跟定他，要吃他的肉。……可是永遠記得那狼眼睛，又凶又怯，閃閃的像兩顆鬼火，似乎遠遠的來穿透了他的皮肉。

《孤獨者》中則是這樣寫道：

> 我快步走著，彷彿要從一種沉重的東西中衝出，但是不能夠。耳朵中有什麼掙扎著，久之，久之，終於掙扎出來了，隱約像是長嗥，像一匹受傷的狼，當深夜在曠野中嗥叫，慘傷裏夾雜著憤怒和悲哀。

從上面所述的材料可以看出，在魯迅的筆下，「狼」是一個複合性的象徵意象。一方面，它有著兇殘、貪婪的本性，另一方面，它的反抗也同樣是殘酷、堅定的。然而，它的反抗與它的本性是密不可分的，它的茹毛飲血的本性也正是它的力量之源。顯然，魯迅是欣賞「狼」反抗的堅忍性的，所以，當瞿秋白在《魯迅雜感選集·序言》中說魯迅是吃著狼的乳汁長大時，魯迅顯得十分的讚賞。在《鑄劍》中，「狼」為了生存，一次又一次義無反顧地衝向目標的堅韌、頑強，與黑色人的堅毅、深沉的復仇信念，何嘗不是相似的？小說中的這一段描寫雖然悚人毛骨，但又有著爽肌戛魄的藝術魅力。因為在這野性的嗥叫中，洋溢的是一種強悍和力量，是一種憤怒之音，反抗之音，復仇之音，同時也是剛勁之美，生命之美，悲劇之美。這種精神與魯迅對摩羅詩人、無常、女吊的傾心是相契合的，在魯迅的精神中何嘗不是有著如此堅毅的「狼性」呢？正是這種精神上的「狼性」給了他叛逆、反抗的勇氣，使「他屹立著，洞見一切已改和現有的廢墟和荒墳，記得一切深廣和久遠的苦痛，正視一切重疊淤積的凝血」。

（四）增加了三首歌

第一首是黑色人帶著眉間尺的頭與劍向王城進發時唱的；第二首是黑色

人讓國王準備金鼎，把秀髮長眼，皓齒紅唇，臉帶微笑的眉間尺的頭扔到鼎裏時所唱的；第三首是眉間尺的頭在鼎中繞著水邊一高一低來回游，忽然睜大眼睛，漆黑的眼珠顯得分外精彩時唱的。對於這三首歌，魯迅在致增田涉的信中這樣說道：「但要注意的，是那裏面的歌，意思都不明顯，因爲是奇怪的人和頭顱唱出來的歌，我們這種普通人是難以理解的。第三首歌，確是偉麗雄壯。」〔註43〕歌聲忽起忽落，忽轉忽斷，猶有「石破天驚逗秋雨」，「崑山玉碎鳳凰叫」之險急，然而，整首詩又是情意貫注，神氣籠罩，猶如一曲生命的絕響，融注著「神血來凝身問誰」的悲壯、孤獨、激越。其實，這歌聲早已在中國歷史的曠野上回響已久，它在太史公的心靈中曾響起過：「高漸離擊筑，荊軻和而歌於市中，相樂也，已而相泣。」當荊軻即將登車離去，前往刺殺秦王的瞬間，這歌聲又響徹在滔滔的易水河畔，「高漸離擊筑，荊軻和而歌，爲變徵之聲，……歌曰：『風蕭蕭兮易水寒，壯士一去兮不復還』，復爲羽聲慷慨。」當高漸離繼荊軻之後，即將前往刺殺秦王時，他又一次擊筑而歌。這歌聲到魏晉，則變爲源自生命真元的「長嘯」，雖然沒有了歌詞，但是，那清峻警峭的旋律，依然鋒芒逼人，嵇康奏《廣陵散》而死，不正是一曲生命的絕唱嗎？！這生命之歌凌鑠千古，唱到地老天荒，不改的是它永遠深沉的生命的強音。然而，續上了這千古絕唱的人又該是多麼的幸與不幸！我曾無數次地聆聽著、想像著：當魯迅在孤獨之中彈奏著這生命之弦時，他是否聽到了這茫茫歲月中的千古知音？他是否感受到那種宿命式的歷史悲壯？這三首歌，真可稱得上是現代的《廣陵散》。

　　每當我閱讀《鑄劍》時，總感到有一種力量撲面而來，敲擊在心弦上，奔兀在血液中，轟響在耳邊，漸漸地，它就化成一種揮灑不去的氛圍，布揮而不曳，幽昏而無聲，籠罩著你，使你忘記小說中的歷史，你似乎已經感覺到正是這種藝術虛構所具有的審美力量在漸漸地融化著歷史，在漸漸地把歷史融進另一個更深廣的價值層次中，並按照一種新的審美形式，使它具體化、個性化、心靈化。在《故事新編》的藝術創造中，獨創性正以這種強大的審美力量在突破傳統的敘事框架，把歷史包容在自己新的審美境界之中，使之蛻化成一個僅僅具有揭示意義的存在境況，一種時間性的象徵。歷史小說的傳統規範就如一個被拆毀的腳手架，我們只能從這座嶄新輝煌的藝術大廈的

〔註43〕1936 年 3 月 28 日致增田涉信。

牆壁上,想像它曾經存在的痕跡。因此,當我們立足於獨創性、現代性的視角時,還是把《故事新編》認爲是歷史小說,這就彷彿是一個欣賞者只找到一堆腳手架,而永遠未能登堂入室,一睹其中更深邃的藝術內涵:史傳的敘事智慧與小說家的詩學情懷,在這裏不斷地交融、創生,而鍛造成一個充滿生命和光彩的藝術境界。

三

黑格爾在《藝術美的概念》中說:「在藝術裏,感性的東西是經過心靈化了,而心靈的東西也借感性化而顯現出來。」這意思是說,在文藝創作過程中,心靈的現實化和現實的心靈化一直是在交錯進行著。我以爲,這種心靈化的過程正是《故事新編》創造性的奧秘之所在。如果我們無法深入把握這種心靈化的過程,那麼,就無法揭示出《故事新編》獨具的藝術特色的形成過程:即把歷史題材接收和納入審美客體的內部之中,使之成爲必要的構成因素。同時,藝術家對這些歷史材料又是十分嚴厲和無情的,他毫不吝惜地拋棄一些原來材料的存在形式和表達方式,並通過審美形式把它轉移到一個新的價值層次上,即美的層次,並與審美客體中的思想、感情一起構成一個具體的統一整體,就猶如大理石在藝術家的雕刻刀下,四處飛濺,而人的心靈或肉體卻豐滿起來。〔註44〕在這裏,我想起了偉大的歌德對愛克曼的一次談話。「《麥克佩斯》,」歌德藉此機會說,「我認爲是莎士比亞最佳劇本了,在這劇本裏,他顯得對舞臺最有瞭解。但是,你如果想知道他完全沒有受束縛的心靈,你可以讀一讀《特羅勒斯和克麗達》;在那裏,他完全用自己的辦法來處理《伊利亞特》的題材。」〔註45〕是的,在一個偉大藝術家的創造中,正是這種深刻的心靈的力量使得歷史材料融化了自己原有堅硬的外殼,並且在價值角度上,超越其原有的作爲材料的存在意義,而獲得藝術的新穎性、獨創性。

然而,需要進一步探討的是,這種深刻的心靈力量又是如何地在創作過程中形成作家的一種可感知的內在的心象,在他的創作中留下印記,並成爲作品的魅力之所在呢?即它是如何從一種情感方式轉換成審美方式?我以爲,這不僅是創作心理的研究,同時也是創作美學的研究。

〔註44〕 參閱巴赫金:《文學作品的內容、材料與形式問題》,見《巴赫金全集》第 1
卷,河北教育出版社 1998 年版,第 305～373 頁。

〔註45〕 愛克曼:《歌德談話錄》,人民文學出版社 1997 年版。

　　魯迅在《故事新編‧序言》中說道:「這時我不願意想到目前;於是回憶在心裏出土了,寫了十篇《朝華夕拾》;並且仍舊拾取古代的傳說之類,預備足成八則《故事新編》。」魯迅的這段話,提示給我們的是他創作《故事新編》時的心理狀態,即他在創作這些作品時,心理上已經蓄積著豐富的感受,一旦與歷史材料相遇合,就會撞擊出強烈的思想和感情的火花。這種創作的火花就會融化這些歷史材料,在火光四濺的激情中,把它鍛造成一個融化在藝術整體中的因素,而不是本來的單調平凡的歷史材料。然而,還不僅如此,這種心理勢能還能使他感受到歷史材料內容所內含的更有意味的另一面。這裏,我以《補天》為例,來加以說明。

　　《補天》的寫作時間是 1922 年 11 月,與《吶喊‧自序》(12 月 3 日)相差不遠,從《吶喊‧自序》中,我們不難發現魯迅當時的創作心理:一方面,「在我自己,本以為現在是已經並非一個切迫而不能已於言的人了,但或者也還未能忘懷於當時自己的寂寞的悲哀罷,所以有時候仍不免吶喊幾聲,聊以慰藉那在寂寞裏奔馳的猛士,使他不憚於前驅。」正是這種為新文化運動吶喊的熱情,使得他以恢宏、瑰麗的筆墨,寫出女媧創造的莊嚴美妙。小說一開始,就在廣闊的宇宙間展現出了濃豔的畫卷:「粉紅的天空」,「石綠色的浮雲」,「血紅的雲彩」,「流動的金球」,「冷而且白的月亮」,「嫩綠」的大地,「桃紅和青白色」的雜花,「斑斕的煙靄」——這些色彩繽紛的絢麗的奇景宛如一幅巨大的畫幅,而當女媧「擎上那非常圓滿而精力洋溢的臂膊,向天打一個欠伸,天空便突然失了色,化為神異的肉紅」。她走到海邊,「全身的曲線都消融在淡玫瑰似的光海裏,直到身中央才濃成一段純白」,多麼神異奇彩的景象,女媧就是在這樣的背景下開始創造人類的。小說接著就描寫女媧煉石補天的艱辛,她終於「累得眼花耳響,支持不住了」,但仍以極大的毅力堅持著,「風和火勢卷著伊的頭髮都四散而且旋轉,汗水如瀑布一般奔流」,最後「天上一色青碧」才大功告成了,而她也在用盡了自己一絲氣力之後「躺倒了」,而且「不再呼吸了」。作者在對女媧創造的描繪中,充滿著歡樂、勇氣、艱辛,從中可以隱約感覺到魯迅在加入新文化主流時的那種指點江山、激揚文字的興奮、慷慨和激昂。魯迅說構思《補天》時,追求的是一種「宏大」的結構與風格。然而,此時魯迅的創作心理又蘊含深刻而複雜的「情感之辯證法」,所以,他即便是發出最激烈的吶喊,也清醒地估計到,這吶喊多半不會引來什麼響應,就在最熱烈地肯定將來的同時,他也克制不住地要懷

疑黑暗和虛無的長久存在。〔註46〕正是這種內在情感變化、落差所蓄積的巨大的心理能量，使得他能穿透歷史，看到了歷史另一方面的眞實面目。所以他描寫道：在女媧正要點火補天的時候，出現了含著眼淚的小丈夫；而在她死後，顓頊的禁軍竟然在她死屍的肚皮上紮了寨並自稱是「女媧的嫡派」，旗上也寫了「女媧氏之腸」。從以上的分析可以看出，正是這種內在的巨大的心理能量，使得他直接感受到歷史的內核，也正是這種心理的能量，使得他能夠創造性地對歷史做出獨創性的再敘述，而這一切都是在一種圓滿、完美的藝術形式中得以完成的。艾略特在《玄學派詩人》一文中提出一種批評觀念，認爲，十七世紀初期英國的「玄學派詩人」和莎士比亞時代的戲劇家一樣，「具有捕捉一切經驗的感受技能」，他們表現出「對思想意念的直觀感悟」，「對於自己的意念就如同對飄來的玫瑰花香那樣能夠立即嗅到」。〔註47〕如果剝掉這一說法的神秘主義色彩，那麼可以說，魯迅在《故事新編》的創作中，也同樣表現出這種天才式的感受力、洞察力。他內在的情感力量使得他能夠穿透歷史材料的物質硬殼，並在藝術創造中將二者化成一體，這種審美的直覺力與莎士比亞在創作歷史劇時所表現出來的天才是相似的。

歷史和小說有個共同點，那就是，它們所描述的內容都是反映社會狀況、思想意識和經濟結構的。同時它們都是記敘的，都是記述過去和現在的人們生活方式和文化發展過程，更深層地說，都是人類對生存的意義的一種體味和探究。但是，它們之間的區別又同樣是明顯的、重要的：歷史是根據權力者的原則和霸權寫成的，而小說不需要這種力量，他關注的則是那些體現人的遭遇、命運和存在奧秘的方面，它所根據的是藝術創造的審美具體性。〔註48〕事實和純事實性的東西在藝術中是沒有發言權的，因爲作家主體強大的情緒和意志的張力總是在積極緊張地滲透它，克服它，並賦予它新的表現內涵。同時，藝術的審美形式又以隱喻的方式把它詩意化，把存在於歷史中的審美對象生命化、個性化，使他脫離原來的存在結構的單一性、平面性，使性格保持生動性和豐滿性，使人物有餘地可以向多方面流露他的性格，適應各種各樣的情境，把一種本身充滿發展的內心世界的豐富多彩顯現於豐富多彩的表現形式之中。〔註49〕這正是藝術創造的奧秘和獨特之所在，也是藝術創造

〔註46〕王曉明：《魯迅傳》，上海文藝出版社1993年版，第60頁。

〔註47〕T‧S‧艾略特：《艾略特文學論文集》，百花洲文藝出版社1994年版。

〔註48〕王曉明：《追問錄》，上海三聯書店1991年版。

〔註49〕王元化：《思辨隨筆》，上海文藝出版社1994年版，第245頁。

與歷史敘述的深刻區別之所在。正是這種具體化的審美創造，使得魯迅在《故事新編》中「沒有將古人寫得更死」。

　　這裏，我們來具體分析一下《采薇》中的人物創造，就可以理解魯迅在《故事新編》創作中對「歷史」所採用的審美的具體化原則。對伯夷、叔齊這兩人，魯迅通過許多具體細節的描寫，來體現二者在性格上的區別：伯夷滿足於「有所不為」，而叔齊則不滿於「為養老而養老」，「還頗想有所為」。同時，作者把筆觸深入到他們的內心世界中去，進而展示他們性格上的矛盾性。比如，當伯夷在首陽山上由於多嘴，把他們「讓位」和「不食周粟」的原委傳揚開去，結果惹來麻煩的時候，叔齊心裏想：「父親不肯把王位傳給他，可也不能不說很有些眼力。」這輕輕的心理一轉，就相當曲折微妙地道出了叔齊的內心隱秘，原來他的潛意識裏關於父親的傳位另有一番評判。這就與他一貫標榜的「禮讓孝悌」的信念是相矛盾的。在另一方面，作者通過其它人物的評論來展現他們性格上的矛盾性，比如，小丙君說：「他們的品格，通體都是矛盾。」小說的結尾，還通過婢女阿金的謠言「鹿授乳，叔齊有殺鹿之心」來體現他們性格上的矛盾。

　　在藝術表現形式上，《采薇》運用喜劇的戲劇結構形式，作者讓筆下的人物不斷地處於困境／逃亡的敘述結構之中，每一次敘述到達頂端的時候，就是情節發展最具戲劇性的時候，同時，也是最能豐富具體地展現人物性格的時候。從小說開頭聽到武王出征，伯夷、叔齊逃離養老堂，到結尾伯夷、叔齊死後留在人們心中的漫畫式印象：「好像看見他們蹲在石壁下，正在張開白鬍子的大口，拼命的吃鹿肉。」小說構成了一個完整的喜劇性的敘述結構。

　　在小說的敘述視角上，《采薇》也顯示出多樣化的特徵：有伯夷、叔齊互為視角，有人物自身的內視角，又有小丙君、阿金這些人物的旁視角，這些視角的多樣性、流動性有助於多側面、立體地展示人物的性格特徵。正是這種審美的具體性使得小說中的伯夷、叔齊具有獨立的情節功能和深度的心理功能。因此，魯迅在創作這兩個人物形象時，是按照人物所內在的情感邏輯來敘述的，而沒有讓這種敘述被強大的正統史傳寫作中的積澱的理性邏輯和價值判斷所淹沒，從而保持了人物情感容量的豐富性、活躍性和特殊性。

　　當作家在強大的情緒──意志的張力驅動下，對歷史採取直覺化、具體化的審美創造時，作家「當下」的感受、體驗就可能不斷地膨脹、滲透在文本之間，並不斷地侵入歷史文本的舊語境，從而使它變得模糊、虛化起來。

而這在藝術上就產生出獨特的「間離」效果。由於作者當下的「生活經驗」介入，使作品文本處於具有價值張力的「當下／歷史」的相互作用中，從而保持了作品的活力和內涵的豐富性，也因此需要讀者從更多的側面和更辯證的方式來理解作品中的人物和主題。從某種意義上說，這對我們的審美感受力是一次巨大的挑戰。因為它打破歷史存在的一般語境，使得我們平常閱讀歷史的方式變得陌生起來，從而也刺激了我們對新文本的接受能力，也正是這個原因，才使得《故事新編》在具體的闡釋中引起眾多的歧義和論爭。

這種當下生活經驗的滲透，在《故事新編》中幾乎每一篇都存在。最典型的表現，如《理水》中的文化山上的「學者」，《出關》中關於獎勵新、老作家的議論，《起死》中的警察，《奔月》中引用高長虹的言論等。這些當下經驗在文本中的存在，給我們首要的閱讀效果，就是提供了一個更廣闊的文本空間，從而真實的歷史語境漸漸地從文本中淡出，顯得不怎麼讓人關注。而關注的焦點則轉向尋找「歷史——當下」之間的某種相似性，從而把具有特定性的現代討論投入到歷史的再創造中，進而在作品的過去「舊本」與現在「新本」的重疊、反差中，創造出新的情感方式、審美方式。我以為，把當下的經驗介入歷史文本中，就使得這種經驗歷史化。同時，也使得舊文本充滿對話的意向和動力，而不是單調的塵封已久的舊文獻，這就形成了《故事新編》獨創的藝術表現特徵和美感。

這裏，我們必須強調，雖然我們在《故事新編》的敘事藝術上很容易感受到與史傳敘事藝術相類似的特徵，但是這種類似是一種創造性的融化和發展。錢谷融先生曾在一篇序言中精闢地指出文學創作中的這一現象。他說，這些因素真正深入到作家的創作個性中，是要經過非常複雜的、漫長的再創造過程。這些因素先是糾纏、牽扯在一起，並且是流動不居、變化迭出的。然後，與作家固有的感受方式、情感方式相融合，漸漸發生演變、生發。這時，作家還不可能完全成熟地把握這些因素的流動性。經過無數次藝術實踐之後，這些因素才可能完全成為一種內在於作家審美經驗的養分。於是，當他進行創作時，這些因素彷彿就變成一種作家自己的個性、風格，從而完滿、圓熟地流露在新的創作之中。〔註50〕所以，雖然我們看到了這種相似性，但是，我們更應該知道這種相似性是一種深層次的契合，是一種真正的新的獨創性。

〔註50〕錢谷融：《海上花開又花落——讀解張愛玲·序》，百花洲文藝出版社 1996 年版。

「偉大的詩人，在寫自己本人的過程中，也就寫了他的時代。」〔註51〕
這也可以說，偉大的詩人，總是在其最獨創性之中包容了、更新了、再造了
傳統的精華。

第三節　「油滑」新解

「油滑」的問題是《故事新編》的研究「難點」中最難研究的一個，
因為油滑不僅滲透在作品的題材和敘述描寫等方面，而且還幫助《故事新
編》建立起獨特的藝術風格。這一切都不符合許多根深蒂固的文學趣味、
標準和規範。它所具有的特殊的藝術魅力對我們業已凝固化的，許多比較
狹窄的、正統化的審美方式，都形成了挑戰，〔註52〕也因此成為魯迅研究
中一直爭論不休、比較活躍的領域。我以為，要理解、分析「油滑」問題，
就必須從本質上重建對作品的世界觀深度和藝術意識的把握方式，即必須
把「油滑」理解成是一種觀察人生世相的特殊眼光，是一種對社會、歷史、
文化獨特的認識方式；必須把「油滑」同作家主體內在心靈的深度、複雜
性和無限豐富性聯繫在一起；必須把「油滑」同藝術想像力的異常自由聯
繫在一起；更重要的是，必須看到「油滑」同中國民間詼諧文化的內在關
係。〔註53〕

一

魯迅在《故事新編・序言》中說他在《補天》中寫了一個「古衣冠的小
丈夫」，「是從認真陷入油滑的開端。油滑是創作的大敵，我對於自己很不滿」。
然而，魯迅對於「油滑」的寫法，歷十三年而未改，並且，明白地說「此後
還想保持此種油腔滑調」。〔註54〕正是魯迅這種近乎自相矛盾的說法，引發了
後來研究中的許多論爭：有一派觀點基本上否定《故事新編》中的「油滑之
處」，這一觀點最早見於1936年4月31日至5月12日北京《京報》快刊上

〔註51〕 T・S・艾略特：《艾略特文學論文集》，百花洲文藝出版社1994年版。
〔註52〕 巴赫金：《弗朗索瓦・拉伯雷的創作與中世紀和文藝復興時期的民間文化》，
　　　　見《巴赫金全集》第6卷，河北教育出版社1998年版。
〔註53〕 巴赫金：《弗朗索瓦・拉伯雷的創作與中世紀和文藝復興時期的民間文化》，
　　　　見《巴赫金全集》第6卷，河北教育出版社1998年版。
〔註54〕 1933年6月7日致黎烈文信。

連載的雨靄子的《讀後漫談〈故事新編〉魯迅》，該文認爲，「油滑之處⋯⋯未能盡善盡美，很容易在不知不覺中把『小說』的意味損失了，成了一篇雜感」。接著，歐陽凡海在《魯迅的書》中認爲，「這油滑是因爲歷史條件還沒有具備。現實主義的作家對歷史還不可能有堅定的正確態度，而使魯迅不能以公平態度看歷史所致的結果」。〔註55〕與此相對的另一派觀點則認爲，「油滑」是魯迅小說藝術創新之所在，是《故事新編》獨特風格的主要標誌。持這種觀點的人較多，如常風、茅盾、馮雪峰、唐弢和王瑤等人，其中尤以王瑤先生的《〈故事新編〉散論》最有深度。該文對「油滑」這種現象的產生由來和美學意義，作了深入的理論探討，爲後人更全面理解、分析「油滑」問題提供了一種新的視角，如他探討了「油滑」與「二醜藝術」的關係，與「民間戲曲」的關係等。在具體的分析論述中，他還是把「油滑」僅僅作爲一個喜劇性的因素來處理，認爲所謂「油滑」，即指它具有類似戲劇中丑角那樣的打諢插科的性質，也即具有喜劇性。〔註56〕但是，他沒有看到，「油滑」不僅滲透在穿插性的喜劇人物之中，而且滲透在主要人物和作家主體的構思之中——即它不是局部性的而是整體性的；也同樣沒有看到，「油滑」所顯示出的是作者看待社會、歷史、文化的另一種角度、另一種方式——即它的世界觀性質的深度和力度。〔註57〕因此，我以爲，「油滑」在《故事新編》中是一種特殊的感受和體驗的方式，其具體內涵正如巴赫金對拉伯雷《巨人傳》所做的分析：（一）在思維上，它體現出「逆向」、「反向」的邏輯方式。（二）它是同一切道貌岸然的東西相敵對的，同一切自居爲正統性、眞理性的東西相敵對的，它充滿諷刺和批判的熱情，它充滿了一種對占統治地位的「眞理」和權力的解構意識。（三）在藝術創造中，「油滑」有助於作家充分發揮虛構的自由，爲藝術想像力的騰飛創造條件；幫助作家擺脫各種狹隘正統的審美觀點的束縛，爲作家用新的審美眼光觀察世界，體會一切現存事物的相對性，並用獨特的藝術形象和審美形式表現出來，創造了條件。（四）值得注意的是，「油滑」並非單純否定性的、單義性的，必須看到「油滑」這種特殊的觀察、認識方式所具有的整體性、辯證性的特徵，即它保持肯定的東西於否定的東

〔註55〕歐陽凡海：《魯迅的書》，桂林文獻出版社 1942 年版。

〔註56〕王瑤：《魯迅作品論集》，人民文學出版社 1984 年版，第 184 頁。

〔註57〕巴赫金：《弗朗索瓦・拉伯雷的創作與中世紀和文藝復興時期的民間文化》，見《巴赫金全集》，第 6 卷，河北教育出版社 1998 年版。

西中，保持前提的內容於結果中，如果不瞭解這點，也就無法發現其內在的豐富性。〔註58〕

　　為了把討論引向具體，下面我集中來分析《補天》。

　　女媧用黃土造人，是中國人關於人類起源的一個神話，然而，這一神話在其流傳中漸漸地被改造成維護封建等級制度的意識形態話語。如《太平御覽》卷七十八引漢代應劭《風俗通》說：「俗說：天地開闢，未有人民，女媧搏黃土作人，劇務力不暇供，乃引繩於泥中，舉以為人，故富貴者黃土人也，貧賤凡庸者絚人也。」封建等級制度及其衍生出來的一整套權力結構，正是間接地依靠這樣的話語方式才得以建立起來的。顯然，這套話語方式是被改造、扭曲過的。所以，如果改變或復原這一關於人類起源的神話敘述，那麼，就必然會消解、顛覆其背後所暗藏的權力結構。魯迅的敘述策略就是借助弗洛依德的學說，巧妙地達到其解構的意義，魯迅說《不周山》「原意是在描寫性發動和創造，以至衰亡」，「是取了茀羅特說，來解釋創造——人和文學的——緣起」。在《補天》中，魯迅把人的起源敘述成是因為女媧的性苦悶而創造出來的。既然，人的創造只不過緣於性苦悶，那麼，就不存在天生的優／劣、富貴／貧賤、上等／下等的區別。這樣一來，等級制度就凸現出其荒謬性，而這裏的「油滑」之處就在於：「性」在正統的觀念中一直是諱莫如深的，在假道學的眼光中一直是被斥為淫穢、不潔的，魯迅的這種敘述也就在這種假正經的面目中，狠狠地戳穿一個漏洞。即具有這樣一種深刻的反諷邏輯：雖然你可以迴避它，貶斥它，但它卻是本能性的，人人都參與其中。在貌似正統、嚴肅的面目下，可能就隱藏著卑怯、醜惡。相反，在道貌岸然之士的眼中被視為大逆不道、荒唐的東西，卻可能包含著一種真實性。我以為，要達到這種雙重性的認識，就非用「油滑」這樣特殊的觀察和認識方式不可。正如魯迅所說：「歷來的自以為正經的言論和事實，大抵滑稽者多」，「在中國要尋求滑稽，不可看所謂滑稽文，倒要看所謂正經文，但必須想一想」。〔註59〕可見，在魯迅看來，「油滑」所具有的「逆向」、「反向」的思維邏輯，正是消解和揭露所謂正統性、嚴肅性假面具的最有力的方式。

〔註58〕巴赫金：《弗朗索瓦·拉伯雷的創作與中世紀和文藝復興時期的民間文化》，見《巴赫金全集》，第 6 卷，河北教育出版社 1998 年版。

〔註59〕《準風月談·「滑稽」例解》。

　　「油滑」這種強大而深刻的解構性，使《故事新編》文本的一系列意義結構陷入消解之中。比如，《補天》中寫到共工和顓頊交戰時雙方的觀點。共工一方說：「顓頊不道，抗我后，我后躬行天討，戰於郊，天不祐德，我師反走，……」顓頊一方則說：「人心不古，康回實有豕心，覬天位，我后躬行天討，戰於郊，天實祐德，我師攻戰無敵，殛康回於不周之山。」從這兩段話中可以發現，兩方都相互指責對方「無道」，都標榜自己的替天行道的合法性。魯迅把雙方的論點都陳述出來，這就暗示他對歷史寫作的可靠性的質疑。編修歷史是歷代統治集團強化自己統治合法性的重要手段，並且，在歷史敘述中，統治者總是把自己敘述爲正義、公理的代表，正如莊子在《盜跖》中所言「小盜者拘，大盜者爲諸侯，諸侯之門，義士存焉」。既然，任何一方都可以把自己敘述成正義、公理，可見傳統的歷史寫作中的「正義」、「公理」也並非是唯一性的、永恒性的，它不過是戰勝者一方壟斷了對它的解釋權而已。魯迅就說：「先前，聽到二十四史不過是『相斫書』，是『獨夫的家譜』一類的話，便以爲誠然。後來自己看起來，明白了：何嘗如此。」〔註60〕他在《拿破侖與隋那》一文中更憤激地說道：「殺人者在毀壞世界，救人者在修補它，而炮灰資格的諸公，卻總在恭維殺人者。」〔註61〕值得注意的是，文中的共工和顓頊兩方的話語都是魯迅對《尚書》一類古書的戲擬和滑稽性改編。這裏，先來看看這種戲擬的意義何在。我們知道，《尚書》意即「上古帝王之書」，《史記・孔子世家》中就說到孔子修《書》，自漢以來，《尚書》一直被視爲中國封建社會的政治哲學經典，既是帝王的教科書，又是貴族子弟及其大夫必遵的「大經大法」，在歷史上影響頗深。〔註62〕而魯迅在對它的戲擬中，卻充滿著一種「油滑」感，從正統的、嚴肅的眼光看來，這是「大逆不道」的。然而，也正是在這種「油滑」之中，充滿著一種嘲諷、批判和消解的熱情。《補天》中還寫到一個滑稽可笑的道士以及由此而衍生出來的秦始皇和漢武帝尋求仙山的傳說，在這段敘述中，充滿著一種對追求所謂永恒性的可笑的批判。統治集團總是害怕死亡、更替，總是希望自己能永恒地佔有現成的利益，〔註

〔註60〕《華蓋集・忽然想到》。

〔註61〕《且介亭雜文・拿破侖與隋那》。

〔註62〕《中國大百科全書・中國文學卷Ⅱ》，「尚書」條目，中國大百科全書出版社1986年版。

〔註63〕巴赫金：《弗朗索瓦・拉伯雷的創作與中世紀和文藝復興時期的民間文化》，見《巴赫金全集》第6卷，河北教育出版社1998年版。

63）因此，總是幻想著虛無縹緲的「超生死」的境界，魯迅就是在對這種幻想的嘲諷中，體現出深刻的歷史更替感。當然，《補天》中還有一個更典型同時大家都熟悉的「油滑」之處，那就是，一個「小東西」頂著一塊長方板，站在女媧兩腿之間向上看，然後遞上手中的小竹片，背誦如流地說道：「裸裎淫佚，失德蔑禮敗度，禽獸行。國有常刑，惟禁！」魯迅就是用這種「油滑」的表現方式來有力地打擊了道貌岸然的「假道士」。

　　我們曾特別強調指出「油滑」的整體性、辯證性，因此，在《補天》中，我們在看到一切正統的、公認的東西遭到嘲諷、消解，並變成荒謬可疑的同時，應該看到魯迅對女媧創造的喜悅和艱辛的讚賞，也應該看到魯迅對創造精神的歌頌。

　　上面我們是按照把「油滑」作為「一種特殊的觀察和認識社會、文化、歷史的方式」這一思路，集中分析了《補天》。事實上，《故事新編》中的其餘各篇也都可以按照此種思路來分析的。

　　我們說，「油滑」作為一種特殊的觀察和認識的方式，是有其世界觀深度的。這正如馬克思曾說過的那樣，所有這些舊權力和舊真理的代表者，都不過是「真正的主角已經死去的那種世界制度的丑角」。〔註64〕十九世紀末到二十世紀初的中國社會，就像任何轉型時期的社會一樣，充滿扮演著丑角角色的舊權力和舊真理的代表者，也正如魯迅所指出的那樣，「總之：讀史，就愈可以覺悟中國改革之不可緩了。」〔註65〕魯迅運用「油滑」的方式，在我看來，是批判、消解這一社會情形的最有力的方式，這正如莊子之所以采取具有「謬悠之說，荒唐之言，無端崖之辭」〔註66〕特點的「寓言」、「重言」、「卮言」的表達方式，就是因為「以天下為沈濁，不可與莊語」。西方也有一段關於詼諧（笑）的意義的很經典的議論：「為了對抗世界和命運的嘲弄，世界上還有什麼比笑更強大的手段！面對這副諷刺的假面，最強大的敵人也會感到恐懼。」〔註67〕魯迅還有一篇很有名的雜文，題目是《現代史》，而文中卻一個字也沒有涉及「現代史」。寫的則是中國街頭所常見的變戲法。我們知道，變戲法是以打諢插科和虛假的手段來騙取人們的金錢，魯迅是用這來隱喻現

〔註64〕馬克思：《〈黑格爾法哲學批判〉導言》。
〔註65〕《華蓋集·這個與那個》。
〔註66〕《莊子·天下篇》。
〔註67〕轉引自巴赫金：《巴赫金文論選》，中國社會科學出版社1996年版，第138頁。

代社會，也就是說，我們應該從看變戲法的角度來觀察現代社會，這樣，現代社會的虛假性、鬧劇性、欺騙性的面目就會昭然若揭，這與用「油滑」的方式來認識、觀察社會、文化、歷史是有深刻的一致性。歷史學家米什萊在評價拉伯雷時說：「一個時代的天才及其先知般的力量，通過這種打趣逗樂的折射，得到淋漓盡致的展示。」〔註 68〕我以爲，魯迅在《故事新編》中所表現出來的天才的創造力，也同樣是適合於這一評價的。

二

　　既然，我們把「油滑」理解爲一種獨特的認識、觀察的方式，那麼，它對《故事新編》的表現方法和魯迅主體的藝術構思的作用和意義，就必然是十分重要的。因此，接下來，我們必須分析清楚的是兩個問題：一是「油滑」在《故事新編》形象表現中所起的特殊功能；二是「油滑」在作家構思過程中的意義。

　　「油滑」作爲一種感受和認識的特殊方式，它充滿著消解的深度和熱情，因此，在作品的形象表現上，它就顯示出一個突出的功能：貶低化。〔註 69〕這裏，貶低化是作爲一個功能性的中性概念，主要是指形象表現的「世俗化」、「非英雄化」。比如，《奔月》中對羿的描寫，羿是中國古代傳說中的善射英雄，據《淮南子‧本經訓》記載，羿曾經射落九日，「斷修蛇於洞庭，禽封豨於桑林」，爲民除害。而魯迅著力鋪寫的不是這些豐功偉績，而是此後的尷尬處境：此時的「羿」已是英雄無用武之地，門庭冷落，彤弓高懸，生活陷入困境，人們不僅把他遺忘，甚至還罵他是「騙子」。而且，弟子逢蒙還造謠、誣衊，甚至想暗害他。最後，連自己心愛的妻子也不耐清寒，棄他奔月而去，總之，一切都不順心，到了英雄末路的境地。〔註 70〕這種貶低化的功能就在於，「剝去了歷史人物的傳統榮譽，扯掉了浪漫主義歷史觀加在他們頭上的光圈，使他們腳踏實地地回到今天的世界上來。」〔註 71〕

〔註 68〕米什萊：《法國史》第 10 卷，第 355 頁。

〔註 69〕「貶低化」一詞，主要是從巴赫金對拉伯雷的研究中借用過來的，巴赫金在使用這個詞時，主要指「世俗化」、「人間化」，而本節在論述過程中，對這個詞也做了自己的闡釋。

〔註 70〕參閱王瑤：《〈故事新編〉散論》，見《魯迅作品論集》，人民文學出版社 1986年版。

〔註 71〕普實克：《魯迅》，載《魯迅研究年刊》，1979 年。

　　我們曾特別指出，貶低化的眞正內涵並非貶義化，即，並非將人物小丑化，只是還原給人物以一種眞實的血肉和生命，從而更豐富地凸現人物性格的多樣性。比如，《奔月》中的羿，雖然陷入寂寞和孤獨之中，但並不悲觀，小說最後寫到他在憤怒中射月：「身子是岩石一般挺立著，眼光直射，閃閃如岩下電，鬚髮開張飄動，像黑色火，這一瞬息，使人彷彿想見他當年射日的雄姿。」可見，在貶低化中內含著深刻的張力。然而，要理解這種張力，就必須把它與作家主體內在心靈的深度、複雜性聯繫起來，就必須把它與魯迅的美學觀念聯繫起來。

　　寫作《奔月》時，魯迅「一個人住在廈門的石屋裏，對著大海，翻著古書，四近無生人氣，心裏空空洞洞」。〔註72〕他在《三閒集・怎麽寫》一文中，描寫了這種心情：「聽得自己的心音，四遠還彷彿有無量悲哀，苦惱，零落，死滅，都雜入這寂靜中，使它變成藥酒，加色，加味，加香。」因此，我們在「羿」這一形象中能清晰地把握到他的精神與魯迅的內在關係，能深刻性體味到其中包含著魯迅此時的經歷和心情的底蘊。

　　值得注意的是，在「貶低化」功能的背後，所隱含的是一種更深刻的「現代性」的美學觀，我們知道，在各種現象與價值截然分開的封閉的、現成的、穩定的古代世界中，人們的思想力與感受力往往是毫無保留地傾注於單一的情感或觀念，如愛，仰慕或理想主義。在「新批評」看來，這樣的作品是拙劣的，而現代性的「心智」追求的則是一種「內在的均衡」，即表現爲，在表達任何一種經驗感受的同時，又包含著對「其它可能性的認識」。〔註73〕因此，在現代美學觀念中就十分強調，傑出的作品應該是對於各種對立與互補的感情與認識的綜合。可以說，貶低化中的內在張力正是體現了這種「現代性」的美學觀，比如，《理水》中「大禹」這一形象，也同樣具有「貶低化」的內在張力。禹是中國古代的治水英雄，關於他治水事蹟的傳說，在《尚書》、《孟子》及其它先秦典籍中多有記述，並且充滿神話的色彩。魯迅所著力描繪的則是他「乞丐似的」窮困艱苦和「鐵鑄」般的意志，文本中有一段描寫是很典型的：「禹便一徑跨到席上，在上面坐下」，「卻伸開了兩腳，把大腳底對著大員們，又不穿襪子，滿腳底都是栗子一般的老繭。」如果說《奔月》中關於「羿」的敘述，其「貶低化」的內在張力是建立在「先抑後揚」的敘述結

〔註72〕《故事新編・序言》。
〔註73〕艾布拉姆斯：《歐美文學術語詞典》，北京大學出版社1990年版，第210頁。

構上的話，那麼，《理水》中的「禹」與「羿」相反，則是採取「先揚後抑」的敘述結構。在小說的結尾，魯迅寫道：「但幸而禹爺自從回京以後，態度也改變一點了：吃喝不考究，但做起祭祀和法事來，是闊綽的；衣服很隨便，但上朝和拜客時候的穿著，是要漂亮的。」魯迅寫出了這一變化，從而在人物形象的表現上獲得了一種內在的張力，正是借助這一貶低化的內在張力，才充分體現出魯迅對歷史規定性，對統治階層的本質的清醒認識。魯迅在《范愛農》中也曾寫過一個相類似的情節：王金髮於辛亥革命勝利後進入紹興城：「穿布衣來的，不上十天也大概換上皮袍子了，天氣還並不冷。」如果我們用「貶低化及其內在張力」這一思路來分析《采薇》的話，也許能發現出更豐富的含義來。伯夷、叔齊「義不食周粟」而餓死首陽山的故事，自孔孟以降，歷代儒家多有稱頌。如，韓愈曾稱讚道：「昭乎日月不足為明。」然而，魯迅在《采薇》中描寫的著重點，則是他們「通體都是矛盾」的品格，一方面，他們篤信先王之道，卻又顯得迂腐可笑；另一方面，他們則是如此的真誠、單純、正直，但又軟弱無力。就是這樣，魯迅寫出了他們內在性格的矛盾性來，魯迅這種對伯夷、叔齊性格矛盾性的理解，與他看到孔融、嵇康「他們的本心，恐怕倒是相信禮教」，這二者在理解和評價歷史人物的思維方式上是一致的。魯迅曾經說，歷代的國人讀了一點記載先王之道的大書，就「能夠假借大義，竊取美名」，「只有幾個糊塗透頂的笨牛，真會誠心誠意地來主張讀經」。〔註74〕在這裏，雖然，魯迅嘲諷他們笨牛式的糊塗和迂腐，但是，魯迅還是把同情、理解尊敬的價值砝碼傾斜於他們的一邊。可以說，貶低化作為形象表現的功能，其內在張力一方面來自「油滑」這一獨特感受和認知方式的辯證性，即其寓肯定於否定之中的特徵；另一方面，則來源於作家內在心靈的深度和複雜性。

「油滑」還滲透進作品的語言表現之中，形成了《故事新編》獨特的語言形式，即存在大量的戲擬性語法，這就是「油滑」在作品的形象表現中所顯示出來的第二個突出功能。這種戲擬性語法在《故事新編》的每一篇作品幾乎都存在，有的是戲擬古代典籍，有的是戲擬現代社會中人物的語言。比如，《補天》中對《尚書》的戲擬，《理水》中對文化山的「學者」語言的戲擬，《出關》中對當時報刊語言的戲擬。最獨特的是對《莊子》中

〔註74〕《華蓋集‧十四年的「讀經」》。

哲學語言的戲擬，請看《起死》中這一段話語：莊子說，「你且聽我幾句話：你先不要專想衣服罷，衣服是可有可無的，也許是有衣服對，也許是沒有衣服對。鳥有羽，獸有毛，然而王瓜茄子赤條條。此所謂『彼亦一是非，此亦一是非』，你固然不能說沒有衣服對，然而你又怎麼能說有衣服對呢？……」《起死》中的這段話，其實是魯迅把《莊子》中的幾段話雜糅在一起，並把它們翻成現代漢語的形式，而這樣一來，就顯示出完全不同的意味，《莊子・天下篇》中，在論莊子時說道：「其書雖瑰瑋而連犿無傷也。其辭雖參差而諔詭可觀。彼其充實不可以已。」魯迅也曾對《莊子》的審美價值作過充分的評價：「然文辭之美富者，實惟道家……今存者有《莊子》……著書十餘萬言，大抵寓言，人物土地，皆空言無事實，而其文則汪洋闢闔，儀態萬方，晚周諸子，莫能先也。」〔註75〕莊子的這些話語如果置於自身的哲學語境中，則不僅具有嚴謹的邏輯，而且能創造出「弘大而闢，深閎而肆」的思想深度，即司馬遷所說的「汪洋自恣以適己」的思想藝術境界。然而，當魯迅把莊子的這些話移到《起死》的語境中，並把它改編爲現代漢語時，其固有的邏輯結構就不僅消解了，而且它的意義還顯示出一種鮮明的荒謬性。因此，我們不能把這種戲擬性語法，僅僅理解爲一種語言表現方式的變化，更應該看到，隨著戲擬性語法的形成，其意義的變化，及其所達到的出人意料的藝術效果。比如，《理水》中對「文化山的學者們」的口頭語言的戲擬，《非攻》中對墨子學生曹公子的演講的戲擬，《出關》中對關吏的口語的戲擬等，這些戲擬性語法形式不僅產生了《故事新編》獨特的言語現象，而且賦予這些話語以一種耐人尋味的效果，即具有了一種嘲諷性、指涉性，同時，也豐富了漢語言的表現功能。

由於「油滑」在作品的形象表現和語言形式等方面的深刻滲透，也因此形成了《故事新編》所獨具的藝術特色：怪誕性。如《補天》的幻情奇彩，濃色密藻；《鑄劍》的芒寒鋒銳，詞詭調急；《起死》的連犿荒幻，離奇諔詭。然而，如果要深度理解爲什麼會形成這種藝術風格，那麼，接下來最重要的問題就是，必須深入探討「油滑」對藝術想像力的意義。我們在前面反覆強調過一點：「油滑」具有一種深刻的解構的深度與熱情，因此，作爲《故事新編》藝術風格基礎的「油滑」，正如我們反覆提示的那樣，將有助於作家在藝

〔註75〕《漢文學史綱要・老莊》。

術思維過程中打破狹窄的嚴肅性，和一切固化的藝術規範與僵硬的表現形式，從而爲新的藝術意識和藝術想像力的產生，提供深刻的可能性。〔註76〕在這樣的創作思維境界中，一切在藝術家的眼中都變得非現成性的，充滿流動、變化。此時，藝術家就可以充分感覺到藝術想像的自由和輕靈。正是「油滑」對藝術想像力的解放，使得魯迅不僅能夠超越原有題材的束縛，而且到達了一種對原有題材進行自由驅遣、陶熔和「天馬行空」式的創造境界。也正是這種奇詭美妙的想像力，使得《故事新編》在藝術創造力上比《吶喊》、《彷徨》更光彩炫目。更準確地說，它是《野草》藝術創造譜系的發展和深入。正如聞一多在評杜詩時所認爲的，杜甫在寫作《秦州雜詩》時期爲「杜甫有生以來作詩最多最精之時期，其態度是以冷靜的想像追憶以前的經驗」。〔註77〕我以爲，寫作《故事新編》的後期小說時，是魯迅一生藝術創造最特殊的時期。雨果在《短曲和民謠集》裏比較了兩種人的創作情況之後，說道：「一個普通人只能做出規規矩矩的東西，只有非凡的天才才能駕馭創作。創作者居高臨下，駕馭一切！模仿者在近旁觀察，事事遵循規矩，前者按他本性的法律創作，後者遵循他流派的規律行事。藝術之於前者是一種靈感，而於後者，僅僅是一種科學。」〔註78〕在這個意義上說，《故事新編》的創作並非表明其創作才能的枯竭，而是最充分有力地體現了魯迅天才的趣味和藝術創造力。對於這一點，我們只要通過比較《鑄劍》與有關文本的差異，就可以清楚地知道。這裏，我只選取「三頭爭鬥」這一場面來加以分析。

「三頭爭鬥」的場面，《搜神記・三王墓》是這樣記載的：

> 客持頭往見楚王，王大喜。客曰：「此乃勇士頭也，當於湯鑊煮之。」王如其言，煮頭三日三夕不爛。頭踔出湯中，瞋目大怒。客曰：「此兒頭不爛，願王自往臨視之，是必爛也。」王即臨之，客以劍擬王，王頭隨墮湯中，客亦自擬己頭，頭復墮湯中。三首俱爛，不可識別。

這一情節，到了《鑄劍》中就被描繪成一個神采飛揚、攝人心魄的場面。

> 王站起身，跨下金階，冒著炎熱立在鼎邊，探頭去看。只見水

〔註76〕巴赫金：《弗朗索瓦・拉伯雷的創作與中世紀和文藝復興時期的民間文化》，見《巴赫金全集》第6卷，河北教育出版社1998年版。

〔註77〕聞一多：《唐詩雜論》，上海古籍出版社1998年版。

〔註78〕轉引自伍蠡甫主編：《西方文論選》，下冊，上海譯文出版社1988年版。

平如鏡，那頭仰面躺在水中間，兩眼正看著他的臉。待到王的眼光射到他臉上時，他便嫣然一笑。這一笑使王覺得似曾相識，卻又一時記不起是誰來。剛在驚疑，黑色人已經擎出了背著的青色的劍，只一揮，閃電般從後項窩直劈下去，撲通一聲，王的頭就落在鼎裏了。

仇人相見，本來格外眼明，況且是相逢狹路。王頭剛到水面，眉間尺的頭便迎上來，很命在他耳輪上咬了一口。鼎水即刻沸湧，澎湃有聲；兩頭即在水中死戰。

……

黑色人也彷彿有些驚慌，但是面不改色。他從從容容地伸開那捏著看不見的青劍的臂膊，如一段枯枝；伸長頸子，如在細看鼎底。臂膊忽然一彎，青劍便驀地從他後面劈下，劍到頭落，墜入鼎中，潚的一聲，雪白的水花向著空中同時四射。

與《搜神記》相比較，這裏的描寫眞是生面別開，先是寧靜、驚疑、凝重、堅固，忽然，筆觸迅疾流轉，畫面中聽覺、視覺、幻覺都交織融會在一起，整個敘述的語態、聲氣、興象從一種靜默、凝固忽而變成飛動、峻急、跌宕，如長江秋注，千里一道，挾持千鈞之力、雷霆之聲，迎面撲來，給人以一種激越的衝擊力。〔註 79〕《鑄劍》所特有的悲劇力量也就在這種凌虛蹈空而又極其詭誕的想像世界中得到了不可思議的增強，在這充滿獨特意味的文本世界中，仇恨純化、昇華爲一種俠義，一種信念，也就在這片沸騰、飛濺的神奇的水花中，彷彿照見了魯迅剛毅的精神和生命。

三

在《故事新編》的研究史中，研究者們面對「油滑」之處，總是處於一種矛盾、尷尬的心境。一個普遍的思路就是用現代的文化規範、美學規範去評價它，而較少去研究它的民間淵源，最早在這一方面提出見解的是 1981 年發表於《安徽師大學報》上的錢碧湘的《古今·取捨·得失——讀魯迅〈故事新編〉札記》，這篇論文的可貴之處就是，聯繫中國舊劇中的某些插科打諢來說明《故事新編》油滑之處的藝術效果，認爲《故事新編》的「油滑」與

〔註 79〕 參閱錢鍾書：《談藝錄》，中華書局 1984 年版，第 50 頁。

舊劇演員突然離開劇情，說一些與眼前人事相關的話，在手法上有相似之處。後來，王瑤先生在《〈故事新編〉散論》中進一步豐富和發展了錢碧湘的這一看法。但是，《故事新編》的「油滑」同中國民間詼諧文化的聯繫更緊密、也更具本質性。因此，在這一部分，我是力圖把「油滑」放在中國民間詼諧文化的發展背景中，加以探討。

五十年代，芝加哥大學人類學教授芮斐德（Robert Redfield）首先提出大傳統與小傳統的理論。據他說，所謂大傳統是指上層紳士、知識分子所代表的文化，這多半是經由思想家或宗教家反省深思所產生的精英文化（Refine Culture）。與此相對的所謂小傳統，則是指一般社會大眾，特別是鄉民或俗民所代表的生活文化，精英文化與生活文化亦可稱為高層文化與低層文化（Highand Low Culture）。〔註80〕如果把這一說法運用到中國傳統文化的討論中，那麼，中國傳統文化中的大傳統即是儒釋道墨法這些思想家所產生的高層文化，小傳統即是民間文化，包括謠諺、格言、唱本、評書、傳說、神話、小說、戲曲、宗教故事等。大傳統與小傳統在整個文化結構中是處於互補互動的關係，高層文化起著導向作用，小傳統由於其來源於民間，具有民間活力，也往往推動文化的發展。在文學史上，這種互補互動的關係尤其明顯，如六朝的變文，唐宋的傳奇，宋元的話本、戲曲，明清的小說及歷代民歌、民謠等等，都曾經對整個文化發生過巨大的影響。特別值得注意的是，往往在一個社會處於變革、轉型、更替時期，小傳統的力量會顯得更加活躍，也更富創造力。〔註81〕在文學藝術中，這一特點就表現為民間文化藝術對高層文化中的審美形式的滲透、綜合，並在此基礎上創造出新的審美樣式。即如俄國形式主義大師什克洛夫斯基所言：百凡新體，只是向來卑不足道之體，忽然列品入流。〔註82〕中國的詼諧文化在民間文化中佔有十分重要的地位，其中所蘊含的經驗智慧和審美趣味，是一個相當豐富、重要的藝術資源。所以，對《故事新編》的「油滑」與民間詼諧文化關係的研究，也許能為我們探討中國現代文學與傳統的關係提供一條新的思路。

必須明確的是，這裏所說的民間詼諧文化主要指的是一些在民間社會廣為流傳的、具有喜劇性色彩的謠諺、傳說、笑話、說書、滑稽故事等。這些

〔註80〕參閱王元化：《清園近思錄》，中國社會科學出版社 1998 年版，第 87～88 頁。
〔註81〕參閱王元化：《清園近思錄》，中國社會科學出版社 1998 年版，第 87～88 頁。
〔註82〕轉引自錢鍾書：《談藝錄》，中華書局 1984 年版，第 35 頁。

東西廣泛深入到窮鄉僻壤，即使目不識丁的鄉民也往往耳熟能詳。我以為，要理解「油滑」與民間詼諧文化的關係，首先就必須理解這些民間詼諧文化的特徵，這就如要打開門，就必須先掌握鑰匙一樣。

在我看來，民間詼諧文化的第一個特徵就是機智性。如《史記·滑稽列傳》中的淳于髡、優孟、優旃這三人在言行舉止上，均顯得滑稽可笑，然而，在滑稽的外表下卻內含著他們所特有的機智，滑稽僅僅是他們在特殊的困境下藉以達到目的的偽裝性手段，並往往能取得出人意料的效果。所以，太史公感慨地說：「淳于髡仰天大笑，齊威王橫行；優孟搖頭而歌，負薪者以封；優旃臨檻疾呼，陛楯得以半更。豈不亦偉哉。」中國民間社會中流傳深廣的集滑稽與機智於一身的典型人物就是東方朔，《史記·滑稽列傳》說他，「好古傳書，愛經術，多所博觀外家之語」。魯迅對東方朔的故事是十分熟悉的，並給予他較高的評價。他在《漢文學史綱要》中曾稱他，「以奇計俳辭得親近，詼達多端，不名一行，然時觀察顏色，直言切諫」，「指意放蕩，頗復詼諧」。像東方朔這樣人物一般是處身於帝王左右，扮演著一個相當困難的角色：一方面要承擔臣子的責任，或出謀獻策，或排憂解難；另一方面又要以自己的方式去娛悅帝王，所以，往往就需要融機智於滑稽之中，否則稍不留神就有殺身之虞。由於中國封建社會存在的「君——臣」權力結構及其專制性的運作方式，因此，在漫長的社會發展過程中，就逐漸自發地形成一種融機智、滑稽於一體的民間智慧。這種民間智慧往往有其特殊的思維邏輯，比如，常常能在一些互不關聯的事物之間，找到一種出人意料的聯繫；或者通過對事物或概念表面意思的轉變，而達到一種出人意料的巧合；或者通過對常識邏輯的推導、演繹，而得到一種新的結果，這些智慧特徵與「油滑」在思維形式上是有其一致性的。

民間詼諧文化的第二個特徵即其喜劇性。中國民間社會幾乎每一個地方都有自己的笑話、幽默故事。或有關於某個具體的人，或有關於某件具體的事。據我們的個人經驗，我們也許在很小的時候對這些笑話、幽默故事就很熟悉了。中國古代在這方面的雜書也很多，如唐代何自然的《笑林》（今佚，魯迅《古小說鉤沉》有輯本）、宋代呂居仁的《軒渠錄》、沈徵的《諧史》、周文圮的《開顏集》、王和子的《善謔集》等。這些笑話、幽默故事所共同的特徵就是打諢插科，逗樂打趣。但是，必須看到，其中不少的笑話、幽默故事往往是深含著「嘲諷世情，譏刺時病」的意味。在封建社會，老百姓根本不

可能直接對時政發表批評，但是，他們有不滿，有憤怒。所以，只能通過這種笑話、幽默故事，婉轉、隱晦地表達出來。不理解這一點，就不可能理解爲什麼在中國民間社會常常流傳有如此之多的笑話和故事？爲什麼這些笑話、故事往往能讓統治者預感到天怒人怨的徵兆？魯迅認爲，「喜劇是將無價值的東西撕破給人看，諷刺又不過是喜劇的變簡的一支流」，一語道出了喜劇性之中所內含的批評、諷刺的深度和力度。魯迅寫畢《非攻》，當在構思《理水》等小說時，在致蕭軍、蕭紅的信中說，「近幾時我想看看古書，再來做點什麼書，把那些壞種的祖墳刨一下」。可以看出，魯迅在這些作品的「油滑」的表現形式之下所有意貫注的自己批判的向度。

民間詼諧文化在流傳過程中，經過長時間的集體經驗的再敘述、再創造，往往具有很強的形象感，並且，這種形象感也往往不是描摹性的，而是表現出對思想意念的一種直觀性的領悟，最典型地體現民間詼諧文化的審美形式的文體就是寓言。寓言作爲一種審美形式，它通過人物、情節、場景等描寫，在表層上構成了一個完整的「形象畫面」，同時藉此喻彼地表現另一層相關的思想、意念、哲學。〔註 83〕寓言一般都具有形象性與風趣詼諧性的特徵。作爲一種民間詼諧文化的審美形式，寓言形象也逐漸被高雅藝術所接受，並成爲一種相當有活力的創作資源。比如，在西方文學中，斯威夫特的《格列佛遊記》、但丁的《神曲》、歌德的《浮士德·第二部》等都採用過寓言形式來寫作。在中國，像《莊子》、《韓非子》、《呂氏春秋》、《列子》、《戰國策》、韓愈的《毛穎傳》、柳宗元的《臨江之麋》、《黔之驢》、《永某氏之鼠》等，更是形成一個源遠流長的寓言寫作傳統。魯迅對東西方文學中的這兩個寓言傳統都是相當熟悉的，馮雪峰先生就曾認爲《故事新編》是「寓言式短篇小說」。

但是，這裏必須指出的是，由於存在著寓言形象和寓意內涵的相互作用，所以，兩者之間就形成一個張力結構，這就給作家的藝術表現提供比較自由的空間。因此，與民間詼諧文化的寓言形式相比，文人創作的寓言傳統的密度、彈性和意義飽滿性應該說是更深刻、更多樣化。從這一點上，我們也可以理解爲什麼魯迅在《故事新編》中，能夠做到如茅盾所言的那樣，「『非但沒有將古人寫得更死』，而且將古代和現代錯綜交融，成爲一而二，二而一」。〔註84〕

〔註83〕艾布拉姆斯：《歐美文學術語詞典》，北京大學出版社 1990 年版，第 7 頁。
〔註84〕茅盾：《玄武門之變·序》。

　　雖然，民間詼諧文化存在著不少的糟粕，但它畢竟是一個有生命力的傳統。我們對《故事新編》的「油滑」與民間詼諧文化關係的研究，就是爲了重新發掘並理解這一條過去一直被湮沒的傳統之源。

第五章　隱現的繆斯
——《故事新編》中的現代性藝術技巧

第一節　另一種解讀：《故事新編》中的蒙太奇藝術

　　蒙太奇是指在電影拍攝和導演中，通過鏡頭的組合來表現事物和表達意義的藝術，同時，通過這種組合來揭示一個思想或一種情感。《故事新編》的創作是否自覺地受到蒙太奇的啓發，這是一個無法證實的問題。但是，這裏有三件相關的事情可以提及：一是，研究者們都很熟悉的所謂「幻燈片」事件，這一事件曾深深地震撼著魯迅，並由此改變了他一生的事業。幻燈片是早期無聲電影的初級形態，一系列幻燈片的持續放映就會產生類似於蒙太奇的效果。我想，在「幻燈片」事件中，除了這畫面內容直接給年輕的魯迅以精神上的強烈刺激外，這種特殊的放映形式和結構也許會在他的藝術心靈中留下痕跡。二是，魯迅在譯於 1930 年的蘇聯「同路人」作家雅各武萊夫的小說《十月》的「後記」中，曾說道：「然而，那用了加入白軍和終於彷徨著的青年（伊凡及華西理）的主觀，來述十月革命的巷戰情形之處，是顯示著電影式的結構和描寫法的清新的。」可見，魯迅對所謂「電影式的結構」是深會於心的，至少是熟悉的。三是，從 1933 年起，在上海曾發生了一場關於「硬性電影」和「軟性電影」之爭，這場論爭持續了近三年，雙方都發表了許多有關電影藝術的文章。〔註1〕我想，當時正身居上海的魯迅，對這場論爭應該

〔註 1〕詳細情況請參見李今：《從「硬性電影」與「軟性電影」之爭看「新感覺派」的文藝觀》，載《中國現代文學研究叢刊》，1998 年第 3 期。

是熟悉的。當然，這一切都不足以完全證實《故事新編》創作與電影藝術之間的「影響」關係。然而，直接促使我選擇這樣一種解讀方式的內在原因，還是《故事新編》文本的自身特徵，即其中不同文本的剪接，不同時空場景的疊印，現代性話語、場景的嵌入，都很容易使人聯想起電影藝術中的「蒙太奇」。——借助於蒙太奇的理論操作，能使我們對《故事新編》的藝術特徵和美學意義有個更豐富、多樣化的把握，這正如俄國著名電影藝術家愛森斯坦所說的：

> 我們可以看到，馬雅可夫斯基的創作在蒙太奇運用的這一方面，是非常鮮明突出的。但一般說來，在這方面去研究普希金的作品更為有趣，因為在那個時期，在鄰近文學的所有的藝術中，在戲劇、電影、照片剪輯等等領域中，則已廣泛地出現了蒙太奇原則。所以，正是來自古典遺產領域的那些謹嚴的現實主義蒙太奇筆法的範例，更為鋒利，更為有趣，也可以說最有教益，因為在這一領域中，跟各種鄰近的藝術（例如電影）在這方面的相互影響或則較小，或者根本沒有。

> 可見，不管是視覺的，聽覺的，或視覺聽覺的結合，不管是創造形象，構成情境，或是在我們面前「有魔力地」體現人物形象，也不管是普希金的作品，或者是馬雅可夫斯基的作品，這裏面都同樣地存在同一的蒙太奇方法。〔註2〕

> 從愛森斯坦到當代電影藝術，蒙太奇的理論和表現形式都有了許多的變化和發展。這裏，我主要選取四種與《故事新編》藝術特徵最契合的表現形式來加以討論。它們分別是抒情蒙太奇、錯植蒙太奇、主題蒙太奇和敘事蒙太奇。〔註3〕

當然，這僅僅是我們為了分析的方便，而從文本中離析出來。其實，在文本中常常是這幾種蒙太奇的表現形式相互結合、交融在一起，它們共同深化和豐富了《故事新編》藝術形式和敘述結構的多樣性。

〔註2〕愛森斯坦：《蒙太奇在1938》，見《愛森斯坦論文選集》，中國電影出版社1962年版。特別指出的是，本節在討論《故事新編》中的蒙太奇藝術時，愛森斯坦的相關理論給我很大的啟發。

〔註3〕參閱《外國電影理論文選》，上海文藝出版社1995年版，第283～331頁。

一

　　這裏，我們先來談談《故事新編》中的抒情蒙太奇。在現代電影藝術中，抒情蒙太奇的本意既是敘述故事，也是繪聲繪色地抒情，墨酣情切地渲染，並且更偏重於後者。〔註 4〕最典型的是，意義重大的事件被分切成一系列近景，通過蒙太奇從不同角度展示出來。但是，這裏的蒙太奇不是對劇情的處理毫無補益的萬花筒式的瑣細分切，而是一種更有力、更生動地捕捉事物和渲染事物的方式。〔註 5〕比如，《鑄劍》中對眉間尺把自己的頭交給黑色人去報仇的場景描寫，我們可以把它進行如下的蒙太奇分切：

　　近景（小角度俯拍）：眉間尺便舉手向肩頭抽取青色的劍，順手從後項窩向前一削。

　　特寫鏡頭：頭顱墜在地面的青苔上。

　　近景（小角度仰拍）：眉間尺將劍交給黑色人。

　　聲音蒙太奇（近景）：「呵呵」（黑色人的聲音）。

　　大特寫鏡頭：黑色人捏著頭髮，提起眉間尺的頭來，對著那熱的死掉的嘴唇，接吻兩次，並且冷冷地尖利地笑。

　　聲音蒙太奇（遠景）：笑聲散佈在杉樹林中。

　　鏡頭慢慢推遠：深處餓狼的眼睛在閃動，倏忽臨近。

　　聲音蒙太奇：餓狼咻咻的喘息聲。

　　遠景閃回到近景並出現大特寫鏡頭：餓狼第一口撕盡了眉間尺的青衣，第二口便身體全都不見了。血痕也頃刻舔盡。

　　聲音蒙太奇：只微微聽得咀嚼骨頭的聲音。

　　特寫鏡頭：一匹大狼向黑色人撲過來。

　　近景：他用青劍一揮，狼頭落地。

　　近景又推向遠景：黑色人掣起地上青衣，包了眉間尺的頭，背著青劍，向王城揚長而去。

〔註 4〕參閱《外國電影理論文選》，上海文藝出版社 1995 年版，第 283～331 頁。
〔註 5〕愛森斯坦：《蒙太奇在 1938》，見《愛森斯坦論文選集》，中國電影出版社 1962 年版。

　　　　大特寫鏡頭：狼們站定了，聳著肩，伸出舌頭，咻咻地喘著，
放著綠的眼光看他揚長而去。

　　　　遠景：黑色人向王城揚長而去。

　　　　聲音蒙太奇：這時尖利的歌聲響起。

顯然，所有這些「鏡頭」都是在運動中銜接的。「鏡頭」的系列構成了連續推
進的完整事件。但是，從情節發展的情況來看，這些複雜曲折的敘述並沒有
給情節的推進增加多少的動力。如果為了追求敘述風格的簡潔，這裏只需要
用一句或至多不過兩三句就可以完整地把這一情節敘述出來。然而文本在這
裏更專注的是對每一個細節都細細加以玩味，以便欣賞或吟詠，以至於儘管
「鏡頭」交換頻繁，而節奏卻相當緩慢，人們在事物周圍輾轉，直至精疲力
竭，卻未前進一步。〔註6〕這樣，情節不是在平鋪直敘中保持連續性，它只是
動作或特殊時刻的銜接，猶如一曲唱畢再接一曲的組歌，〔註7〕通過這種不斷
的渲染，把小說所要表達的復仇主題鮮明地呈現出來。

　　如果說，上述的場景主要依靠作家對細節的生動的表現和深刻的洞察來
賦予作品以獨特的藝術特徵。那麼，《鑄劍》中的「三頭爭鬥」的特寫鏡頭，
更是把小說凝固成富有意味的「戲劇化」的時刻。

　　　　特寫鏡頭一：同時就聽得水沸聲，炭火也正旺，映著那黑色人
變成紅黑，如鐵的燒到微紅。王（國王）剛又回過臉來，他〔黑色
人〕也已經伸起兩手向天，眼光向著無物，舞蹈著，忽地發出尖利
的聲音唱起歌來。

在這個特寫鏡頭的內部，交融著分別屬於人的不同感受領域的「蒙太奇」要素：

　　1. 聽覺的：水沸聲、尖利的歌。

　　2. 視覺的：

　　　　感光的：燒得正旺的炭火。

　　　　感色的：黑色人被炭火映得紅黑。

　　3. 運動的：伸手向天，舞蹈著。

　　4. 純情緒的：眼光向著無物。

〔註6〕愛森斯坦：《蒙太奇在1938》，見《愛森斯坦論文選集》，中國電影出版社1962
　　年版。

〔註7〕愛森斯坦：《蒙太奇在1938》，見《愛森斯坦論文選集》，中國電影出版社1962
　　年版。

　　可以看出在這一特寫鏡頭中，作者是將不同感受領域的諸多要素結合起來，尤其是將視覺形象與聽覺結合起來，共同構成一個動感的畫面。

　　　　特寫鏡頭二：隨著歌聲，水就從鼎口湧起，上尖下廣，像一座
　　小山，但自水尖至鼎底，不住地迴旋運動。那頭即隨水上上下下，
　　轉著圈子，一面又滴溜溜自己翻筋斗，人們還可以隱約看見他玩得
　　高興的笑容。過了些時，突然變了逆水的游泳，打鏇子夾著穿梭，
　　激得水花向四面飛濺，滿庭灑下一陣熱雨來。

這裏的描寫，除了包含了特寫鏡頭（一）中的諸要素外，還增加了觸覺（熱雨）。當然，更值得注意的是，這裏的描寫是按照一種運動的形式來進行的，並且，這種運動的進程富有其內在的起伏和變化：先是從上至下地描寫水的運動，接著，從邊緣到中心，描寫在水中浮游著的頭；而頭的運動，先是順向，然後是逆向；因爲逆向運動需要更強大的力量，所以也就在這時，描寫達到了高潮。這樣，這個特寫鏡頭的內部意味，由於不斷增長的動作強度而加強了。這時，讀者不僅看到了組成作品的各個畫面因素，而且，也進入了一種形象體驗的動力學過程。〔註8〕

　　　　特寫鏡頭三：黑色人的歌聲才停，那頭也就在水中央停住，面
　　向王殿，顏色轉成端莊。這樣的有十餘瞬息之久，才慢慢地上下抖
　　動；從抖動加速而爲起伏的游泳，但不很快，態度很雍容。繞著水
　　邊一高一低地游了三匝，忽然睜大眼睛，漆黑的眼珠顯得格外精彩，
　　同時也開口唱起歌來。

這裏的描寫與特寫鏡頭二的區別是值得注意的。一方面，這是運動的節奏的減緩。另一方面，佔據描寫中心位置的是頭的神情。但是，頭的神情變化的節奏卻在不斷地加速、加強：先是端莊——雍容——忽然睜大眼睛，由於鏡頭內部這兩方面內容的處理方式的不同，減緩與加速構成一種張力關係，運動節奏的交替、變化，漸漸地形成描寫的背景，而最突出的細節（即頭的神情）則構成了不斷強化、變幻的描寫的高潮。這樣，就以最深刻的可感覺性的力量，傳達出浮現在作者的創作視像中的那個形象，即復仇的精神，同時也把讀者帶進了一種神秘的體驗之中。〔註9〕

〔註8〕愛森斯坦：《蒙太奇在1938》，見《愛森斯坦論文選集》，中國電影出版社1962
　　　　年版。
〔註9〕愛森斯坦：《蒙太奇在1938》，見《愛森斯坦論文選集》，中國電影出版社1962
　　　　年版。

　　　　特寫鏡頭四：頭忽然升到水的尖端停住；翻了幾個筋斗之後，

　　上下升降起來，眼珠向著左右瞥視，十分秀媚，嘴裏仍然唱著歌。

在這一特寫鏡頭中，動作被分切得越來越細微，彷彿時間就永遠地凝固在那
一瞥視的瞬間，動作的節奏就越來越嚴密、冷峻、緊湊。也就是說，在特寫
鏡頭內部分切一系列的短鏡頭，使積聚在一起的細節在短促、緊張的對比，
強烈的律動中互相撞擊，從而增加畫面內部的張力和運動感。〔註10〕

　　　　特寫鏡頭五：王站起身，跨下金階，冒著炎熱立在鼎邊；探頭

　　去看。只見水平如鏡，那頭仰面躺在水中間，兩眼正看著他的臉。

　　待到王的眼光射到他臉上時，他便嫣然一笑。這一笑使王覺得似曾

　　相識，卻又一時記不起是誰來。

在這裏，「鏡頭」的處理方式顯得相當地有意思，充滿著一種詭秘感。可以把
它們進一步分切成六個畫面。

　　1. 描述性的半全景（交代動作）：王跨下金階，立在鼎邊。

　　2. 大角度俯拍：頭仰面躺在水中間。

　　3. 特寫：兩眼正看著國王的臉。

　　4. 俯拍：國王的眼光射到頭的臉上。

　　5. 特寫：頭嫣然一笑。

　　6. 近景：國王在驚疑。

從這裏可以看出，這幾個畫面中的形象或人物的動作是靜止的。但是，鏡
頭處理的方式、角度則在不斷變化，畫面的敘述節奏隨著鏡頭拍攝角度的
變化頻率的加速而不斷增強。這樣，一方面，創造了畫面內部的交流和影
像疊加，另一方面，也在悄悄地積聚畫面體驗的勢能和強度，使得畫面所
包容的情緒悄悄地達到一個爆破的臨界點。〔註11〕也就是說，越是寂靜不
動，畫面的情緒就越是讓人感到激動不安，可謂是「於無聲處聽驚雷」。所
以，接下來的情節要想得到發展，就必須打破畫面的表面的寧靜，使其中
的心理能量能傾瀉出來。於是，在小說接下來的情節發展中，作者就讓「黑
色人掣出了青劍……」

〔註10〕愛森斯坦：《蒙太奇在1938》，見《愛森斯坦論文選集》，中國電影出版社1962
　　　年版。

〔註11〕愛森斯坦：《蒙太奇在1938》，見《愛森斯坦論文選集》，中國電影出版社1962
　　　年版。

　　兩個蒙太奇鏡頭的對列不是二數之和，而更像二數之積，其原因就在於對列結果的本質，永遠有別於各個單獨的組成因素。〔註 12〕因此，我們現在必須回過頭來，研究一下這五個特寫鏡頭連接在一起的時候，所產生的更巨大、更嶄新的意義和審美效果。在文本中，這五個鏡頭不是作為互不關聯的東西而存在，而是作為小說統一的主題形象（復仇）的某一部分的畫面。雖然，這總的主題形象（復仇）是以同等的力量貫穿著所有這些畫面，但是，在一定的蒙太奇的結構裏，這些部分畫面的對列，一方面促使那個主題形象（復仇）在人們的感受中浮現出來，並賦予它強有力的、深刻的生命；另一方面，這個貫穿、滲透了各個細節的總的東西（復仇的主題形象）反過來又把所有的這些畫面彼此聯結成為整體，這就使得小說文本獲得超越於畫面內容之上的更鮮明、更強有力的意義。這五個鏡頭聯結起來所產生的新的形象，對小說的主題來說，使得它具有了一種新的價值取向，這就提示我們，過去對《鑄劍》的研究，存在著某些偏見，在過去的研究中，我們一直是把「黑色人」作為小說的主題形象，然而，從上述的五個鏡頭的描述來看，「眉間尺」（這裏就是「頭」）才是構成小說主題的核心人物，這其中「頭」的舒展方式，充分體現了魯迅對於復仇倫理的多樣化的把握。

　　從人類的記憶過程來看，一系列的表象，是通過這個或那個途徑在人們的感受、意識之中，逐漸形成了由各個因素所組成的完整的形象。然而，在生活領域，一般地說，我們拋棄了這一過程，或者是不自覺地而直接達到結果。對於藝術創造來說，它不應該是直接奔向情感的結果，而是要使這種情感發生、發展和過渡到另一種情感的過程，變成一個彷彿是在不斷流湧的過程一樣，要使主人公在讀者面前真正地生活著。〔註13〕也就是說，無論是一個場面、一場戲，還是一部作品的形象，都不應該作為靜態的事實而存在的，而是應該逐漸呈現出來，展示開來。只有這樣，才能具有魔力一般地把讀者吸引進這個不斷流湧著的藝術創造過程中來。〔註14〕──這就是《鑄劍》為什麼會具有如此強大的審美震撼力的最關鍵的原因，對此，我們還可以進一步地加以探討。

〔註12〕愛森斯坦：《蒙太奇在 1938》，見《愛森斯坦論文選集》，中國電影出版社 1962
　　　　年版。

〔註13〕愛森斯坦：《蒙太奇在 1938》，見《愛森斯坦論文選集》，中國電影出版社 1962
　　　　年版。

〔註14〕愛森斯坦：《蒙太奇在 1938》，見《愛森斯坦論文選集》，中國電影出版社 1962
　　　　年版。

高爾基在一封信中曾這樣寫道：

> 您說，您正為「怎樣寫」這個問題而苦惱。二十五年來，我一
> 直觀察著這個問題是怎樣的在苦惱著人們……對的，對的，這是一
> 個嚴重的問題。我也為它苦惱過，而且還在苦惱著，看來還要苦惱
> 一輩子。但是，對我來說，這個問題的提法是這樣的：應該怎樣寫，
> 才能夠使所描寫的人，不管他是什麼樣的人，以其形體的可感覺性
> 的力量躍然紙上，使人感到他的存在，相信他的半幻想式的現實性，
> 正如我所看到和所感覺到的那樣，對我說來，關鍵就在這裏，它的
> 秘密也就在這裏……〔註15〕

這對我們分析《鑄劍》中的這個片斷是相當富有啟發的，作者把復仇的主
題形象分切成五個鏡頭，然後以一定的蒙太奇結構方式加以綜合或對列。
這樣，就把讀者的情緒和想像力也納入到創作過程之中，使讀者也不得不
經歷作者在創造形象時所經歷過的創作道路。這時，讀者不僅看到了組成
作品的各個畫面因素，而且也跟作者體驗形象時一樣，來體驗形象的產生
的全過程。〔註16〕所以，我們在閱讀《鑄劍》中這一片斷時，我們心靈的
節奏也是時而舒展，時而緊張，忽上忽下，忽緊忽慢地跟隨著「頭」在浮
游，而內在的情感同時也在不斷地積聚著，衝蕩著，最後與主人公，與作
者融合在一起。

《鑄劍》中的這一片斷值得注意的另一方面，就是聲音畫面，即那三首
歌。這一旋律不僅把這五個鏡頭組織成為像音樂作品那樣嚴整的統一體。更
重要的是，這種音樂的旋律使得整個文本縈繞著一種特殊的、神秘的氛圍，
它不斷地敲擊著我們的心弦，不斷點醒、強化著我們的某種意念，甚至是一
種潛意識的萌動。所以，在聽到這些歌詞時，即使我們不懂歌詞的含義是什
麼，也無礙我們對它的感悟。因為，只要有那種旋律，就足以使我們激動不
安；只要有那種旋律，就足以使我們把握到那流淌於文本之中的情緒。這種
旋律點醒了我們的無窮想像，同時，也解凍了我們的幻想源泉，使自己被這
種氛圍裏挾著，飄蕩著……以至於無盡的遠方。

〔註15〕轉引自《愛森斯坦論文選集》，中國電影出版社1962年版，第367頁。
〔註16〕愛森斯坦：《蒙太奇在1938》，見《愛森斯坦論文選集》，中國電影出版社1962
年版。

二

　　抒情蒙太奇帶給了《鑄劍》以飛揚的神采和激越的審美震撼力。在《故事新編》中，《鑄劍》無論從創作時間，還是從小說集的編排次序來看，都是處於轉折點上。它承前啓後地在整部《故事新編》小說集的內部空間佈下了一股揮之不去的氣息。然而，在《故事新編》中最大量的，也最明顯的「蒙太奇筆法」，則是錯植蒙太奇。所謂錯植蒙太奇，就是有意地把一個畫面或話語不合邏輯地插入與其無關的一個事件中，通過兩個畫面的不協調和衝突造成讀者的驚異，從而促使讀者去理解、思考其中所呈現出來的新的意義和思想。〔註17〕當然，錯植蒙太奇的方式在《故事新編》中也有多種的表現形態，這也值得我們進一步的剖析。

　　（一）把兩種相牴觸、相衝突的事件或物象共置於一個空間內，借助於它們之間的矛盾、衝突來暗示某種感受。〔註18〕這最典型的就是《補天》中在女媧兩腿之間放置了一個「古衣冠的小丈夫」。正如愛森斯坦所說的那樣，「我們不能通過溫度計表示溫度，通過翻日曆表示時間，通過加速方式表示降落，應當造成印象，造成具體感受。而單獨一個影像做不到這一點，只有影像之間的關係，即一種聯繫和一種情感的撞擊才能夠激發這種感受。」〔註19〕現在，我們把《補天》中的這一畫面嘗試性地運用其它的處理方式，來比較一下究竟哪一種處理的方式，將更富有暗示性和衝擊力。第一種方式，如果作者沒有設置這個「古衣冠的小丈夫」，那麼，就根本不可能產生對「假道學」的批判力量，至少在這個文本中是這樣的。第二種，如果把這個「古衣冠的小丈夫」不是置於兩腿之間，而是女媧身上別的位置，那麼，也不會具有如此感性的暗示力。我以爲，現在文本中這樣的一種位置和聯繫，是最能使畫面具有豐富的喜劇性。

　　（二）插入某一事件以便與中心事件形成對照。比如，《理水》中關於「文化山上的學者」的這一畫面。應該說，這一畫面與「大禹治水」之間所構成的蒙太奇筆法，不是體現在情節的進程中，因爲「文化山上學者」的討論對情節的發展並沒有產生什麼樣的推動力。它的蒙太奇筆法是在於兩個畫面（鏡

〔註17〕參閱《外國電影理論文選》，上海文藝出版社1995年版，第281～331頁。
〔註18〕參閱《外國電影理論文選》，上海文藝出版社1995年版，第281～331頁。
〔註19〕愛森斯坦：《蒙太奇在1938》，見《愛森斯坦論文選集》，中國電影出版社1962年版。

頭）內容之間的聯繫，也就是說，「文化山上學者」這一鏡頭內容根本不可能出現在大禹治水的劇情邏輯的進展中。但是，如果有意把這兩者共置於一個蒙太奇的結構裏，通過這兩個鏡頭的撞擊，確立了一種內在對照的關係，那麼，文本的嘲諷意味就會呈現出來。愛森斯坦曾對這種衝突結構的蒙太奇論述道：「鏡頭不是蒙太奇的元素，它是一個細胞，正如細胞的分裂產生一系列不同的肌體一樣，鏡頭的分切，鏡頭的牴觸，鏡頭的衝突，可以產生概念。」〔註20〕同樣的，我們可以看出，「文化山上學者」這一畫面與「大禹治水」的畫面，二者之間的關係不是一種安排成序的自然組合，而是兩個不同內涵的因素被創作者有意地加以組接，並努力使兩者之間構成一種差異的、突兀的、內在衝突的結構，從而在這種衝突中迸發出深刻的嘲諷的熱情。〔註21〕

（三）蒙太奇原則雖然是存在於鏡頭之間，然而，鏡頭內部的內容，在特定的情況下也可能產生類似鏡頭之間的蒙太奇的效果。〔註22〕比如，《故事新編》中所存在的大量的現代口語和現代報刊語言。這些話語細節的介入，賦予鏡頭的內容以一種暗示性，它暗示著某種作者所有意要體現的感受。所以，在這一鏡頭內部的內容中，這些話語細節不是一種簡單化或可有可無的語言符號，而是一種充滿表意性、表情性的符號。並且這種符號的涵義就在於，它使得整個鏡頭內部的內容從一種具體現實或客觀描述的層面上，昇華或者說深化到隱喻的層面。這樣，就使得鏡頭內部的內容在它原來狹窄的畫面空間中變換容顏，涵義倍增。也就是說，這種鏡頭內部內容雖然狹窄、短暫，但是其中卻蘊聚著巨大的能量。〔註23〕比如，在《出關》中，讓「提拔新作家」這一話語出自幾千年前的老子時代的一個「賬房先生」之口，這樣就巧妙地譏諷了三十年代某些出版商的醜態，而這種諷刺的力量主要是借助於畫面內部的各個因素之間的不和諧，乃至巨大落差而形成的。

（四）通過彼此相關的各事物之間具體反應來建構蒙太奇筆法，這也是一種相當細緻的蒙太奇筆法。比如，從不同的角度、採用不同的鏡頭把對象重複地拍攝下來，這些畫面一經組合或對列，就在讀者的意識和感受中呈現

〔註20〕 愛森斯坦：《蒙太奇在 1938》，見《愛森斯坦論文選集》，中國電影出版社 1962 年版。

〔註21〕 愛森斯坦：《蒙太奇在 1938》，見《愛森斯坦論文選集》，中國電影出版社 1962 年版。

〔註22〕 《外國電影理論文選》，上海文藝出版社 1995 年版，第 281～331 頁。

〔註23〕 《外國電影理論文選》，上海文藝出版社 1995 年版，第 281～331 頁。

出一個豐富的形象來。如《采薇》結尾部分對伯夷、叔齊的描寫就是採取這種方式，它分別從小丙君、阿金姐、閒人的談話這三個角度，把伯夷、叔齊的形象轉化成三個局部性的畫面。在讀者的閱讀過程中，這三個局部性畫面就在其內心視域中構成完整的形象，並且，此時這種在讀者內心視域中產生出來的形象是一種具有新質的形象。也就是說，如果這一形象在內心喚起了一種獨特的情感狀態，並促使讀者重新回過頭來整合、昇華文本中關於這一形象的所有描述，那麼，這時候所產生的含義和意味就是一種新的統一性的「某種第三種東西」。〔註24〕這樣，也就把局部性的畫面重新納入了一種可以理解的和富有意義的情節進程的邏輯之中，並且使得存在於畫面之間的聯繫在逐漸加緊，具有了一種內在的深化主題形象的力量。〔註25〕比如，《采薇》中，伯夷、叔齊的最後形象在小丙君、阿金姐和閒人的談話中，慢慢地呈現出懦弱、虛偽、貪婪的另一面。這不僅有力地解構了文本前半部分對伯夷、叔齊不食周粟的所謂的「氣節」的敘述，同時，也有力地質疑了幾千年來儒家文化視野中的伯夷、叔齊的形象內涵。

　　《故事新編》中這種錯植蒙太奇所造成的藝術效果是強有力的，通過兩個鏡頭的衝突、撞擊確立一個新的思想，這樣就使得讀者的閱讀過程中不由自主地置身於衝突的連接點上，促使自己思考、判斷這種衝突的內在關係和走向。〔註26〕在過去的研究中，我們一直對這種錯植蒙太奇感到迷惑不解：一種觀點認為這種錯植不符合藝術真實性，另一種觀點則極力為這樣一種錯植而曲意彌縫，但也還是沒有能夠做出更合理的闡述。我以為，第一種觀點的錯誤之處，在於它過分拘泥於鏡頭內容的獨立性、時空性、差異性，而沒有看到這些單獨的鏡頭內容是置身於一個整體的、統一的文本結構之中，就像交響樂在未演奏之前便有總譜一樣，場面調度和蒙太奇在拍攝之前便已確定。〔註27〕也就是說，只要我們把這些錯植的現象放置於一個更大的文本結構中來加以理解，那麼，這種藝術現象就不是一種簡單的諷刺手法，而是充

〔註24〕愛森斯坦：《〈日本電影〉後記》，見《外國電影理論文選》，上海文藝出版社1995年版。

〔註25〕愛森斯坦：《〈日本電影〉後記》，見《外國電影理論文選》，上海文藝出版社1995年版。

〔註26〕愛森斯坦：《蒙太奇在1938》，見《愛森斯坦論文選集》，中國電影出版社1962年版。

〔註27〕愛森斯坦：《蒙太奇在1938》，見《愛森斯坦論文選集》，中國電影出版社1962年版。

分體現了魯迅更高意義上的現實主義原則。第二種觀點的錯誤就在於，它只關注尋找、彌合兩個鏡頭之間的關聯，而沒有看到這兩個鏡頭一旦結合在一起，其內容非僅僅是兩個鏡頭內部的相加，而是會產生某種第三種東西，就如愛森斯坦所言：「它們就必然會聯結成一種從這個對列中作為新的質而產生出來的新的表象。」茅盾曾意識到這一點，他說：「在《故事新編》中，魯迅先生以他特有的銳利的觀察、戰鬥的熱情和創作藝術，『非但沒有將古人寫得更死』。而且將古代和現代錯綜交融，成為一而二，二而一。」當然，茅盾這樣的說法還是停留在一種很模糊、籠統的闡釋層面。我以為，這其實就是一種蒙太奇的效果，如果我們把古代內容作為鏡頭 A，把現代內容作為鏡頭 B，把它們組接或對列在一起，那麼，這時從中就能夠產生出單個鏡頭中並未包含的思想、情緒和情感，從審美效果來看，它開闢出了一條新的感知途徑，對讀者業已固化的感知方式提出挑戰，迫使讀者產生新的體驗和思考。愛森斯坦曾就一幅以「生爐子」為題材的兒童畫為例，評論道：「實際地（絕對地）按對象所固有的比例來表現對象，當然只能遷就正位的形式邏輯。只能服從牢不可破的既定秩序。……實證主義的現實主義絕不是感知的正確形式。」〔註28〕因此，我以為，魯迅《故事新編》中所存在的錯植蒙太奇筆法是一種新的藝術感知和表現方式。令人遺憾的是，對於這種新的感知和表現方式，我們的學術界一直未能給予充分的注意和闡釋。我以為，這種新的感知和表現方式對當代文學創作開闢新的途徑和新的想像資源，是極富啟發性的。

三

　　與《故事新編》中其它幾篇小說不同，《出關》與《起死》主要是表達作者對老莊思想的理解。因此，文本中總是重複出現那些老莊思想中最具概括性的哲學術語，如「無為」、「道」、「超生死」、「此亦一是非，彼亦一是非」等。我把這種表現方式稱為主題蒙太奇。也就是說，這些術語在文本中重複出現，構成了一種蒙太奇結構，並由此而產生新的思想意義。其藝術效果是，這種新的思想意義不僅在質上不同於前者（指這些術語在原文本中的意義和內涵），而且更是對前者構成意義的消解和嘲諷。

〔註28〕愛森斯坦：《〈日本電影〉後記》，見《外國電影理論文選》，上海文藝出版社1995 年版。

　　這裏，我們先來分析《出關》中主題蒙太奇的兩個表現形式。在《出關》中，作爲老子思想的核心話語「道可道，非常道」出現過兩次，第一次是出自老子之口：「只聽得他慢慢的說道：『道可道，非常道；』……」。第二次是出自書記先生之口：「書記先生也湊上去，看著第一片，念道：『道可道，非常道，……哼，還是這些老套。」這兩次的話語表述就構成了聲音蒙太奇的形式，出自老子之口的這段話語充滿著老子哲學的玄奧，而出自書記先生之口的這段話語顯然是充滿戲謔的口吻。這兩種聲音一組接起來，不僅模糊、消解了原話語的意義內涵，而且構成語義內在的互相嘲諷關係。也就是說，一方面，「道可道，非常道」是老子哲學主題的話語形式，這種哲學主題，世俗的書記先生是無法理解的。另一方面，也正是書記先生這種無知的、不屑一顧的口吻，才可能大膽、坦率地表達出老子哲學的迂腐和無用。因此，把它們組接起來，就構成一種互爲鏡像的關係，每一位都在彼此的戲謔聲中照見自己的醜態。在《出關》中，還有一種表現方法是，借助於更細緻、也更微妙的細節，通過蒙太奇筆法而獲得一種主題性的暗示。比如，下面的這七個細節：

1. 同來的八人之外，還有四個巡警，兩個籤子手，五個探子，一個書記，賬房和廚房。有幾個還帶著筆，刀，木札，預備抄講義。

2. 一個籤子手打了一個大哈欠，書記先生竟打起瞌睡來，嘩啷一聲，刀，筆，木札，都從手裏落在席子上面了。

3. 老子也不十分聽得懂，但看見別的兩個把筆，刀，木札，都擺在自己的面前了，就料是一定要他編講義。

4. 他（老子）看一眼面前的一大堆木札，似乎覺得更加不舒適了。

5. （老子）於是取了繩子，穿起木札來，計兩串，扶著柱杖，到關尹喜的公事房裏去交稿。

6. 「這就是稿子？」賬房先生提起一串木札來，翻著，說。

7. 關尹喜才用袍袖子把案上的灰塵拂了一拂，提起兩串木札來，放在堆著充公的鹽，胡麻，布，大豆，餑餑等的架子上。

當我們把這七個細節像「老子串起木札」一樣把它串接起來，構成一組蒙太奇的結構，就會發現，其中新的質和新的形象是如何在串接中產生出來的：

　　首先，「木札」從記錄的工具轉換成一種思想象徵，先前在書記和老子的手中，木札和筆、刀都僅是一種記錄思想的工具而已，而最後當關尹喜把它放在架子上的時候，它就成爲老子哲學思想的象徵。

　　其次，「木札」從一大堆的混亂狀態，到貫串起來呈有序化的轉換。

　　第三，「木札」在不同主體之間重複出現，但是，不同的主體對「木札」的理解、態度是不同的。

　　這三方面在小說文本中是共同處於一種蒙太奇結構，「木札」從物化形態向思想象徵形態的轉換過程，也就是從畫面的邊緣、依附狀態向畫面中心轉移、佔據的過程。〔註29〕而這一過程同時也是老子哲學受扭曲、冷落的過程。所以，這裏的蒙太奇筆法，是借助於一個道具的變化而達到對主題變化的深刻暗示。普多夫金曾說道：「把誰都能夠看見的東西在銀幕上表現出來，就等於什麼也沒有表現，因爲電影所需要的不是那種一般的、偶然的、浮光掠影的一瞥就可以一覽無餘的素材，而是要專注的、銳利的、能看得更深刻的目光才能看清的素材，這就是那些對電影有極敏銳感受的偉大藝術家們和專家們要利用細節來使他們的作品變得深刻的原因。」〔註30〕《出關》中「木札」這一細節，一方面，使得老子思想象徵化、直觀化；另一方面，又使得對這種思想的批判和理解的方式充分地形象化和藝術化，在眞正偉大的藝術創造中，往往是最晦澀的暗示與最顯明的主題可以借助一個細節來獲得呈現。

　　現在，我們再來看一看《故事新編》中主題蒙太奇的另一種表現形式，即通過不同的價值立場在同一對話語境中的衝突、碰撞而實現的。比如，《起死》中的莊子和漢子一番的對話，莊子所關注、思考的是「齊物論，超生死」的問題。這一問題是屬於形而上的層面，它的價值立場就在於超越世俗的、物質的局限性。而漢子所關注、索求的是「衣服」，他所堅持的價值立場是物質的、形而下的。這兩種不同的價值立場在同一語境中相遇，並且直接構成詰問／回答的緊張關係。通過這兩種價值立場的蒙太奇對接，那麼，新的意味就會立即呈現出來。必須指出的是，這裏的蒙太奇筆法所產生的是一種更具包容性的主題思想，即它不僅指向莊子哲學思想，同時也指向漢子的欲望、追求。從對這兩個相互矛盾的思想指向的展示，我們可以發現魯迅的創作《起死》時的那種相當隱晦、苦澀的意味：當一個人既不能相信一種形而上的價

〔註29〕參閱《外國電影理論文選》，上海文藝出版社1995年版，第281～331頁。

〔註30〕普多夫金：《普多夫金論文選集》，中國電影出版社1962年版，第256頁。

值，同時也不能介入形而下的、物質的、世俗的生活時，那麼，他的精神世界將是多麼的孤獨。在中國傳統哲學和思想史上，莊子的思想是歷代知識分子對抗世俗生活的局限性、確立自我精神的主體價值的最後一塊聖地，但是，如果這種精神想像在現實的堅壁面前又是如此的脆弱，他能不懷疑、失望嗎？！

四

　　我把《故事新編》最後的一種蒙太奇形式稱為敘事蒙太奇，這種蒙太奇筆法，它的基本作用就在於保證動作（情節）的連續性。〔註31〕但是，在文學藝術中，這種蒙太奇在保障敘事的連續性的同時，也同樣促進了複雜的思想、意義的生成。我把《故事新編》中的敘事蒙太奇分成三種形態。

　　（一）拼合形態。比如，《非攻》就是由幾個不同的文本拼合起來的，其拼合的目的就在於構成一個完整的情節敘事。我們已經說過，在中國傳統的子書中，經常包容了許多小說片斷，如果能從這些片斷中敏銳地感受到其內在的聯繫方式，就極有可能生成一個完整的小說化的審美文本。所以，這種蒙太奇的意義就在於通過對片斷的選擇和重新拼合，產生一種審美化的新質和新形象。長期以來，研究者們在對《故事新編》舊文本的考證方面做了許多有益的工作。我以為，若僅僅看到文獻學這一層面，還是不夠的，還必須更深入地探討在這種拼合之中，其獨特的審美價值又是如何生成的。在中國詩歌傳統中，經常有所謂的「集句」，「拼合」與「集句」有著內在的相似性。更重要的是必須看到，所拼合的片斷或所集的句子，當以新的方式並列或組接在一起時，它就脫離了原來文本的「上下文」關係，而成為作家主體的一種新的審美創造的體現。

　　（二）延伸形態。也就是說，作者對舊文本的拼合，其意義並非僅僅在於把片斷整合成完整的小說文本形式，而是為了展示中心情節在高潮之後的敘事終局。而且，這種展示與中心情節還必須構成一種轉折、消解甚至是反諷的張力關係。〔註32〕比如，《補天》的結尾，若按常態敘述，到了女媧死去時，就該終結。但是，作者特意寫了女媧死去之後的情形：顓頊的禁軍竟然在她死屍的肚皮上安營紮寨，並且自稱是「女媧的嫡派」，旗子上也寫了「女

〔註31〕參閱《外國電影理論文選》，上海文藝出版社1995年版，第281～331頁。
〔註32〕參閱《外國電影理論文選》，上海文藝出版社1995年版，第281～331頁。

媧氏之腸」。文本的最後還敘述了秦始皇、漢武帝尋找仙山的故事。如果不從一種新的解讀方式出發，對這些延伸出來的情節，常常會產生「尾大不掉」和結構鬆散拖沓的感覺。但是，如果從蒙太奇的方式來解讀，就會發現，這些情節既是文本敘述的新的進程，它把小說的情節引向新的結局。同時，也在悄悄地對中心情節構成一種深刻的消解、嘲諷，即表達了一方面是偉大的創造，另一方面卻是卑瑣的破壞的思想主題，而這種意味的生成和把握就是建立在文本內在敘述的延伸之上。

　　（三）落差形態。也就是說文本的敘述情節在高潮之後，以急轉直下的方式表現出來。〔註33〕比如，《鑄劍》的結局則是三個人頭爛成一團，不分彼此。這就與小說在敘述高潮時的那種從容、優雅、充滿力量和悲壯美的畫面構成極其強烈的反差。文本正是借助於落差蒙太奇的方式，將主題的獨特性呈現出來，其審美的衝擊力也才更強烈、更深刻。它使小說的敘事從情節層面昇華到對主題意義的凸現，即在這種極其強烈的落差、對比之中，滲透著魯迅獨特、複雜的復仇倫理。

　　必須指出的是，敘事蒙太奇的這三種不同形態在《故事新編》的審美價值和審美特徵中，所具有的功能和意義是不同的。應該說，後兩種形態比拼合形態更具有美學上的創造性。從這一點也可以說明爲什麼《非攻》在《故事新編》八篇小說中顯得不如其它小說來得有意思。我以爲，在《非攻》中，作者在運用拼合蒙太奇筆法時，他的審美視野比較多的是投注在如何使這些小說片斷共同構成一個審美的結合體上，而缺少對這種結合形式的內部層次的關注，即缺少在一種交叉、重疊、差異的複雜形式的操作中，來實現審美價值的生成／轉換、凝聚／消解。而延伸蒙太奇和落差蒙太奇都是在某種不同程度上突破了小說敘事的自然化、平面化、流程化，從而在一種充滿突兀和對比的強大落差之中，把敘事引向深化的過程。

五

　　愛森斯坦在《蒙太奇在 1938》一文中，通過分析普希金和馬雅可夫斯基兩人大量作品之後，說道：

> 不管是普希金的作品，或者是馬雅可夫斯基的作品，這裏面都
> 同樣地存在同一的蒙太奇方法。

〔註33〕參閱《外國電影理論文選》，上海文藝出版社 1995 年版，第 281～331 頁。

從上面所講的一切，可以得出什麼結論來呢？

結論是：不管是詩人寫作的方法，不管是同一演員在鏡頭內部完成各種行動的方法，也不管是使演員的動作行為，甚至他周圍環境的動作（總之，包括影片的全部材料）在導演手中通過影片的蒙太奇敘述和全片結構而顯得光彩奪目，火花四射的方法，所有這一切之間，並沒有什麼矛盾存在。因為作為它們的基礎的，同樣是那些富有生氣的人的特徵和前提，它們不僅是每一個人所固有的，同樣，也是每一種人的藝術、生活的藝術所固有的。〔註34〕

是的，所有的藝術形式都是相通的，因為，藝術創造的全部奧秘都是從人類的生活和文化中產生出來的；因為它們在根源意義上都是人類對其所存在的世界的感知和把握方式，都是人類對自身情境的體味。在我看來，真正的藝術就是一種深刻的存在，是人類共同的精神家園，我相信，這一家園在根本上是不存在什麼思想藩籬和價值隔閡。

第二節　想像與遨遊：《故事新編》的繪畫感

縱觀魯迅的一生，他不僅對美術保持著始終如一的濃厚興趣，而且，在中國現代美術（尤其是版畫）的創作實踐和理論倡導這兩方面，都做出了重要的貢獻。然而，這一切對他的文學創作究竟具有怎樣的影響？又在他的創作文本上留下怎樣的印痕？這些都是魯迅研究中十分重要、但至今仍未得到深入探討的問題。當然，造成這種研究狀況的內在原因有兩個方面：一是由於文學與美術在表現媒介上的不相通性，所以，它首先要求研究者在解讀的過程中，必須能夠把文本從文學語言轉換成繪畫語言。這與我們所習慣的從文學語言直接去把握主題、意義的閱讀方式相比，則顯得更曲折、複雜。二是這種解讀方式對研究者的想像力提出了很高的挑戰性，它不僅要求研究者對文學語言中所呈現出來的色彩感、線條感、明暗對比感，能夠有著一種細緻、豐富的揣摩、品味，而且還要求研究者對這些色彩、線條和明暗對比，能夠加以構圖化。儘管這一切看起來是如此的困難，但是，對文本的這種方式的解讀，預示著這將是一個極富生長性的領域。──我們這裏所做的，也僅僅是一個開端。

〔註34〕愛森斯坦：《蒙太奇在1938》，見《愛森斯坦論文選集》，中國電影出版社1962年版。

一

　　當你親睹了《野草》中的那一團絢麗多姿、息息變幻的「死火」之後，再來讀一讀《故事新編》。我相信，首先吸引你的，一定是《故事新編》中所表現出來的對色彩的敏感。在這裏，我們先來看一看《補天》中的這段描寫：

　　　　伊在這肉紅色的天地間走到海邊，全身的曲線都消融在淡玫瑰似的光海裏，直到身中央才濃成一段純白。

對於這一段描寫，著名畫家張仃先生曾驚歎道：「很容易引人聯想到印象派的色彩。」〔註35〕在這一片濃鬱的色彩中，呈現的是人類創造之初的壯麗與恢宏。如果我們再加以細細品味的話，那麼就會發現，隨著畫面人物的不斷遠景化，它的色彩是從肉紅色到純白在發生變化。更值得注意的是，這種變化是一種流動性的。也就是說，它不是依靠色塊之間的界限感，而是借助於色塊與色塊之間的相互滲透、消融而形成的緩慢過渡的層次感。這種感覺就像你置身於黃昏前的大曠野上，只見天邊一團團雲彩正在飄浮著，它們似乎正層層疊疊、連綿不斷地向你飛來。這時，你會感覺到，每一塊雲彩之間融合得如此富有詩意，每一塊雲彩之中彷彿都挾持著大自然無限的美。除了這種潑墨般的用色之外，在《補天》中，作者還十分注意對色彩的冷、暖基調的把握，比如，其中有這樣的一段描寫：「天邊的血紅的雲彩裏有一個光芒四射的太陽，如流動的金球包在荒古的熔岩中；那一邊，卻是一個生鐵一般的冷而且白的月亮。」在這畫面上，一邊是熱情如火的暖色調，它帶給人們以一種激情和創造的衝動；另一邊是蒼白如生鐵的冷色調，顯示了大自然的威嚴。值得指出的是，在這裏，對於冷與暖這兩種色調，作者都把它們運用到了一種極致的狀態。

　　如果說《補天》主要是以那種強烈、濃鬱的大色團為主的話，那麼，到了《奔月》，就變成以柔和的銀白色為主。並且，作者開始更多地關注到光與色之間的交融、滲透與調配，這在文本描寫羿回家途中的一段話中，就看得尤其分明：

　　　　還沒有走完高粱田，天色已經昏黑；藍的空中現出明星來，長庚在西方格外燦爛。馬只能認著白色的田塍走，而且早已筋疲力竭，自然走得更慢了。幸而月亮卻在天際漸漸吐出銀白的清輝。

〔註35〕張仃：《魯迅先生作品中的繪畫色彩》，載《解放日報》（延安），1942 年 10 月 18 日。

這裏的色彩雖然有黑、藍和銀白三種，但它們之間的層次是分明的，每一種色彩都保持著自己的單純性。那麼，它們又是如何創造出一個和諧的意境呢？我以爲，最主要地，它依靠的是作者對「光」的運用技巧。有意思的是，在魯迅的創作中，有多個文本都存在對「月光」各具特色的描寫。比如，《狂人日記》、《藥》、《社戲》、《孤獨者》、《傷逝》，《野草》中的《秋夜》、《影的告別》等。這裏，我選擇了《故鄉》和《白光》中對月光的描寫來做些比較，從而進一步說明魯迅對色彩和光在配合上的技巧。

《故鄉》中是這樣描寫的：

> 這時候，我的腦裏忽然閃出一幅神異的圖畫來：深藍的天空中掛著一輪金黃的圓月，下面是海邊的沙地，都種著一望無際的碧綠的西瓜……

《白光》中則是這樣描寫的：

> 空中青碧到如一片海，略有些浮雲，彷彿有誰將粉筆洗在筆洗裏似的搖曳。月亮對著陳士成注下寒冷的光波來，當初也不過像是一面新磨的鐵鏡罷了，而這鏡卻詭秘的照透了陳士成的全身，就在他身上映出鐵的月亮的影。

如果說，《奔月》中的月景，帶給我們的是一種既滲透出一絲涼意，又若有所失似的清爽的話；那麼，《白光》中的月景，則是一派冰冷、肅殺，彷彿有點點無數的鬼哭正挾著寒風在你耳邊吹過，使人不禁打起了冷噤。如果說，《故鄉》中的這幅月下小景，帶給作者的是一種溫暖、愉快的回憶，一種彷彿又回到童年時的樂趣的話。那麼，《奔月》中的月景，帶給我們的則是一種「英雄無用武之地」時的淡淡的寂寞和哀愁。然而，這些獨特的閱讀感受，都是得益於作者對色與光的調和：既讓那光流溢於色彩之上，又讓色彩彌漫於光亮的波動之中，所以說，即使在《奔月》的那段描寫中，「色彩」雖然保持著自身的單純性，但是，由於有了「光亮」的作用，它們就都顯得相互流動起來。

到了《鑄劍》，魯迅對色彩的運用，進入了一個自由揮灑的境界。在這一境界中，無數的色彩在交相輝映，多重的形影在互涉變幻，充滿著一種油畫感。這體現在：一方面，他創造性地在同一個畫面中，運用了那些極難和諧的色塊，如黑、紅。按照色彩理論，色彩混合的表現性的大小，主要不是取決於其中占支配地位的主要色彩本身，而是取決於這種色彩受到「折磨」

（afflictions）的程度。〔註 36〕只有通過某一種色彩向另一種色彩靠攏時所顯示出的緊張力，才能更好地把其表現性揭示出來，而「紅」與「黑」就是兩種緊張力較強的色彩。〔註37〕因此，《鑄劍》中「紅」與「黑」的配合，可以說，創造了一種高度的表現性。另一方面，作者成功地通過這種「黑」、「紅」與一種奇異的「形」、「光」相配合，從而使畫面獲得一種充沛、湧動的生命感。比如，下面的這幾段描寫就是如此：

> 後面遠處有銀白的條紋，是月亮已從那邊出現；前面卻僅有兩點燐火一般的那黑色人的眼光。
>
> ⋯⋯
>
> 待到近來時，那人的衣服卻是青的，鬚眉頭髮都黑；瘦得顴骨，眼圈骨，眉棱骨都高高地突出來。
>
> ⋯⋯
>
> 但同時就聽得水沸聲：炭火也正旺，映著那黑色人變成紅黑，如鐵的燒到微紅。

在這裏，無論是色、光、形都運用到了最飽和的狀態，畫面就像積蘊著無限的力量一樣，彷彿瞬息之間就會崩裂，整個畫面的色彩充滿一種不可遏止的激情和動力。在這裏，畫面已經沒有了先前的那種色暈和光輪，而只有色的凝聚，形的突兀和光的映像，一切都表現出一種臨界性的狀態，似乎畫筆只要一閃失，一切都將變了個樣。在這裏，就可以充分看出魯迅傑出的審美創造力，因為在畫面中，「色」、「光」、「形」這三方面，都必須齊頭並進，都必須不斷向一個極致的頂點衝擊，只要有一方面稍微置後一些，那麼，整個的畫面的那種力量感就會被破壞。〔註38〕

《鑄劍》無論是在情感的表現上，還是在色彩的運用上，都是《故事新編》的轉折點，就像那發源於雪山的河流，一經流出源頭的水域，就變得泥沙俱下、渾濁不堪。如果你把《故事新編》按順序從頭到尾地讀一遍的話，那麼，就會發現，整個小說文本的色彩與色調是以《鑄劍》為界，從一種明亮、熱烈向一種黯淡、昏黃變化。在《非攻》中，可以很明顯地看出作者對色彩已經沒有了像前面幾篇那樣強烈的關注和盡情的潑墨揮灑。但是，我們

〔註36〕參閱阿恩海姆：《藝術與視知覺》，四川人民出版社 1998 年版，第 461 頁。
〔註37〕參閱阿恩海姆：《藝術與視知覺》，四川人民出版社 1998 年版，第 461 頁。
〔註38〕參閱阿恩海姆：《藝術與視知覺》，四川人民出版社 1998 年版，第 461 頁。

還是能在一片昏黃的背景中，忽然看到一些嶄新、閃亮的筆觸。如這樣的一段描寫：「雪白的麻布，通紅的辣椒，斑斕的鹿皮，肥大的蓮子。」這些清晰的色彩，夾雜在《非攻》中那沉悶的敘述氛圍之中，它的閃現會使人們心中一亮，產生一種滿足的愉悅感。然而，到了《理水》中，在這種色彩的運筆上，作者已經有意滲透進了一種強烈的滑稽的感受：「酒過三巡，大員們就講了一些水鄉沿途的風景，蘆花似雪，泥水如金，黃鱔膏腴，青苔滑溜……」這裏運用的是一系列色彩的排比，然而，卻都是一些落入俗套的話語。這說明了這些使用者（大臣們）對這些語言的色彩已經失去了敏感。也就是說，儘管這些大臣們有意突出風景的色彩美感，但是，讓人讀起來，卻感到更貧瘠、單調。它的潛臺詞就是：這時，大自然在他們的眼中已經失去了活力，而只剩下了一種物質性、欲望性的存在。

翻開《出關》一文，撲面而來的則是陣陣滾滾黃塵，使人窒息，且看下面的這段描寫：

> 不多久，牛就放開了腳步。大家在關口目送著，去了兩三丈遠，還辨得出白髮，黃袍，青牛，白口袋，接著就塵頭逐步而起，罩著人和牛，一律變成灰色，再一會，已只有黃塵滾滾，什麼也看不見了。

像《出關》中的這種灰濛濛、渾濁、黯淡的色彩，在《故事新編》的後五篇小說中隨處可見。值得注意的是，那些曾經照耀過《補天》、《奔月》和《鑄劍》的光亮也已漸漸地退去，乃至消失了。畫面上看不到一線光亮的到來，四處都是一派濃重的昏黃，彷彿濃重得連光都透不進來。到了《起死》一文，作者索性就讓筆下的景物混成一片，比如，文本開頭一段的布景：

> 一大片荒地。處處有些土岡，最高的不過六七尺。沒有樹木。
> 遍地都是雜亂的蓬草；草間有一條人馬踏成的路徑。離路不遠，有一個水溜……

若是按照戲劇布景的原則，首先必須說明布景時的色彩和光線是如何配合的，但是，在這裏，作者有意地略去了這些，布景中的景物呈現的是一種雜亂的面貌，既沒有色彩，也沒有光亮，死寂一般地存在著。

凡·高曾說過：「色彩本身就表達某種東西。」〔註39〕實驗心理學的研究

〔註39〕轉引自拉塞爾：《現代藝術的意義》，江蘇美術出版社1996年版，第38頁。

也指出：「人對色彩的經驗和他對情感的體驗之間，實際上有類似的地方」。〔註40〕因此，我們從《故事新編》文本中作者是如何地運用色彩這一角度，也能把握到魯迅獨特的心理狀態：在《補天》的瑰麗、燦爛的色彩之中，我們分明看到了一顆重新匯入時代潮流的心靈，置身於創造之中的氣魄和歡樂；在《鑄劍》的那種「黑」與「紅」極致化的色彩表現之中，我們終於看到了一種滿蓄著剛烈的復仇之情，一種如地火般在奔兀、在運行的衝動。整個畫面猶如一團燃燒的火焰，焰心因燃燒而爆發出陣陣的爆裂聲，同時，就在這火星四濺的刹那間爆出耀眼的光芒。然而，整個火焰的火勢卻因此更旺了。是的，在閱讀《鑄劍》時，你會感到一種灼熱，這種灼熱感不僅親炙著你的肌膚，而且，還能讓你心血沸騰。然而，到了後面的五篇小說，畫面的色彩都變得渾濁不堪，昏黃和渾濁不僅成為整個文本的底色，而且，似乎還在不斷地彌漫開來。讀這些文本的感覺，就像置身於北方的冬天，一陣大風揚過，大街上灰塵、黃沙撲面而來，鑽進你的脖子、你的鼻孔，黏附著你的皮膚，阻塞著你的呼吸，讓你感到渾身的不自在。在這一片既沒有白日的明朗與美麗的風光，也不讓明亮與健康的日光射進來的世界裏，卻讓人最真切地看到魯迅晚年思想的沮喪和陰暗。

色彩對直覺來說，是一條熱線，色彩傳遞的信息甚至優於語言傳遞的信息，如同獵人能夠指著雪地上的血跡，他就無須再開口說話。〔註41〕因此，從《補天》，到《鑄劍》，再到《出關》，在這一色彩的系列變化之中，我們分明看到了魯迅心靈和情感變化的痕跡。

二

魯迅對木刻和繪畫中的線條不僅敏感，而且有著自己獨特的看法。他曾說道：「我們的繪畫，從宋以來就盛行『寫意』，兩點是眼，不知是長是圓，一畫是鳥，不知是鷹是燕，競尚高簡，變成空虛。」〔註42〕他在給青年木刻家曹白的信中也談到了這一點：「病前開印《珂勒惠支版畫選集》，到上月中旬才訂成，自己一家人襯紙並檢查缺頁等，費力頗不少。但中國大約不大有人買，要買的無錢，有錢的不要，我願意送你一本……印得還好，刀法也還

〔註40〕阿恩海姆：《藝術與視知覺》，四川人民出版社1998年版，第461頁。
〔註41〕轉引自拉塞爾：《現代藝術的意義》，江蘇美術出版社1996年版，第38頁。
〔註42〕《且介亭雜文末編・記蘇聯版畫展覽會》。

看得出……」〔註43〕從這些話中，都可以見出他對線條的獨特的理解力和感受力，而這一切都在《故事新編》的創作中留下了印痕。在這裏，我們先來看一看《補天》中的這段描寫：

> 火勢並不旺，那蘆柴是沒有乾透的，但居然也烘烘的響，很久很久，終於伸出無數火焰的舌頭來，一伸一縮的向上舔，又很久，便合成火焰的重臺花，又成了火焰的柱，赫赫的壓倒了崑崙山上的紅光。大風忽地起來，火柱旋轉著發吼，青的和雜色的石塊都一色通紅了，飴糖似的流佈在裂縫中間，像一條不滅的閃電。

這是一團神奇的火焰，它那奇異的、正在不斷上舔的火線，好像熔爐中噴射而出的第一道的鐵流。這裏的線條首先給人的印象是在不斷地流動的：或跳動上舔，或蜿蜒流佈。線條的氣韻是遒勁有力的；接著，你又將看到，它不是在一種空白的背景下流動的，而是在與周圍環境展開搏鬥、衝擊之中才得以開闢自己向前伸展的道路，這就使得線條運動本身成爲了畫面的主體。事實上，在這段描寫中，即使我們不去關注「火焰」本身的熱烈，而想像著作者所描繪出來的線條感，也足以讓我們感到一股奔瀉而來的激越。此外，畫面線條的運筆方向是從下向上的，帶給我們的是一種升騰和上衝的感受。因此，整個畫面的線條感，呈現的是一種異乎尋常的刺激性，一種令人驚奇、讚歎、目眩神迷的審美效果。

然而，在《奔月》中的線條，雖然已沒有了像《補天》中那樣充滿著熱烈而奔放的流動感，但還保持著那種力量感，請看下面的一段描寫：

> 他一手拈弓，一手捏著三枝箭，都搭上去，拉了一個滿弓，正對著月亮。身子是岩石一般挺立著，眼光直射，閃閃如岩下電，鬚髮開張飄動，像黑色火，這一瞬息，使人彷彿想見他當年射日的雄姿。

真是神來之筆！這是一個寫在天宇上的形象，他以雕塑般的身軀對峙著整個蒼穹——不屈不撓。畫面中的線條，一方面是短促的，給人以瞬間爆發的力量感；另一方面，線條的運動特徵又是從凝固向飄動轉化，給人一種剛毅而又不失瀟灑的感受。在這一點上，也許舉《鑄劍》爲例，則更能說明它們在線條上的異曲同工之妙。

〔註43〕1936 年 8 月 2 日，致曹白信。

> 那黑色人站在旁邊，見炭火一紅，便解下包袱，打開，兩手捧
> 出孩子的頭來，高高舉起。那頭是秀眉長眼；皓齒紅唇；臉帶笑容；
> 頭髮蓬鬆，正如青煙一陣。黑色人捧著向四面轉了一圈，便伸手擎
> 到鼎上⋯⋯

這裏，黑色人的一系列動作所構成的線條感，是柔和的、流暢的，然而又充滿著詭秘和神異。請看，黑色人先是捧出「頭」，接著，高高舉起，然後，再向四面轉了一圈，最後，又擎到鼎上。畫面動作的線條感是在一種沉默中緩緩進行著，它充滿著儀式和象徵的意味，即使作者不直接點明它的含義，但你已經能夠隱約地感受到有一種神秘的力量，隱蔽在這一系列動作的線條感之中，就有如你在偶然之中看到野外岩畫的線條一樣，雖然你還無法破譯其中每一道線條的意義，但你卻直覺到那絕不會是漫不經心而畫下的。我想，如果我們能把《鑄劍》中這段無聲的動作還原成一段線條的話，那就更能體會到其中無盡的、豐富的意義。

無論是《補天》中線條的流動，《奔月》中線條的從凝固到飄動，還是《鑄劍》中線條的象徵化，它們都無一不滲透著一股力道，無一不挾持著一股勁道。但是，到了《故事新編》的後面五篇小說，這股力道和勁道都消逝了，這時，呈現在文本中的線條感，則是一種隨意性的、荒誕性的蔓延———一種疲憊、鬆弛的感覺。比如，《理水》裏的這段描寫：

> 他兩腿立刻發抖，然而又立刻下了絕大的決心，決心之後，就
> 又打了兩個大呵欠，腫著眼眶，自己覺得好像腳不點地，浮在空中
> 似的走到官船上去了。

這裏畫面中的線條是臃腫的、虛浮的，充滿著一種無意義感，一種滑稽感。這種抖動的、扭曲的線條，呈現出了人物內心的卑怯與恐懼。再來看一下在《出關》文本中的線條，則更是呈一種停滯狀的：「老子像一段呆木頭似的坐在中央，沉默了一會，這才咳嗽幾聲，白鬍子裏面的嘴唇在動起來了。」這裏不僅沒有了變化多端的刺激，似乎連動一下，也都是十分費力似的。如果說在《出關》中，作者對老子的描寫，其線條感給人的感受是一種沉悶的話，那麼，到了《起死》，這種線條感已經發展到了慌亂：漢子「一手捏了拳頭，舉起來，一手去揪莊子⋯⋯莊子一面支撐著，一面趕緊從道袍的袖子裏摸出警笛來，狂吹了三聲。漢子愕然，放慢了動作」。這一系列動作所形成的線條感，是慌忙雜亂的，一點兒都沒有那種道家哲學所追求的流轉、圓滿的感覺，

而是讓人感到一種滑稽可笑。也就是說，在這後五篇的小說中，我們已經無法看到作者有力和激動的筆觸，只能看到一種有意顯得漫不經心的四處塗抹，這眞是一幅末世的圖景——魯迅的筆和他的心靈一起顫抖了。

三

魯迅在給曹白的一封信中，曾說過這樣一段話：

> 中國的木刻家，最不擅長的是木刻人物，其病根就在缺少基礎工夫。因爲木刻究竟是繪畫，所以先要學好素描；此外，遠近法的緊要不必說了，還有要緊的是明暗法。木刻只有白黑二色，光線一錯，就一榻胡塗。現在常有學麥綏萊爾的，但你看，麥的陰暗，是多麼清楚。〔註44〕

從這裏，我們可以看出魯迅對繪畫中的明暗對比的敏感和精當的理解。這一切也都潛在地影響了《故事新編》的創作與審美效果，在《故事新編》文本中，這種對明暗對比的運用，我們可以把它分成下面幾種表現形態。

第一種表現形態，就是有意通過敘述畫面的「明」與「暗」的對比，來刻畫人物的性格。這最典型的應該是《鑄劍》中對「黑色人」的描寫：「他已經擎起地上的青衣，包了眉間尺的頭，和青劍都背在背脊上，回轉身，在暗中向王城揚長地走去。狼們站定了，聳著肩，伸出舌頭，咻咻地喘著，放著綠的眼光看他揚長地走。」現在，我們來分析一下，這裏的「明」與「暗」、「黑」與「亮」是如何地形成一種強烈的對照？它又產生出怎樣的審美效果？「黑色人」正如作者所命名的那樣，全身的打扮一切都是黑的，並且是在黑暗中行動。黑暗是一種凝重、一種壓抑、一種死亡，但同時也是一種反抗、一種勇氣。作者讓「黑色人」行動在黑暗之中，帶給讀者的是前途未卜的悲壯感。然而，在這關鍵時刻，畫面上又忽然亮出幾點狼的綠光來，使人們更清晰地看到「黑色人」此時是如何義無反顧走向黑暗，走上復仇之路。寫到這裏，我們對《野草·影的告別》中的一段話也許就有了一種更深刻的領會：「我獨自遠行，不但沒有你，並且再沒有別的影在黑暗裏，只有我被黑暗沉沒，那世界全屬於我自己。」——「黑色人」就是這樣一個誕生於黑暗中的精靈，黑暗哺育了他的靈魂，磨礪了他的意志，然而，命運也安排他終將

〔註44〕1936 年 4 月 1 日致曹白信。

在黑暗中消失，在黑暗中昇華。所以，畫面中的這種「黑」與「亮」的強烈對照，使得整個文本充滿反抗的意志和力量。因為再也沒有什麼比一個人獨自搏擊暗夜，更讓人感到反抗的孤獨和悲劇性。這種明暗的對比，在《鑄劍》文本中，當敘述到「黑色人」的表演時，更是得到酣暢淋漓的運用。在這裏，我們只能選擇一個小片斷來加以解讀。比如，在文本中先是這樣寫道：「炭火也正旺，映著那黑色人變成紅黑，如鐵的燒到微紅。」接下來，文本有一段「黑」與「白」、「明」與「暗」的對比，我以為，它更為神采炫目：「（黑色人）臂膊忽然一彎，青劍便驀地從他後面劈下，劍到頭落，墜入鼎中，溯的一聲，雪白的水花向著空中同時四射。」請大家想像一下，在一陣雪白的水花四濺的瞬間，一個黑色的頭顱崩然落下，在這稍縱即逝的「黑」與「白」的交匯、疊加、衝撞之中，你彷彿看到的是一種生命的極致與飛揚；看到了一個黑暗的精靈，正縱身一躍，忽地，就潛入了人性與生命的深淵；看到了那雪白的水花如滿山的白菊，在這上邊正飛翔著一個黑色的天使，這是多麼驚心動魄的一幕，在這一陣水花之中，暗示著「黑色人」復仇的神聖性和純潔性。

在《故事新編》文本中，作者還常常有意通過在黑暗中把某些事物特別地突現出來，以展示人物的心理狀態，這是文本中明暗對比的第二種表現形態。比如，我們在《奔月》中就能看到這種典型性的表現：「女乙來點燈了，對面牆上掛著的彤弓，彤矢，盧弓，盧矢，弩機，長劍，短劍，便都在昏暗的燈光中出現。羿看了一眼，就低了頭，歎一口氣；」這些在昏暗中出現的兵器，對於羿來說，原本是他力量與本領的象徵，他曾經用它們顯示過自己生命中最神采飛揚的一幕，而如今，這一切都變成了「英雄無用武之地」的證明。就是這樣，作者有意地把這些兵器描繪出來，暗示羿在此時充滿驕傲與屈辱、非凡與寂寞相交融的複雜的心理狀態。有時候，在文本中，這種借助於明暗對比的表現方式，甚至能展示出人物潛意識的心理狀態。這裏，我們再接下來看一段《奔月》中的描寫：「殘膏的燈火照著殘妝，粉有些褪了，眼圈顯得微黃，眉毛的黛色也彷彿兩邊不一樣。但嘴唇依然紅得如火；雖然並不笑，頰上也還有淺淺的酒窩。」像這種對一個女性外貌、神態進行如此濃麗描繪的筆墨在魯迅小說中是不多見的。然而，這種描寫方式，顯然是有某種藝術目的。不妨自問一下，當你看到這副「嬌容」時，心裏有怎樣的感覺呢？在這裏，作者有意地把黑暗中嫦娥的「嬌容」顯現出來，這就一方面

寫出了羿對嫦娥憐愛、顧惜的感情。另一方面又寫出了這種憐愛、顧惜的肉欲性，它是維繫在一種對「肉體」的相悅上，而並非兩人之間存在深刻的愛情。這樣就一方面把「羿」的形象世俗化，另一方面也為文本的後面部分敘述嫦娥棄羿奔月而去，埋下了伏筆。

此外，在《故事新編》文本中，作者還特別喜歡選擇黃昏（明→暗）和清晨（暗→明）這兩個時段，來展開對人物活動的敘述。比如，《鑄劍》中的這樣一段描寫：

> 當眉間尺腫著眼眶，頭也不回的跨出門外，穿著青衣，背著青劍，邁開大步，徑奔城中的時候，東方還沒有露出陽光。杉樹林的每一片葉尖，都掛著露珠，其中隱藏著夜氣。但是，待到走到樹林的那一頭，露珠裏卻閃出各樣的光輝，漸漸幻成曉色了。遠望前面，便依稀看見灰黑色的城牆和雉堞。

> 和挑蔥賣菜的一同混入城裏，街市上已經很熱鬧。男人們一排一排的呆站著；女人們也時時從門裏探出頭來。她們大半也腫著眼眶；蓬著頭；黃黃的臉，連脂粉也不及塗抹。

在人類的時間體驗中，清晨意味著秩序和理性重新回到人世間，意味著人們重新進入一個規範化的生活狀態。然而，對這時的眉間尺來說，這個清晨的到來，是一次新的命運的起點，他將由此走上復仇的不歸之路。而對那些蓬頭垢面的男人與女人們來說，所有的清晨對於他們來說，都是千篇一律的，都是一樣麻木不仁的。因此，文本中的這段對清晨的描寫，就尤其顯得含義深遠：眉間尺此時對清晨景致的變化，表現出特別的敏感，因為這是他新生命的開端；而對於那些百姓們來說，時光彷彿停滯了，他們對周圍的變化已毫無知覺。

魯迅這種對清晨的驚喜與發現，顯然是與他對黑夜的體驗密切相關的。我們知道，魯迅有一種「夜間」寫作的習慣。「這裏所謂的夜間，可不是一般的十點多鐘，而是深夜一二點鐘，有時竟至通宵達旦：一杯濃茶、一盞油燈，魯迅先生吸著香煙，靜靜地坐在桌旁，工作、學習、寫文章。」〔註45〕這種夜間寫作的方式，使得他對黑夜如何影響人類經驗與體驗，有著比一般人更深的理解，他曾說，「人的言行，在白天和在深夜，在日下和在燈前，常常顯

〔註45〕俞芳：《我記憶中的魯迅先生》，見《魯迅生平史料彙編》，第三輯，天津人民出版社1983年版，第47頁。

得兩樣。夜是造化所織的幽玄的天衣，普覆一切人，使他們溫暖、安心，不知不覺的自己漸漸脫去人造的面目和衣裳，赤條條地裹在這無邊無際的黑絮似的大塊裏……君子們從電燈下走入暗室中，伸開了他的懶腰；愛侶們從月光下走進樹陰裏，突變了他的眼色。」〔註46〕正是這種久置於黑夜的經驗，使得他對一切鬼鬼魅魅的東西，看得更分明；也正是這種夜間的語境，使得他對自己內心的黑暗的感受，有了對話和回味的機會。他說，「惟黑暗與虛無乃是實有」〔註47〕，然而，「我只得由我來肉薄這空虛中的暗夜了」〔註48〕。也正是基於這種內心「暗夜」式的重壓，使得他對清晨的到來，是如此的渴望和歡喜；使得他對那些感覺不到陽光的、麻木的人們，才會如此的憎惡。所以，在這個意義上說，《故事新編》中的「明」與「暗」的體驗與表現，對魯迅來說，則充滿著一種豐富而深刻的內涵。

四

八十年代初，唐弢先生在為英國倫敦大學《中國季刊》作的《關於〈故事新編〉》一文時，提出了一個十分有價值的觀點，即《故事新編》與漫畫的關係（學術界對這一觀點似乎還未引起充分的注意）。他說道：「《故事新編》有人比之於繪畫中的畢加索……我以為這個比擬並不恰當。因為無論從哪一點說，《故事新編》都比較易懂，除了《鑄劍》和《補天》外，也沒有畢加索的憂鬱的藍色或者強烈的彩色（《鑄劍》在堅韌不拔中帶點憂鬱，而《補天》卻給人以耀眼的五彩繽紛的感覺）。其它各篇的色澤，近於白地黑線的漫畫。如果一定要舉繪畫來說明的話，我覺得那種樸素而略帶誇張的筆調，倒有點接近格羅斯（George Grossz）———一個魯迅喜愛的德意志的畫家。」〔註49〕

確實，當我們在閱讀《故事新編》時，彷彿就像在翻閱著一幅幅「漫畫」，那種怪誕、滑稽、幽默、冷嘲熱諷的感受會油然而生。然而，在這裏，我們必須進一步地追問道：這種漫畫感是如何生成的？作者是通過哪些特殊的藝術手段，創造了文本的漫畫性呢？它又是表達了魯迅對世界怎樣的感受與體驗呢？要深入分析這些問題，就必須探討那種凝結在《故事新編》之中的作

〔註46〕《魯迅全集》，第5卷，人民文學出版社1981年版，第193頁。
〔註47〕《兩地書·四》。
〔註48〕《野草·希望》。
〔註49〕唐弢：《〈故事新編〉一解》，見《唐弢文集》第7卷，社會科學文獻出版社1995年版。

者獨特的對於漫畫構圖的藝術意識和藝術方式。對此，我們可以從下面的幾種方式入手，來加以分析。

　　第一種方式就是，作者有意通過誇張來打破畫面構圖的均衡性，從而產生漫畫感。對此，魯迅曾說，「漫畫要使人一目了然，所以那最普遍的方法是『誇張』，但不是胡鬧。」比如，在《補天》中，女媧是一個崇高的充滿創造力的形象，而在畫面中，作者有意同時設置了一個出現在「兩腿之間」的所謂的「小丈夫」。借助於這種「大」與「小」之間的強烈對比，從而打破了畫面構圖的均衡。另外，如果我們有意地把兩個不相協調的東西並置在一起，那麼，也會產生畫面的不均衡感。比如，在《鑄劍》中，作者有意描寫了「侏儒」的形象，讓這些短小、滑稽的人物得寵於國王，並橫行於威嚴的朝廷之上，則使人感到這個王權的荒誕。當然，更典型的應該算是《理水》中的一段描寫：

　　　　他（指禹）舉手向兩旁一指。白鬚髮的，花鬚髮的，小白臉的，
　　胖而流著油汗的，胖而不流油汗的官員們，跟著他的指頭看過去，
　　　　只見一排黑瘦的乞丐似的東西，不動，不言，不笑，像鐵鑄的一樣。

大家想像一下：一邊是一群養尊處優、但又讓人覺得顢頇無能、油頭滑腦的形象。另一邊是一群雖然衣衫襤褸，但剛毅挺拔的形象。把這兩種形象並置於一個畫面上，在這種強烈的反差感中，我們既看到一幅權貴們的滑稽相，又同時看到一幅為民勞作的艱辛相。

　　在《故事新編》中，漫畫性的第二種方式就是，抓住人物某一具體特徵加以意象化。這一具體特徵，由於如此的熟悉，人們習慣於對它熟視無睹，但一旦作者有意地把它描畫出來，那麼，就會帶給讀者以一種新奇感。而事實上，這種新奇感卻恰恰是一種最真實的描畫。這一點，在魯迅的雜文創作中曾得到了豐富的運用，把魯迅雜文與《故事新編》加以對照和聯繫性的解讀，是十分有趣的。可以看出，雜文中的這種漫畫性的方式在《故事新編》中也有豐富的體現。比如，《補天》中對那些「小東西」的描寫：「肥白的臉」，「只是怪模怪樣的已經都用什麼包了身子，有幾個還在臉的下半截長著雪白的毛毛了」。在《非攻》中，那個在大街上用手在空中一揮，大叫道「我們給他們看看宋國的民氣！我們都去死」的「曹公子」，都是一些典型的漫畫式的形象。

　　在《故事新編》中，這種漫畫性還表現在給人物起一個特別的名號。比

如，《采薇》中那個要買路錢的「華山大王小窮奇」、那個上山去開了幾句玩笑的「阿金姐」、那個「憤憤不平」的小丙君，《鑄劍》中那個「乾癟臉少年」，《出關》中的「賬房先生」、「書記」，《理水》中的「鳥頭先生」。這種給人物起一個特殊的名號，不僅使人物一下子獲得一種漫畫感，同時，也使形象的審美內涵一下子獲得增長。魯迅曾在《且介亭雜文二集》的《五論「文人相輕」——明術》中說道：「果戈理誇俄國人之善於給別人起名號——或者也是自誇——說是名號一出，就是你跑到天涯海角，它也要跟著你走，怎麼擺也擺不脫。這正如傳神的寫意畫，並不細畫鬚眉，並不寫上名字，不過寥寥幾筆，而神情畢肖，只要見過被畫的人，一看就知道是誰；誇張了這人的特長——不論優點或弱點，卻更知道這是誰。……批評一個人，得到結論，加以簡括的名稱，雖只寥寥數字，卻很要明確的判斷力和表現的才能的。必須切帖，這才和被批判者不相離，這才會跟了他跑到天涯海角。」在我看來，世界文學史上，只有少數的作傢具有這方面的獨特才能。比如，我們在拉伯雷的《巨人傳》中，能看到這種才能的光輝痕跡；在海涅的政治諷刺詩中，也能看到這種才情如電光一閃；我們當然更熟悉的是果戈理的充滿詩意與雋永的「笑」。在《故事新編》中，這些「阿金姐」、「小丙君」、「小窮奇」的名號，作者也都是「寥寥幾筆」，就把對象「神情畢肖」地勾畫出來，讓他逃到「天涯海角」也甩不掉。〔註50〕

魯迅常說自己喜歡「以小見大」，「借一斑而略窺全豹」。所以，在他的筆下，對象雖然只是一個小動作、一個小眼神、一個小表情，但已能讓讀者或會心一笑或靈機一動或恍然大悟。〔註51〕他曾舉例說道：「廓大一個事件或人物的特點固然使漫畫容易顯出效果來，但廓大了並非特點之處卻更容易顯出效果，矮而胖的，瘦而長的，他本身就有漫畫相了，再給他禿頭，近視眼，畫得再矮而胖些，瘦而長些，總可以使讀者發笑。」〔註52〕在《故事新編》中，魯迅很重視對人物那些微妙的具有漫畫性的意味深長的動作的描摹，從這點上，我們可以看出，魯迅在藝術創造上的多樣性。他既能揮動如椽之筆，揮灑潑墨，創造出補天的壯舉、射月的雄姿與復仇的激情，

〔註50〕 參閱姚春樹：《二十世紀中國雜文史》（上冊），福建教育出版社 1997 年版，第 273～307 頁。

〔註51〕 參閱姚春樹：《二十世紀中國雜文史》（上冊），福建教育出版社 1997 年版，第 273～307 頁。

〔註52〕 見《且介亭雜文二集‧漫談漫畫》。

也能運筆如飛，速寫而成。在《故事新編》中，他有時只要簡單地刻畫某一類人物的某一個小動作，就能揭露出這一類人的精神狀態及其本質。比如，在《補天》中，女媧「瞥見有一個正在白著眼睛呆看伊；那是遍身多用鐵片包起來的，臉上的神情似乎很失望而且害怕」，這就描畫出這些小東西們的荒淫無恥的面目。比如，在《出關》中，描寫那個籤子手，「又用籤子刺一個洞，伸進指頭去掏了一下，一聲不響，橛著嘴走開了」。他的筆就如同古希臘神話中的那個法力無邊的神，只要看上一眼，對象就會變成石頭。是的，在魯迅的筆下，這些形象，只要被他描上一筆，哪怕是輕輕的一筆，對象就整體性地被成了像。

別林斯基在評價果戈理的小說時，曾說道：「一般說來，新作品的顯著特點在於毫無假借的直率，生活表現得赤裸裸到令人害羞的程度，把全部可怕的醜惡和全部莊嚴的美一起揭示出來……不管好還是壞，我們不想裝飾它，因為我們認為，在詩情的描寫中，不管怎樣都是同樣美麗的，因此也就是真實的。而在有真實的地方，也就有詩。」〔註53〕馬克思在評價海涅時，也說他的政治諷刺詩在把那些丑角釘上恥辱架的時候，也同時把他們送進人類藝術形象的殿堂。這兩段經典的評論，對於我們理解《故事新編》文本的漫畫性的美學意義，也是很有幫助的。

第三節　文化的記憶：《故事新編》與《盧奇安對話集》的比較研究

一

在魯迅的《故事新編》與古希臘羅馬時代的盧奇安的《對話集》〔註54〕之間建立一種比較關係，初看起來，可能會產生一種「風馬牛不相及」的感受。但是，我之所以要選擇這樣的一個比較關係來研究，絕不是為了「標新立異」，或者是簡單的「為比較而比較」，而是基於三個方面思考：

首先，現在已有不少的研究文章把《故事新編》與西方現代荒誕派小說

〔註53〕別林斯基：《別林斯基選集》，第1卷，上海譯文出版社1979年版，第154頁。
〔註54〕盧奇安（Loukianou），又譯琉善。本文寫作所參考的譯本是周作人譯：《盧奇安對話集——一部喜劇性諷刺作品》，人民文學出版社1991年版。

加以比較。當然，這不僅是一種新的比較視野的開創，更重要的是，它說明了我們對《故事新編》這部令人費解的小說的藝術特徵的把握更趨於豐富和深化。然而，就已經呈現出來的學術深度來看，大多數的文章仍停留在對照、比附的層面，而無法獲得一種文化與詩學意義上的深入開掘。我以為，造成這種缺失的根本原因就在於，我們的研究缺少一種小說史的視野。從小說體裁的發展史角度來看，現代荒誕派小說可以追溯到盧奇安的《對話集》這一源頭，現代荒誕派小說的藝術形式及其表現手法，都在盧奇安的《對話集》中有過生動有力的表現。這正如巴赫金所說的，「雖然體裁過著現今的生活，但總在記著自己的過去，自己的開端」。〔註55〕所以，如果我們能把對《故事新編》的比較研究建立在這一源頭上，那麼，對《故事新編》在世界文學史上真正的獨創性之處，就將會獲得更有力的揭示。

其次，我在閱讀這兩個無論在空間上，還是在時間上都相距遙遠的文本的過程中，卻驚奇地發現，《故事新編》與《盧奇安對話集》之間存在著深刻的、多方面的相似性：如在表現方式、語言風格和審美想像等方面。這種在絕對的「異」中發現相對的「同」，我以為，不僅對我們理解、思考中國現代文學與外國文學的複雜關係將是富有啟發的，同時，對我們探討人類在詩學創造、藝術想像方面的共通性，也將提供一個富有說服力的範型。

當然，更為重要的是，我試圖通過這種比較研究，來探討一個知識分子（無論是東方的，還是西方的）在一種「極端情境」〔註56〕中的精神反應方式：他們對現實的感知和理解的方式；他們對歷史變遷的體認和把握的方式；他們對文化和精神困境的思索和領悟的方式。並以此追問道：這其中有哪些是屬於共同性的東西？又有哪些深深地打上各自文化、精神歷史的烙印？這對置身於當代語境中的「我們」，建構跨文化的對話通道，又將具有怎樣的啟發？

雖然，在表面上看起來，魯迅與盧奇安所生活的時空相距遙遠，但是，從深層的精神文化空間來看，他們卻都置身於一種相似的「極端情境」之中：盧奇安是羅馬帝國的一個敘利亞人。照那時的說法乃是外夷。據推測他大約生於公元115年至125年這十年中。死於公元二世紀的末年（相當於中國後漢，

〔註55〕巴赫金：《陀思妥耶夫斯基詩學問題》，三聯書店1988年版，第156頁。

〔註56〕「極端情境」這一說法，源於存在主義哲學，指的是一個社會的精神生活正處於一種劇烈變動和轉型的歷史時期。

他的文學活動時期蓋在桓靈之世）。〔註57〕盧奇安所生活的時代也是「民族傳說解體的時代，是在構成古希臘羅馬式理想的『優雅』風度（『高尚之美』）的那些倫理規範遭到破壞的時代，那時眾多不同的宗教的哲學派別在進行激烈的爭鬥。那時，圍繞世界觀裏『最後的問題』所展開的爭論，在所有各階層的居民間成了日常生活中普遍的現象，只要是人們聚集的地方，便都會有這種爭論。……那時，哲學家、詩人（昔尼克學派，斯多噶派，伊壁鳩魯信徒）或預言者、顯聖者的形象，成了典型的形象，比中世紀僧團鼎盛時代的僧人還更為常見。那也就是新的世界學者──基督教──醞釀和形成的時代。這一時代的另外一個方面，則是人的生活中所有外在境遇全都失去了意義，人所處的地位，變成了人在世界舞臺上受命運的盲目支配而扮演出的種種角色，這一點導致的結果，是破壞了人及命運的那種史詩式和悲劇式的整體性。」〔註58〕這一切，都將促使一個知識分子對「人」的基本境遇產生新的理解，對整個世界和宇宙的意義產生新的意向。在當時的知識分子中，盧奇安是最敏銳地感覺到那無處不在的危機，並天才性地把它表現出來。

二

任何的比較研究都必須深入到文本的藝術表現形式層面，這不僅是因為藝術表現形式在文本形態上最具有直觀性。更重要的是，藝術表現形式直接根源於一個作家觀察、把握和表現世界的方式。因此，選擇文本的藝術表現形式來建立比較研究的基層，就成為本文即將展開論述的出發點。

閱讀《故事新編》和《盧奇安對話集》這兩個文本首先帶給我們的一個強烈的感受就是，這兩個文本在藝術表現方式上都有著明顯的「把神話、歷史現實化」的特徵。這裏所謂的「把神話、歷史現實化」，指的是兩個方面的內涵：（一）這兩個文本中的神話人物和歷史人物都被有意識地、突出地描寫成充滿時代色彩的新形象。（二）與此相關，這些被有意現實化的神話、歷史形象的價值所在和意義指向，同時發生了根本性的變化。

這裏，我們先以盧奇安的《對話集》為例來加以討論。

〔註57〕 周作人：《關於盧奇安》一文，見《盧奇安對話集》，人民文學出版社 1991 年版，第 1 頁。

〔註58〕 參閱巴赫金：《陀思妥耶夫斯基詩學問題》，三聯書店 1988 年版，第 171～172頁。

　　比如，《對話集》中的「諸神對話」部分，這個對話是以希臘神話中的諸神作爲角色。雖然是神的身份，可是一切的言行全是凡人的。如文中是這樣描寫諸神們的：天神宙斯荒淫而殘暴，他不擇手段地追逐女人，這還不夠，還到處物色男寵。天后赫拉則爭風吃醋，千方百計地謀害宙斯所追逐的女人。太陽神阿波羅情場失意，同一些美男子搞起同性戀來。愛神阿佛洛狄忒和戰神阿瑞斯私通……更具有諷刺意味的是，在《宙斯被盤問》裏，犬儒派學者庫尼斯科斯緊緊抓住所謂宙斯至高無上、無所不能但又無法擺脫命運女神支配的這一根本矛盾，層層追問宙斯，使他大爲惱火卻又無可奈何，這就巧妙地戳穿了所謂宙斯萬能的神話。還有一些篇章讓人讀後啼笑皆非。比如，在《宙斯唱悲劇》裏，當宙斯得知人世間有神論的斯多噶派和無神論的伊壁鳩魯派正進行一場關於有神與無神的辯論時，就率領諸神去列席這場對神界來說生死攸關的辯論，結果是眼睜睜地看著無神論派駁倒了有神論派，此時的宙斯只好既悲哀而又無可奈何。尤其令人驚奇的是，在《死人的對話》中，出場的人物除了神話傳說裏的人物外，還有歷史人物亞歷山大，哲學家墨尼波斯、狄俄革涅斯。在《漁夫》和《眞實的故事》裏，盧奇安則作爲主人公同諸神、哲學家蘇格拉底以及諸多怪物一起登場。〔註59〕從上述的例子中可以看出，在《盧奇安對話集》裏，無論是人物形象（包括神話人物和歷史人物），還是對這些人物形象的表現、理解和評價，其出發點都具有相當顯著、鮮明的時代性。在這裏，就有了一種與古希臘史詩和悲劇截然不同的藝術表現形式。在古希臘、羅馬的史詩和悲劇裏，人們談論過去的歲月是充滿著虔誠和敬意。在其風格、語氣和表達方式上，史詩和悲劇的藝術話語遠遠不同於一個人向他的同代人所說的話語。因爲，在當時的人們看來，史詩和悲劇所講述的世界是處於一個絕對不同和不可企及的時代和價值層面上。〔註60〕然而，在《盧奇安對話集》中，神話和歷史被有意加以現實化、時代化。從這種藝術表現形式中，可以看到，似乎一切都翻了個樣，到處充滿著種種鬧劇，古怪行徑，不得體的話語和那種有悖常理的準則和表現。在這裏，就有意打破了史詩和悲劇裏那種世界的完整性，在其看似牢不可破的價值邊界上

〔註59〕參閱《盧奇安對話集》中周作人所撰的有關譯文說明，人民文學出版社 1991年版。

〔註60〕巴赫金：《陀思妥耶夫斯基詩學問題》，見《巴赫金全集》第 5 卷，河北教育出版社 1998 年版，第 325 頁。

打開了許多缺口，整個的文本激蕩著非聖無法的騷動和喧嘩。〔註 61〕在這個意義上說，《盧奇安對話集》中那種擺脫成法和規範的藝術表現形式的「異端性」，正是那個正在衰敗和解體的時代的最充分的體現。〔註 62〕

《盧奇安對話集》中的這種「神話和歷史有意現實化」的藝術表現方式，在魯迅的《故事新編》中也是隨處可見的。對此，捷克學者普實克給予了很高的評價，在這裏，我不得不再次引述他的見解：「魯迅的作品是一種極為傑出的典範，說明現代美學原則如何豐富了本國文學的傳統原則，並產生了一種新的結合體，這種手法在魯迅以其新的現代手法處理歷史題材的《故事新編》中反映出來，他以冷嘲熱諷的幽默筆調剝去了歷史人物的傳統榮譽，扯掉浪漫主義歷史觀加在他們頭上的光圈，使他們腳踏實地回到今天的世界上來，他把事實放在與之不相稱的時代背景中去，使之脫離原來的歷史環境，以便從新的角度來觀察他們。以這種手法寫成的歷史小說，使魯迅成為現代世界文學上這種流派的一位大師。」〔註 63〕普實克先生的這段論述充滿著廣闊的視野和洞見。令人遺憾的是，他並沒有看出，《故事新編》的這種藝術表現形式，並非僅僅在現代文學中才有，它的歷史淵源更悠久。我們這樣說，並不是要抹殺《故事新編》的創造性，而是力圖在世界文學史上給予它更準確的定位。這裏，為了把討論引向深入，我舉《盧奇安對話集》中的《拍賣學派》和《漁夫》這兩篇與《故事新編》中的《理水》來加以分析、比較。

《拍賣學派》所講述的是天神宙斯和赫耳墨斯帶著盧奇安同時代的九個哲學流派的代表人物降到雅典市場上進行公開的拍賣。請看開頭的一段對話：

> 宙斯 （對著一個從人，）你去安排板凳，給來的人們預備地方。（又對另一個人，）你把那些學派都搬出來，擺作一列，但要預先修飾一下，弄得好看一點，使得大家看得中意。你赫耳墨斯，可以宣告開市了。

〔註 61〕 巴赫金：《陀思妥耶夫斯基詩學問題》，見《巴赫金全集》第 5 卷，河北教育出版社 1998 年版。

〔註 62〕 巴赫金：《陀思妥耶夫斯基詩學問題》，見《巴赫金全集》第 5 卷，河北教育出版社 1998 年版。

〔註 63〕 普實克：《魯迅》，見《魯迅研究年刊》，1979 年。

> 赫耳墨斯　　憑了幸運，現在讓買主們都到拍賣場裏來吧。我們
> 有各式各樣的宗旨的，種種哲學生活出賣。假如沒有現銀，他可以
> 憑了一種保證，到明年付款。

這段簡短的開場白，其中有三點是值得我們仔細體味的：1. 在這裏，神降格為人，此時天神宙斯和赫耳墨斯的話語、聲調、風格完全是一副小販的作派。2. 這是一個神人混雜的世界，買者的一方都是凡人，他們都以自己手中的金錢與天神討價還價。3. 更有趣的是，在這裏被拍賣的乃是古代的許多哲學家，可以說是對這些哲學諸大家的一個絕妙的譏嘲。

《漁夫》是《拍賣學派》的續篇，又可以分成前後兩起。前半起寫的是那些哲學家們因為得知盧奇安在《拍賣學派》中把他們拍賣了，並且形容盡改，有失真實，所以向冥王請假。於是，五百多年前的蘇格拉底、柏拉圖、恩珀多克勒斯等哲學家又重新復活過來，都來向盧奇安問難，結果在愛智女神面前舉行了一場公開的審判。盧奇安申辯說，自己在前篇（指《拍賣學派》）裏所拍賣的乃是那些自稱為各學派的後代傳人們，並不是在說古代的哲人。於是，蘇格拉底、柏拉圖等人又與盧奇安言歸於好。這篇的後半起講述的是盧奇安為了證明自己所說的乃是針對學派的後代末流，乃同檢察之神共赴高城，用無花果與金子作釣餌，把那些怕被愛智女神盤問而逃走的僞學者們一一釣了起來。〔註 64〕與《拍賣學派》相比，在《漁夫》裏，那種「神話、歷史的現實化」的藝術表現方式更是得到了淋漓盡致的發揮。在這裏，不僅神人雜處，而且讓那些已經死去五百多年的哲學家們都復活過來，與盧奇安進行論辯。更獨特的是，用釣魚的方式活靈活現地寫盡了那些後代學派的各種醜相，不但是在形體上，簡直連他們隱晦、陰暗的靈魂也都精細地表現出來。

分析完盧奇安的《拍賣學派》和《漁夫》中這些特殊的藝術表現方式之後，我們再來看看魯迅在《故事新編》中的《理水》一文裏，對「文化山上學者」的描寫，就會發現這二者之間是何其的相似：1. 時空上，這裏的學者們雖置身於「湯湯洪水方割，浩浩懷山襄陵」的大禹時代，而他們說的話語中卻竟然有英語，討論的問題卻是「遺傳學」、「家譜學」。同時又把傳說中的「奇肱國」和歷史中的事實混雜在一起。這種時空形式與《盧奇安對話集》中的那種神降臨人間，五百年前的古代哲學家復活過來與著者論辯的時空錯雜的表現方式，有著異曲同工之妙。2. 在《拍賣學派》、《漁夫》和《理水》

〔註64〕《盧奇安對話集》，周作人譯，人民文學出版社 1991 年版，第 639 頁。

裏，都把眞理的表述者和價值立場轉移到了喜劇性人物身上。比如《拍賣學派》中，那些作爲買主的凡人對各學派的批評都是相當深刻的，在盧奇安看來，往往就是在這些凡人身上充滿著對眞理的睿智，在《漁夫》裏，盧奇安在自敘家世時，就稱自己是「眞實之子、名檢察之孫」。而《理水》中的那個「鄉下人」雖然在學者們看來是愚昧無知的，但是，他那種建立在經驗和眞實基礎上的證據和知識，卻實實在在地駁斥了學者們的「高論」。

在上述分析、比較的基礎上，現在，我們有必要進一步來追問這樣的一個問題：爲什麼這兩個無論在時間還是空間上都相距遙遠的文學家，都不約而同地運用了相似的藝術表現方式？在這裏，我們就開始從文本表層的藝術表現形式的比較，掘進到文本「背後」的精神本體的探索；開始從對兩個作爲單一文本的各自特殊性的比較，上陞到對跨文化對話的普遍性的探討。

在盧奇安所生活的時代，各種哲學派別和宗教神秘主義到處招搖撞騙，無所不爲。〔註65〕所以，只有運用這種「神話、歷史的現實化」的藝術表現方式，才能把他們富有欺騙性的面目揭穿，這就有如一把鋒利的雙刃劍，現實和歷史的華麗外表，在其寒光逼人的鋒芒中變得百孔千瘡。這也正如盧奇安在《雙重起訴》一文中，借「對話」之口所說的那樣：「而且他（指盧奇安）將我們像樣的悲劇面目拿去了，卻換上了一個喜劇的，好像羊人似的，好笑的東西。隨後又把我（「對話」）去與玩笑，諷刺，犬儒派，歐波利斯和阿里斯托芬坐在一起，都是些可怕的人，專是譏笑神聖的和正當的事物和人，末了他又掘了那隻老狗來，叫做墨涅波斯的，給我作伴，很能叫喊，張著利齒，眞是一條可怕的狗，因爲他會不經意地咬你一口，他咬你卻是同時笑著。」也許，在盧奇安看來，只有這種「咬你卻是同時笑著」的方式才能發揮他作品最大的諷刺力量；〔註66〕只有這種「神話、歷史的現實化」的方式才可能把他對世道、現實的感受、觀察傳達出來；只有這種表面上看似荒誕的方式才可能使他獲得一種居高臨下的批判力度。在世界文學史上，有許多偉大的藝術，往往是在最爲荒誕的形式之中，找到了一條最緊要的通往眞實的道路，在眞正的幻覺中，往往建立起與現實的更深刻、更內在的聯繫。在這裏，我們就接觸到了「神話、歷史的現實化」這種藝術表現方式，對文本的思想批判力的深化意義。正如在自己作品中也經常採用這種方式的戲劇大師布萊希

〔註65〕周作人：《關於盧奇安》，見《盧奇安對話集》，人民文學出版社1991年版。
〔註66〕周作人：《關於盧奇安》，見《盧奇安對話集》，人民文學出版社1991年版。

特所說的：「我們若是把現代的戲當作歷史戲來表演，那麼觀眾所處的境界對他來說，同樣會顯得不平常，而這就是批判的開端。」同樣的，如果把神話、歷史作爲現實來表現，則仍然會帶給人們一種理性思考的內在衝動。從上面我們對《盧奇安對話集》和《故事新編》的「神話、歷史的現實化」的藝術表現方式的比較研究中，就充分說明了這一點。

三

　　黑格爾曾表述過這樣一種意思：從創作思維的角度來看，形象的構思方式與表現方式是結合在一起的，都訴諸藝術家的感覺和知覺的方式。而在這一過程中，想像力就成爲最重要的藝術創造的動力。也就是說，對創作而言，是一個作家想像的方式直接決定了他所創造的文本的藝術表現形態。如果立足於這一點，那麼，我們的探討就將從文本表現形式這一靜態詩學特徵，進入到審美創造的動態過程，這就如地殼內部的運動造成地球表層的地貌、地形的特徵，地球只有一個，而地貌、地形則可以千姿百態。所以，要探討人類在藝術創造上的共同性，想像力活動的方式是一個重要的基點，也是比較文學研究中必不可少的理論視野。在《盧奇安對話集》和《故事新編》這兩個文本中，都表現出充分自由的虛構性，我以爲，這是直接根源於這兩個作家所具有的奔放、新奇的藝術想像力。

　　《盧奇安對話集》同古希臘神話一樣充滿著異常豐富、新穎的想像，營造出一個個怪誕、荒唐而又充滿審美魅力的藝術境界。如《眞實的故事》一文，描寫盧奇安漫遊奇境，所見所聞雖荒誕不經，但仍奇詭可喜。〔註67〕

　　故事講述的是盧奇安和同伴從「赫拉克勒斯的雙柱」出發，趁著順風，向西方的大洋進發，開始旅行去了。在這旅途中，盧奇安首先是經歷了月亮國同太陽國的交戰。只要看看盧奇安是如何描寫交戰雙方的裝備，就可以知道他的想像力有多麼的神奇、超異：月亮國的軍隊總數是十萬，其中八萬是大鷲騎兵隊，兩萬是菜葉羽毛隊。菜葉羽毛乃是一種很大的鳥，身上的羽毛全都是蓬鬆的菜葉，它的翅膀很像是萵苣葉子。在它們旁邊，排列著小米擲彈兵和大蒜戰士的部隊。此外，還有從大熊星上來的同盟軍：三萬名的跳蚤弓兵和五萬名的乘風隊。這跳蚤弓兵是騎在大的跳蚤上而得名的。跳蚤的大小有十二頭象那麼

<hr>

〔註67〕《盧奇安對話集》，周作人譯，人民文學出版社1991年版，第509頁。

大。乘風隊雖是步兵，可是在空中飛行，卻沒有翅膀。但是，細細一看才知道，它們身上的裝備是蠶豆做的盔，縫合羽扇豆的皮而做成的魚鱗狀的胸甲。在月亮國那地方，蜘蛛不僅多而且大，它們都比那圓形列島的每一個島更巨大。它們受命在月亮與啓明星之間的空中結網，當這完成了，就成為一個平原，於是，月亮國就在這上面列上步兵。至於太陽國方面，在國王法厄同的左邊是螞蟻騎兵隊，那是些有翅膀的大動物，和我們的螞蟻還相像，除了個子的大小，那些大的有兩畝大。不單是騎在它上邊的人會打仗，它們也會打，特別是用它們的觸角。右邊是天蚊隊，全是箭手，騎在大蚊子上頭。此外還有天蹦跳隊，是一種輕裝的步兵，但是也同其餘的一樣善戰。因為他們能很遠地拋擲一種極大的辣蘿蔔，被打著的人沒有多少工夫能支持，就得死亡，傷口變得臭爛了。還有於薹隊、莖薹隊、狗子皀鬥隊和從銀河調來的擲彈兵和那雲中馬人。到得兩軍接觸，旗幟高舉，兩邊的驢子都吼叫起來──因為他們都把驢子當作吹號手──就開始交戰了。……戰爭結束後，盧奇安離開月亮國，到達了燈火市。此時看到的又是一番景象，更是驚妙絕倫：這個城市位置在空中，是在昴星與雨星的中間。上陸之後，卻找不到什麼人，只看見有許多燈火走來走去地在市場和海港裏逛蕩。各個都有他們的家，即使是燭臺，他們也有名字，和人一樣並會發出聲音說話……〔註68〕

　　從上面轉述的故事，我們就可以看出盧奇安的想像力是有多麼的奇特、荒誕。一切在正常的視野裏匪夷所思的事物和存在方式，一經他的想像力的點化，就一下子充滿著趣味。經驗的變成了超凡，渺小的變成了擴張，中斷的則在另一種審美方式中獲得了聯繫，從而把人類的審美方式帶進了一個嶄新的、自由的想像境界之中。盧奇安的這種獨特的想像方式則直接啓發和影響了後世的許多文學創作，如拉伯雷的《巨人傳》、塞萬提斯的《堂吉訶德》、伏爾泰的《老實人》、英國斯威夫特的《格列佛遊記》、俄國果戈理的小說等。

　　如果說在《眞實的故事》中，其想像力的方式是借助於一種神奇的誇張、虛構的方式，那麼，在《過渡》裏則是一種更為新奇的變形。

　　在《過渡》裏，冥界法官為了審判霸主墨伽彭忒斯在陽世的罪行，就傳喚霸主所用過的「床」和「燈」前來作證。那些沒有生命、沒有感覺、沒有情感的「床」和「燈」居然說起話來：

────────────

〔註68〕《盧奇安對話集·眞實的故事》，周作人譯，人民文學出版社 1991 年版。

床　所有庫尼斯科斯（犬儒學派的創始人）所告發都是眞話。但是，主公剌達曼提斯（冥界裁判官），我實在是説起來害羞，他在我的上頭幹些那樣的事情。

燈　白天裏的事情我不曾見到，因爲我不在場，至於夜裏的所作所爲，我不願意來説。我看見過許多事情，都是不可言説的，超過了一切的強暴。實在我屢次故意不吸油，想要獨自熄滅了，但是他卻把我移近他的現場，種種情形把我的光都污盡了。

同樣的變形方式還體現在《公雞》一文裏。《公雞》寫的是鞋匠彌庫羅斯對自己勞累而窮困的勞動者生活感到厭煩，開始羨慕起鄰居一位富翁的生活。但他餵養的一隻公雞卻開口對他説話了。原來這只公雞是古希臘哲學家畢達哥拉斯變的。公雞勸慰他，並帶他去看看那富翁的夜生活，只見那位富翁是靠扒竊、詐騙發財的。發財之後，每天夜裏，他都在昏黃的燈光下，小心翼翼地點錢、數錢、藏錢。點得他手都白了，細了，頭髮也發白了。看了這一切，鞋匠忽然覺得自己勞累而窮困的生活，卻比富翁那種無聊的、戰戰兢兢的生活要高尚得多。〔註69〕

與《過渡》和《公雞》中這種把物擬人化的想像方式相反，在《漁夫》裏，盧奇安的想像方式則在通向人的擬物化方面，得到了淋漓盡致的發揮。《漁夫》裏，盧奇安以無花果乾和黃金作釣餌，把後世學派的哲學家，那些招搖撞騙的學術騙子，像一條條大魚從城下釣上來，然後當面戳穿他們虛假的面目，讓他們當眾出醜。

必須指出的是，《盧奇安對話集》中這些豐富的想像力都表現出一個共同的特點，那就是，即使是最大膽的、最不著邊際的幻想、經歷，也都可以得到內在的説明、解釋。也就是説，作家對現實深邃的觀察、感受，強有力的理性力量和生動、形象的藝術表現，構成了這些荒誕、新奇的藝術想像世界內部的審美機制。它的眞正的目的，就是表現出盧奇安對當時哲學的批判，表現出盧奇安自身的犬儒派的思想立場。〔註70〕正是這種最根本性的思想立場，使得在他的作品裏馳騁著的想像力與荒誕不經的形象、故事能夠結合成爲有機的、不可分割的藝術整體。同樣的，也正是借助於這種極端新奇的想像力，才能充分表現出盧奇安對現實世界極其敏鋭的觀察。因爲在盧奇安所

〔註69〕《盧奇安對話集・公雞》，周作人譯，人民文學出版社 1991 年版。
〔註70〕《盧奇安對話集》，周作人譯，人民文學出版社 1991 年版，第 560～561 頁。

生存的那個時代，一切神聖的東西及其形態，都變得如此的腐朽、荒謬。然而，它們又是以一種暴力的方式和欺騙的方式維護著自身的尊嚴。對於這一切，雖然人們或是出於畏懼而恭敬，或是出於恐嚇而屈服。但是，在這一切貌似規矩和秩序的表面之下，正散發出陣陣腐朽的氣息。與同時代人相比，盧奇安更能敏銳地感受到這些氣息正撲面而來。然而，他又只能借助於這種荒誕的、犬儒派的嘲笑來獲得自己批判的意向和力量。這也就是為什麼在世界文學史上，魔鬼的形象總是比天使更富有魅力。因為魔鬼常常是作為一種被壓迫者和反抗者的形象出現，而在價值面臨解體和崩潰的時代，這一形象就具有隱喻性的內涵，在人們對魔鬼的價值翻轉和虛構中，表達的不是與上帝的對立，而往往是對世俗權力的反抗。

在《故事新編》中，作家的想像力在那自由往返的藝術空間中，一樣地在展翅飛翔。《故事新編》中這樣超凡神奇的想像力昇華和凝聚為最富有審美價值的文本，當數《鑄劍》。解讀這個文本，有兩個「亮點」尤其值得我們細緻品味。

首先是，關於「劍」的描寫，小說中有多處寫到了「劍」。

第一處，是眉間尺的母親向眉間尺講述他父親鑄劍的經過：

> 當最末次開爐的那一日，是怎樣地駭人的景象呵！嘩拉拉地騰上一道白氣的時候，地面也覺得動搖。那白氣到天半便變成白雲，罩住了這處所，漸漸現出緋紅顏色，映得一切都如桃花。我家的漆黑的爐子裏，是躺著通紅的兩把劍。你父親用井華水慢慢地滴下去，那劍嘶嘶地吼著，慢慢轉成青色了。這樣地七日七夜，就看不見了劍，仔細看時，卻還在爐底裏，純青的，透明的，正像兩條冰。

如此光彩炫目的描寫，我以為，即便在世界文學史中也是第一流的文字，它神奇絢麗而又不失英姿颯爽；華采幻誕而又充滿高貴的力量。在這裏，光影變幻搖曳，聲色交融匯聚，匯織成一幅生命迸發、神異非凡的景象。

第二次對「劍」的描寫，是集中於眉間尺在母親的指示下找到被藏在樹下的劍：

> 眉間尺伏在掘開的洞穴旁邊，伸手下去，謹慎小心地撮開爛樹，待到指尖一冷，有如觸著冰雪的時候，那純青透明的劍也出現了。他看清了劍靶，捏著，提了出來。

　　　　窗外的星月和屋裏的松明似乎都驟然失了光輝，惟有青光充塞
宇內。那劍便溶在這青光中，看去好像一無所有。眉間尺凝神細視，
這才彷彿看見長五尺餘，卻並不見得怎樣鋒利，劍口反而有些渾圓，
正如一片韭葉。

　　　　「你從此要改變你的優柔的性情，用這劍報仇去！」他的母親
說。

這裏對「劍」的描寫，充滿著一種攝人心魄的力量，彷彿一個行人獨自走在
荒郊野外，四周都陷進一種恍恍惚惚的變幻之中。突然，一道閃電掠過夜空，
一切都顯得如此的粗糲、猙獰，四處都在隱隱約約之中升騰起一種蕭殺、壓
抑的氣氛。只要是敏感的心靈都能在這段描寫中讀出一種非人間的力量所能
壓服的痛苦、冷酷。魯迅在這裏不是把劍僅僅作爲一種對象來描寫，「劍」在
這裏成爲古越文化的象徵。古越文化中不僅有著大禹的「卓苦勤勞之風」，句
踐的「慷慨之志」，而且，更重要的是，在古越文化中總是激蕩著一種陽剛、
悲壯的精神氣概，一種報仇雪恥的文化品格。〔註71〕在《鑄劍》中，魯迅對
「劍」的這種創造性的、神奇的想像，正是對古越文化的內在精神的一種最
深刻的感悟和想像。也正因爲如此，才使得整個文本增添了一種驚斷之感，
一種審美的震撼力。如果我們看不到這種在想像之中的崇高、深刻的文化內
涵，那麼，我們就無法理解《鑄劍》的精神內蘊。

　　其次，最能體現魯迅想像力的創造性的另一個值得注意的「亮點」，就是
《鑄劍》中的對陰陽、幽明兩界的創造性的想像方式。在文本中，那被砍下
的頭顱能上下浮游、唱歌、搏鬥，這分明是把死亡作爲一種生命飛揚的表現
形式來加以描寫的。

　　這種描寫方式和想像方式在很大程度上是來自中國民間信仰中的巫文化
對文學創作的啓發和影響。把魯迅的某些想像方式與巫文化聯繫起來，我以
爲是一個極具生長性的新領域。魯迅從小就十分熟悉、喜愛某些民間的信仰
形式，而古越地區又是巫文化十分盛行的地方，經歷了長期的耳濡目染和潛
移默化的影響，這些巫文化可能會作爲一種藝術感受力的因素在慢慢浸潤、
培育著這位未來偉大的藝術家的心靈。我以爲，只有從這一角度，我們才可
能對魯迅創作中的一些獨特現象做出比較合理的把握和闡釋。在魯迅的筆

〔註71〕楊義：《中國古典小說史論》，中國社會科學出版社1995年版，第86頁。

下，一些鬼魂總是被描寫得美豔奇絕、光彩奪目。比如，著名的《女吊》中對「女吊」的描寫：在悲涼的喇叭聲中，女吊上場了，「大紅衫子，黑色長背心，長髮蓬鬆，頸掛兩條紙錠，垂頭，垂手，彎彎曲曲的走一個全臺，內行人說：這是走了一個『心』字。」之所以穿紅，是「因為她投繯之際，準備作厲鬼以復仇，紅色較有陽氣，易於和生人接近」。女吊全體通紅，立志復仇，猶如一團熊熊火焰，滿臺飛轉，熾烈明豔，一出現就有一股逼人的凌厲之氣，令人心悸。接著，她將披著的長髮向後一抖，整個的臉孔清晰地展現出來，「石灰一樣白的圓臉，漆黑的濃眉，烏黑的眼眶，猩紅的嘴唇。」慘怖中帶著幾分妖媚。最後，只見「她兩肩微聳，四顧，傾聽，似驚，似喜，似怒」，複雜的表情，映現的是她心理深層的急劇躁動，終於爆發出悲哀與憤怒的控訴：「奴奴本是楊家女，呵呀，苦呀，天哪！」淒厲的聲音令人淒然傷神。這裏對「女吊」的描寫，構成了中國文學史上一個最為淒美、絢爛的藝術典型。〔註72〕在過去的研究中，我們比較多的是關注魯迅如何讚美「女吊」的復仇精神。事實上，當一個作家能把復仇的鬼魂寫得如此氣韻生動，栩栩如生，這是需要多麼偉大的想像力。在我看來，這時不僅需要作家與筆下形象進行心靈的交流與共鳴，更重要的是，作家同時必須創造一種恰當的審美距離，只有具備了這種審美距離，才會更有利於想像力的發揮。女吊的形象，原是目連戲中的一個戲曲形象，目連戲源於中國民間信仰活動。更準確地說，這種民間信仰與更久遠的巫文化有著息息相關的血肉關係。每個人都是處於多種文化因素的氛圍之中，對於一個偉大的作家來說，他那敏銳的感受力就如一個巨大的過濾器，他總是能把各種文化因素吸收下來，然後濾掉其中的糟粕，把精粹閃光的東西不斷地積聚起來，以培養自己的審美創造力。中國民間信仰中的巫文化雖然有著迷信的氣息，但是，它在某種意義上說，又常常是藝術想像中不可或缺的靈感源泉。如果我們不能理解這一點，那麼，對魯迅作品（包括沈從文的作品）中許多獨特、奇絕的藝術現象就無法找到一種有效的解讀方式。同樣的，如果我們不能理解盛行於晚期羅馬時代的民間文化，也就不能充分理解盧奇安創造中的那些獨特的想像方式。這正如巴赫金所指出的：「就是在古典時代，怪誕類型（即民間文化的主要形態）也並未消亡，而是在被排除出官方正統藝術之外的情況下，繼續在某些『低級』非標準的藝

〔註72〕參閱陳孝全：《魯迅散文欣賞》，廣西教育出版社1993年版。

術領域中存在和發展。在古代晚期，怪誕的形象類型繁榮、興盛，幾乎遍及一切文學藝術門類。」〔註73〕

現在，許多西方學者都已注意到了中世紀和文藝復興時期的民間文化的想像方式對現代主義文學的影響。我以爲，如果我們能把這一源頭再向前推進一步，把它與盧奇安的《對話集》聯繫起來，那將是另一番情景。比如，作爲現代主義小說開端的愛倫・坡就受到盧奇安深刻影響。在愛倫・坡的小說中，有不少的題材寫到了主人公遊歷地獄，以及死人對話等等怪誕類型，甚至在他的小說中也復活了盧奇安。在《盧奇安對話集》中，想像力的方式之所以會呈現出如此的狀態，這是因爲盧奇安所處的時代，是一個史詩和悲劇的嚴肅性、權威性正趨於解體的時代。正如巴赫金所指出的那樣，在這個時代，重新尋找、追求和獲取智慧，成爲了當時正直學者所追求的價值目的，爲了這個目的，它的主人公才上天堂，入地獄，遊歷人所罕知的幻想國度。〔註74〕面對異乎尋常的人生境遇，馳騁的想像力與哲理思考在這裏結合成了不可分割的藝術整體，在這一藝術整體中，它們相互映照與相互深化，有如光彩四射的結晶體，從而在人類藝術創造史上煥發出恒久的光芒。

四

二十世紀的西方文論和哲學都發生了向語言學轉向的大趨勢，並由此形成了諸多的哲學流派和語言學流派，共同構成了二十世紀西方思想界的眾聲喧嘩。如果我們概括地分析起來，可以按照這些理論對語言本體的切入方式，分成兩大派別，借用巴赫金的理論，那就是「個人主義的主觀主義」與「抽象的客觀主義」兩種傾向。同時，巴赫金在他著名的《陀思妥耶夫斯基詩學問題》一書指出：文學研究的是言語整體，即被傳統語言學所排除的那活生生的言語。他關注的是語言表達中另外一系列特徵：如「言語主體的轉換」；語言表述的「指向性」、「意願性」；語言表述中所滲透的「對現實、對真理的態度」；以及語言表述的「事件性」、「歷史性」、「表現性」和「創新力」等等。他認爲，只有用這種觀點來理解文學作品，才能把「它的形式作爲文學的整

〔註73〕巴赫金：《弗朗索瓦・拉伯雷的創作與中世紀和文藝復興時期的民間文化》，見《巴赫金全集》第6卷，河北教育出版社1998年版，第37頁。
〔註74〕參閱巴赫金：《陀思妥耶夫斯基詩學問題》，三聯書店1988年版。

體的形式來看待」。巴赫金這一系列關於語言與文學內在關係的眞知灼見，對我們接下來即將展開的關於《盧奇安對話集》與《故事新編》的語言特徵和語言風格的比較研究，具有深刻的理論意義。

借助於細緻的文本閱讀，我們就會發現，在《盧奇安對話集》和《故事新編》中都存在著語言形式和語言風格的雜多性。

這裏，我們先來分析一下《盧奇安對話集》中這種語言形式和語言風格雜多性的具體形態。

第一，在《盧奇安對話集》中，敘述語言經常表現出多重語調、莊諧結合的特點，有時甚至還雜入大量的方言、行話。比如，我們來看《妓女對話》中的一段講述一個初次做妓女的少女與母親的對話：

　　科任那（少女）　你是說那一木那麼？

　　克洛彼勒（母親）　不呀，我的打算是，等你長大了起來，可以養我，也就容易給你自己打扮，那麼你變成有錢，有那些紫衣，以及侍女們呀。

　　科任那　你怎麼說？母親，你說的是什麼呀？

　　克洛彼勒　就是同青年人在一起，和他們喝酒，又爲了工資同他們睡覺。

　　科任那　那麼，像達佛尼斯的女兒呂拉一樣麼？

　　克洛彼勒　正是的。

　　科任那　但是她乃是妓女呀。

克洛彼勒是個鐵匠的寡婦，她希望女兒長大後以出賣肉體而倚她爲生，在她的語言中充滿著一種人貧志短的悲哀。而科任那，這個初次做妓女的少女，似乎還依然未脫天眞爛漫的稚氣。文本中的這種錯位，讓人倍感心酸。

現在我們有必要回過頭來分析這段對話的語言特點及其所達到的獨特的藝術效果。在這段簡短的對話中，不僅有當時流行的方言、行話，如木那、紫衣、睡覺，這樣就使語言中充滿著喜劇化的粗俗與喧嘩。同時，在敘事語調中，作者有意使用了疑問語氣，這種疑問語言的運用充分映襯出少女的不諳世事、天眞爛漫的性格。把不幸的命運讓這樣一位稚嫩的少女來承擔，這樣，悲劇的意味就盎然而生。在《盧奇安對話集》中，正是通過這種語言上的創造，才使得喜劇的意義獲得悲劇化的獨特表現。這就如周作人在「譯後

注」中所說的：「著者原意寫這樣是意在諷刺，教人當喜劇去看，卻不意在這些文章上碰到了徹骨的悲劇。」

　　第二，在《盧奇安對話集》中語言特點和語言風格的創造性、複雜性還體現在對崇高文體的諷刺性模仿和對引語的諷刺性解釋。也就是說，他拒絕史詩、悲劇的莊嚴感和抒情詩的那種修辭的統一性，〔註75〕讓語言自身煥發出「狂歡化」的熱情和解放感。這最典型的例子就是體現在《宙斯唱悲劇》中，這裏所講述的是這樣的一件事：宙斯得知下界有兩派哲學正在討論諸神之有無這樣關係到神界存亡的大事，這使得宙斯驚惶失措，他在家中不安地走來走去，而引起其家人的疑惑。於是，大家決定召開諸神大會，來旁聽兩派哲學家的論辯，結果是主張有神派敗北。這篇對話一開始就是對墨涅波斯諷刺文體的模仿，同時也採用了韻文和散文夾雜的方式。請看下面的一段對話：

　　　　雅典那　這是什麼？聽你說話的都是家裏的人呀。

　　（此處是用韻文）

　　　　宙斯　轟降閃爍的雷電，你給幹得什麼呀？（此處是用韻文）

　　　　赫拉　宙斯，把那怒火按下去吧。因為我們既然不會像戲裏的答話，也不會吟詩，又不曾整個把歐里庇得斯吞下去過，所以不能夠陪你演劇呀。你以為我們真是不知道你那煩惱的原因麼？

　　（此處用散文）

這裏運用韻文和散文夾雜的方式，就獲得這樣的一種藝術效果：一方面，把宙斯那種氣急敗壞、聲嘶力竭的神態傳神地勾畫出來；另一方面，又讓人們看到在神的世界中相互之間又是如何的相互恐嚇、猜忌、譏諷。在這種語言形式的背後，我們分明能感受到一種神聖的東西正在動搖、崩環。

　　第三，在《盧奇安對話集》中，我們還經常能看到作者有意對荷馬史詩的崇高文體進行倒轉，從而達到諷刺性摹仿的藝術效果。〔註76〕請看《宙斯唱悲劇》中一段關於開會布告的對話：

　　　　宙斯　赫爾墨斯，你在布告裏邊混雜些荷馬的史詩句子好了，便是他常用了召集我們的，這些你當然還記得吧！

〔註75〕參閱巴赫金：《陀思妥耶夫斯基詩學問題》，三聯書店 1988 年版。
〔註76〕參閱巴赫金：《陀思妥耶夫斯基詩學問題》，三聯書店 1988 年版。

赫耳墨斯　並不記得很清楚，也不是就在手頭，但是我卻將來試一試──

「諸神不要缺一個男的，也不要缺女的，

不要叫一條河留下，除了大洋，

也不要缺一個神女，都到宙斯家來。有什麼商議，任何人都享受過有名的白牛的宴享的，

無論屬於中等或下等的，甚至於

那無名的坐在祭臺旁邊也聞不到香味的各位。」

這裏的對話，作者借助於對荷馬史詩崇高文體的倒轉，寫出了宙斯目睹自己的世界即將垮臺，而又束手無策的可憐相。我們知道，荷馬時代的詩人們堅持一種語言的統一性質的觀念，在這種語言觀念的背後是一整套關於所表現的世界的神聖性和永恒性的價值體系，這種語言觀念認爲文學作品中出現非崇高的語體現象是野蠻的、低下的。但是，隨著帝國的衰敗和解體，許多羅馬作家就通過諷刺性解釋和摹擬的手段使統一語言的神聖性受到懷疑和挑戰。〔註77〕應該說，《盧奇安對話集》是這一語言變革和價值消解的歷史潮流中的一個重要的聲音，在它的語言中充滿著一種否定的、砸毀偶像的、衝破禁忌的力量。「它們摧毀了神話加之於語言的同一性強力；它們使意識從直接語言的強力中獲得自由，推倒了將意識囚禁起來的語言的高牆厚壁。」天神宙斯及其所代表那一套神聖的價值體系，在作者有意對荷馬史詩崇高文體的諷刺性模擬之中，被脫掉了威嚴的外衣，異端的、自由的、批判的聲音和思想在神祇的倒塌聲中轟然作響。〔註78〕

同樣的，在魯迅的《故事新編》中，我們仍然能夠看到這種雜語性和諷刺性摹擬的語言現象。關於這一點，我們在第一章中已經作了分析，此處就不再展開。從上述對《盧奇安對話集》和《故事新編》的分析、比較來看，不僅兩位作家的表現方式、風格特點、想像力方式及其語言特徵都呈現出充分自由、虛構的創造性，而且，其中所內涵的情感形式和價值立場都有著深刻的一致性，那就是尖銳而又深廣的文明批評和社會批評。同時由於不同的文化淵源，這兩位作家的這些藝術方式及其特徵又都呈現出不同的文化品

〔註77〕巴赫金：《陀思妥耶夫斯基詩學問題》，三聯書店 1988 年版。
〔註78〕巴赫金：《陀思妥耶夫斯基詩學問題》，三聯書店 1988 年版。

格：盧奇安傾向於對當時流行的偽思想和偽哲理的考驗和拷問，而魯迅則傾向於對所謂「壞種的祖墳」的刨掘。也就是說，在這兩位偉大的藝術家身上，他們各自的獨創性與一致性都是同樣的鮮明和深刻，也許對這種「異中之同」和「同中之異」的探索，正是我們比較研究所最終必須獲得的本體論視野。